高等职业教育农业农村部“十三五”规划教材

体育与健康

谢洪武　主编

中国农业出版社

北　京

内容简介

本教材共十七章，内容涵盖体育理论知识和运动实践内容。其中，体育理论知识包括体育与健康基础知识、体育竞赛的编排与欣赏、奥林匹克运动、科学运动与测试标准和体育运动的安全与保健；运动实践内容包括田径运动、篮球运动、足球运动、排球运动、乒乓球运动、羽毛球运动、网球运动、体育舞蹈、瑜伽、健美操、跆拳道、定向运动（智力型体育运动）。本教材既有理论基础，又有实践技能指导，具有很强的实用性。

本教材可作为高等院校的体育基础课程教学用书，也可作为广大体育运动爱好者的学习和参考用书。

NEIRONGJIANJIE

编 写 人 员

主　编　谢洪武

副主编　邹春英　衷淑萍

编　者　（以姓氏笔画为序）

付宇欣　庄　林　邹春英

陈远凤　衷淑萍　谢洪武

前言

党的十九大报告提出，“要全面贯彻党的教育方针，落实立德树人的根本任务，发展素质教育，推进教育公平，培养德、智、体、美全面发展的社会主义建设者和接班人”。高等教育是培养人才的基地，肩负着培养具有良好综合素质的社会主义建设者和接班人的重任，而身体素质是学生综合素质的主要组成部分。健康的体魄是青年学生适应竞争社会、胜任未来工作、解决各类问题与保障身心健康的客观条件。

作为高校一线的体育教师，在课堂教学中，深感身体健康对广大青年学生意味着什么。没有健康的身体作支撑，如何学好专业文化知识，如何面对未来工作岗位的竞争压力？所以，在学校体育教学中，老师要培养学生体育锻炼的兴趣，传授锻炼身体的专业知识，让大学生在课堂内获得教师的专业指导，并且应用于课堂外的体育锻炼，促进身体健康发展。

根据教育部颁发的《全国普通高等学校体育课程教学指导纲要》的基本要求，结合现代大学生的身体素质发展需求，我们组织编写了本教材。本教材共十七章，内容涵盖体育理论知识和运动实践内容。其中，体育理论知识包括体育与健康基础知识、体育竞赛的编排与欣赏、奥林匹克运动、科学运动与测试标准和体育运动的安全与保健；运动实践内容包括田径运动、篮球运动、足球运动、排球运动、乒乓球运动、羽毛球运动、网球运动、体育舞蹈、瑜伽、健美操、跆拳道、定向运动（智力型体育运动）。本教材文字简明扼要，内容通俗易懂，同时又具有较强的可操作性，既便于教师组织教学，又有利于学生轻松掌握和运用。愿本教材能成为每位学生学习体育与健康理论知识和进行体育锻炼的良师益友。

本教材由江西农业工程职业学院谢洪武担任主编，邹春英、衷淑萍担任副主编，庄林、付宇欣、陈远凤参加编写。教材在编写过程中，还参考和引用了有关文献资料，在此向原著者表示深深的感谢。由于编写时间紧张，教材中难免有疏漏和不当之处，恳请广大读者提出宝贵意见，以便今后进一步完善。

谢洪武
2019 年 5 月

目录

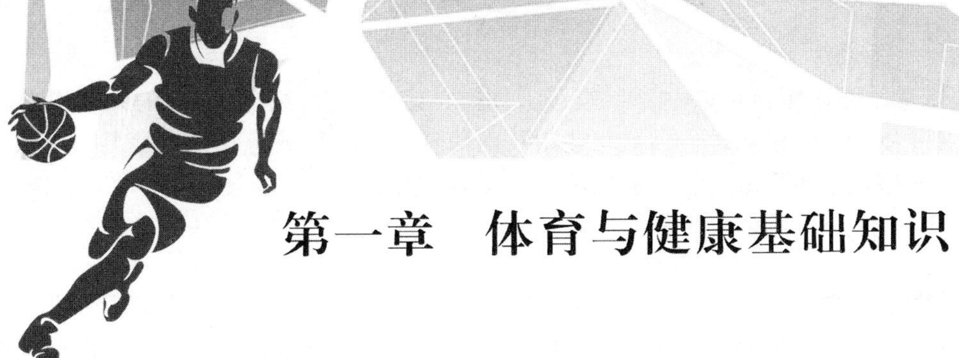

第一章　体育与健康基础知识

第一节　体育与健康的概念

体育含有丰富的内容，它的发展并不是简单孤立的，是人类发展本身和社会进步的需要。生产力的发展和提高、科学技术的进步和应用，又为体育的发展提供了良好的条件，使体育从发展之初到现在形成了为大家所重视的现代体育。所以它被人们公认为文明的窗口、科学和进步的标志。

一、体育与健康的含义

体育的狭义概念为体育教育。它是与德育、智育、美育相配合的整个教育的一部分；它是向学生传授体育知识、技术和方法，促使学生身体的全面发展、增强体质的一个途径；它是一个有目的、有计划、有组织地培养体育意识的教育过程。

体育的广义概念为体育运动。它是为了人类和社会的需要，以身体练习为基本手段，以增强体质、提高运动技术水平、丰富文化为目的的一种有组织、有意识的身体活动和社会活动。它是社会文化教育的组成部分，其发展受一定社会的政治和经济所制约，也为一定社会的政治和经济服务。

世界卫生组织对“健康”的最新定义是：“健康不仅是没有疾病，而且包括躯体健康、心理健康、社会适应良好和道德健康”。也就是说，生理健康、心理健康、道德健康，三方面构成健康的整体概念。

二、体育的组成

体育由学校体育、竞技体育和群众体育三部分组成。

1. 学校体育　学校体育是学校整体教育的重要组成部分，也是全民体育的基础。学校体育既是教育和体育的交叉点和结合部，又是国家体育事业发展的战略重点。它是按照学校的育人规律，以增强体质为中心，在教师的指导下，有组织、有计划地传授体育知识、技术和方法，全面提高身体素质和运动技术水平，并与德育、智育、美育相结合，培养道德和意志品质，使学生成为德、智、体全面发展的高素质专业人才。

2. 竞技体育　竞技体育是指在全面发展身体素质的基础上，最大限度地挖掘体力、智力、运动才能，以取得优异成绩为目标而进行的科学训练和竞赛活动。其特点是技艺高超，竞争性强，有严格的规则和场地要求。由于竞技体育极易吸引广大观众，极富感染力，且容易传播，又是人的智能、运动才能的极端表现形式，所以在活跃社会文化生活、振奋民族精神、提高国际威望、促进各国人民之间的友谊和交流等方面都有着特殊的作用。

3. 群众体育 群众体育是以健身、娱乐、休闲、医疗和保健康复为目的的体育活动。由于它的对象主要为一般民众，包括男女老幼及伤残者，活动领域遍及整个社会乃至家庭，所以堪称活动内容广、表现形式新、趣味性强、参加人数多的一项群众体育活动。它作为学校体育的延伸，可使人们的体育生涯得以延长。

三、健康的意义

健康是当代大学生成才的必备条件。大学生处于青春发育的中后期，机体代谢能力强，许多学生平时沉迷手机、网络游戏等影响身体健康而不察觉。生理健康是人们正常生活和工作的基本保障，达不到这一点，就谈不上健康，更谈不上长寿。心理健康是指人的精神、情绪和意识方面的良好状态，包括智力发育正常、情绪稳定乐观、意志坚强、行为规范协调、精力充沛、应变能力较强、能适应环境、能从容不迫地应付日常生活和工作压力、乐于承担责任、人际关系协调、心理年龄与生理年龄相一致。道德健康也是健康新概念中的一项内容，主要指能够按照社会道德行为规范准则约束自己，并支配自己的思想和行为，有辨别真与伪、善与恶、美与丑、荣与辱的是非观念和能力。

四、体育与健康的关系

“体育”与“健康”是两个不同的概念，但它们之间又有着内在的必然联系。健康是人类生存与发展最基本的条件，也是创造社会物质文明与精神文明的基础。现代生产方式和生活方式的变化，对人们的健康状况带来了不利影响，现代“文明病”的产生，严重威胁着人们健康和生命。现代社会的人，比过去任何时候都更需要健康，人人都希望有一个健康的身体，以便更好地为社会服务。然而健康的身体又受到各种因素的影响，其中以体育运动与健康的关系最为密切，体育锻炼是最能积极促进身体健康的因素。

第二节 体育运动与心理健康

现代的科学理论和运动实践证明：科学的、合理的、适宜的体育运动，对提高生理功能、保持精力充沛、促进心理健康，具有极其重要的意义。

1. 改善情绪状态 不良情绪是导致生理和心理不健康的重要因素之一，而体育运动能直接给人带来愉快和喜悦，并能降低紧张和不安，从而调控人的情绪，改善心理健康状况。体育锻炼的情绪效应有短期效应和长期效应两种。温伯格（Weinberg）等人研究报道，一次30min的跑步可以显著地改善紧张、困惑、焦虑、愤怒和抑郁等不良情绪状态。学生常因学习的压力、同学间的竞争、人际关系的复杂以及未来前程的担忧而持续产生紧张、焦虑和不安，经常参加体育运动可以使这些不良情绪得到改善，心理承受能力增强。

2. 强化心智能力 长时间地进行脑力劳动后，通过体育运动有益于呼吸、血液循环和神经细胞兴奋与抑制的交替，更有助于学生的注意力、记忆力、想象力、思维分析等心智能力的健康发展，并使其情绪稳定、性格开朗、疲劳下降等，这些非智力锻炼对人的心智能力的发展具有促进作用。

3. 提高自我知觉和自信心 自我知觉是个体对自我存在的评价。参加体育运动的个体由于运动的内容、难度、目的，不可避免地会对自己的行为、形象、能力进行自我评价，而个体主动参加体育运动一般都会增加积极的自我知觉。中等强度的有氧训练可使有氧素质和应付应激的自我感觉能力有大幅度的提高，并能增加幸福感。自信心是对自己成为胜任者能力的确信。个体参加体育运动的内容绝大多数是根据自身兴趣、能力等选择的，所以他们一般都能很好地胜任运动的内容，这有助于增强个体的自信心，使人正确认识自我。人在运动中对自己身体状况的满意可以增强自信，提高自尊；竞争又使自己的社会价值被认可。体育运动能培养人与人之间的合作与竞争意识。合作与竞争是现代社会对人才的要求，体育运动是在规则的要求下，使双方在对等的条件下进行体能和心理等方面的较量。在经历挫折和克服困难的过程中，提高抗挫折能力和情绪调节能力，培养坚强的意志品质；在不断体验进步或成功的过程中，增强自尊心和自信心，培养创新精神和创新能力，形成积极向上、乐观开朗的生活态度。

4. 培养坚强的意志品质　意志品质是指一个人的果断性、坚韧性、自制力以及勇敢顽强和主动独立等精神。意志品质既是在克服困难的过程中表现出来的，又是在克服困难的过程中培养起来的。在体育运动中要不断克服客观困难（如气候环境条件的变化、身体素质与能力的限制或意外等）和主观困难（如紧张畏惧心理、失意、疲劳等），运动者越能努力克服困难，也就越能培养良好的意志品质。从运动中培养起来的坚强意志品质能够迁移到日常的学习、生活和工作中去。

5. 适应人际关系　我国著名医学心理学教授丁瓒指出，人类的心理适应最主要的就是对于人际关系的适应，人际关系是影响一个人的心理是否健康的重要因素之一。体育运动大多在规则的要求下进行，每位运动员都会受到规则约束。因此，体育运动对培养人们良好的行为规范有着重要和积极的作用，从而适应各种人际关系，胜任各种社会角色。经常参加体育运动，可以培养人的意志，使人保持积极向上的心态，提高人对同伴、对集体和社会的适应力，使人具有团结合作的集体主义精神、豁达合群的性格、愉快乐观的情绪和机智灵活、沉着果断的品质。在严寒、酷暑、高山、高空等环境条件下进行体育运动，还能提高人对自然环境的适应能力。

第三节　体育运动与增强体质

一、体质

1. 体质的概念　简要地说，体质是指人的有机体的质量。它是在遗传的基础上由于变异而造成的人体在形态、生理、生化和行为上相对稳定的特征。体质既反映着人体的生命活动的水平，也反映着人体的身体运动的水平。体质的概念和健康的概念是不完全相同的，体质具有长期稳定的特征，而健康具有短期和易变的特征。同样处在健康状态的人，基本体质状况可能千差万别；同样体质状况的人，在短期内可能由于疾病的影响出现健康方面的不同表现。生命活动是身体运动的基础，反映着人的自然属性，身体运动又是生命活动得以充分发展的必要条件，相当程度地反映着人的社会属性，二者是统一的。满足于生命活动的自然发展，会限制身体运动的发展水平；听任身体运动的任意发展，也会损害生命运动的正常运行，二者又是矛盾的。可见，体质反映了人体的生命运动和身体运动的对立统一，只有科学地把握和处理生命运动和身体运动的矛盾统一，才能达到身体发展的最高成就。

2. 体质的指标　评价体质强弱的综合指标有以下五个方面。

（1）生理和生化功能水平。即机体的新陈代谢功能及各系统、器官的工作效能。

（2）身体形态发育水平。即体格、体型、姿势、营养状况及身体组成成分等。

（3）心理发展状态。包括个体感知能力、个体意志力和判断能力。

（4）身体素质和运动能力水平。即身体在运动中表现出来的力量、速度、耐力、灵敏性、柔韧性等素质及走、跑、跳、投、攀等身体运动能力。

（5）适应能力。对外界环境条件的抗寒、抗热能力和对疾病的抵抗力。影响体质强弱的因素是多方面的，遗传性状对体质的发展提供了可能性或前提条件，而体质强弱的现实性，则有赖于后天环境的影响，其中营养、卫生、教育和身体锻炼等因素最为重要。有计划、有目的地进行科学的身体锻炼，是增强体质最积极、最有效的手段之一。

二、体育运动对增强体质的意义

（一）体育运动可促进人体生长发育

体育运动对人体的生长发育有一定的促进作用。体育运动的刺激可直接作用于骨、关节和肌肉等运动器官，并使之产生适应性的变化。用以评价生长发育的指标主要包括体格指标，如：身高、坐高，上、下肢长度，肩宽、骨盆宽、髋宽，胸围、上臂围、大腿围和体重等。其中，身高代表人体骨骼纵向发育的程度；肩宽等代表人体横向发育的程度；胸围等代表人体软组织（肌组织）的发育程度。

体育运动可以通过对骨骼的刺激，增加骨矿物质的吸收，促使人体长高；可以通过对骨骼肌的刺激，增加肌肉蛋白质的合成，改善肌肉细胞代谢，促使肌肉发达，增强人体的各个宽度和围度，因而体育运动是一种有效地促进人体生长发育的手段。但是，应该指出，在试图通过体育运动促进生长发育的同时，一定要搭配合理的营养，否则，身体锻炼不但起不到促进生长发育的作用，反而会因消耗增加而造成营养不良，阻碍生长发育的正常进行。

（二）体育运动可促进身体健康

有计划、有规律地进行体育运动，可以从多方面促进身体健康。从生理学、生物化学和医学角度讲，体育运动一般可从下面几个方面促进身体健康。

1. 体育运动能增强骨骼肌功能，延缓骨骼的衰老　体育运动过程中，由于肌肉反复用力做功，可以刺激肌肉细胞中有关能量代谢、蛋白质合成等酶的活性，因而提高肌肉细胞中能量代谢的能力，促进肌肉蛋白质的合成，达到增强肌肉力量和耐力的目的。在运动过程中，直接参与活动部位的骨骼受益最大，如多走可以使腿骨增粗，常举重物可以使臀骨增粗，且骨骼质密度增高。这是因为在肌肉收缩期间，所连接的骨就会受力，其对钙等矿物质的吸收就会相应增加，因而对预防骨质疏松有一定的作用。

2. 体育运动可改善心血管功能　人体安静时心率会下降，心脏每搏输出量（心脏每次跳动输出的血量）和心脏体积会增大；而经常参加有氧运动的人，安静时的心率比正常还要低，有的每分钟只有 50 次，这种变化配合心脏每搏输出量和心脏体积增大的变化，就说明心脏的血液输出功能提高了。这是心脏容血量提高、血液输出功能增强的表现。

3. 体育运动可预防疾病的发生　体育运动对人体疾病的预防、治疗、康复有着重要的作用。但是，体育运动对疾病的抵御作用是有条件的，有许多疾病是不可能通过体育运动治愈的，如遗传病。有许多疾病的某些阶段也是不宜从事体育运动的，如炎症、高烧等。因此，应该正确地认识和使用体育运动的手段来和疾病作斗争。

（1）体育运动可以提高人体的某些免疫能力，防御生物病原的侵害。实验证明，在进行体育运动时体温升高，机体内产生一些特殊的物质，这些物质可以增强免疫功能，从而减少了传染病的发病率。同时，体育运动时，体内白细胞的数量增多，也增加了抗御疾病的能力。

（2）体育运动可以提高人体的新陈代谢水平，减少、推迟或避免各种代谢疾病的发生。经过广泛的实验证明，体育运动可以使人体中的高密度脂蛋白胆固醇增高，甘油三酯降低，这些指标的变化对预防肥胖症、高血压、冠心病都有显著效果。体育运动对于延缓老年人心血管系统和运动器官老化等也同样有十分明显的效果。

（3）体育运动可以加速身体病愈后的恢复。目前的医学迅速向临床医学、预防医学和健康医学相结合的方向发展，各类患者可通过一定的体育活动来恢复肢体功能，增强抵抗能力，以补充医药手段的不足。

（三）体育运动可提高人体适应自然环境的能力

人体适应环境的能力实质上是指人体受了外界环境影响，在中枢神经系统支配下，不断调节机体，使之处于正常稳定的功能活动状态。通常，体育运动大都是在露天环境中进行的，外界环境因素（空气、水、阳光）随时都在发生变化。这些变化不可避免地会使身体受到影响，人体必须随时调节自己的功能来适应环境，使身体内外达到平衡。所谓平衡，仅是暂时的、相对的平衡，称为动态平衡。调节平衡的能力主要是在中枢神经系统的指挥下形成的。如人体受到寒冷刺激后，大脑皮层立即调动全身各器官、系统加强活动，产生防御性反射，使皮肤血管收缩，减少散热。同时，体内增加热量，以抵抗寒冷的刺激。反之，在炎热的条件下，机体在中枢神经系统的指挥下，皮肤血管舒张，大量出汗以加强散热。又如，高山上缺氧地区，人体必须加快呼吸，肺通气量也随之增加，使机体能够获得更多的氧气。

自然环境中的病菌、病毒侵入人体后，中枢神经系统将动员体内的各种防御机能，使白细胞的吞噬作用增强，抗体产生加快，以尽快排除和杀灭病菌、病毒，以保护身体免于受到侵害。由于自然环境的变化是客观存在的，要达到人体与外界的平衡，必须依靠自身的不断调节来增加适应能力。所以，身体对外界环境适应能力的强弱，也是人体健康状况好坏的一个重要标志。身体的适应能力，也是通过条件反射形成的，经常参加体育运动，可使人体对外界刺激的反应快而准确，有利于增强人体的适应能力和对疾病的抵抗能力。

思考题

1. 谈谈个人对体育与健康的理解。
2. 体育运动对增强体质的意义有哪些？

第二章 体育竞赛的编排与欣赏

随着社会物质水平的日益增长，人们在精神层面对体育赛事和体育类表演的要求也日益增多。各类体育活动蓬勃开展，各项体育竞赛活动也日益活跃和频繁。体育竞赛的组织、编排方法，是体育基本知识之一，学习并掌握其方法，在组织群众体育竞赛时，才能发挥自己的能量，将竞赛内容编排的得心应手。

第一节 体育竞赛的组织与编排

一、组织委员会和办事机构职责

各种大、中型的体育竞赛都需要建立相应的组织和机构。这些组织和机构一般有以下几个方面。

（一）大会组织委员会

大会组织委员会一般由单位党政负责人、承办单位负责人、有关办事机构的负责人、各参赛队的领队和大会总裁判长等人员组成。

（二）大会办事机构

大会工作人员（不含裁判员、司机和场馆服务人员）的人数，不要超过运动员人数的1/10。大会办事机构一般可设：

1. 办公室或秘书组 其职责如下：

（1）主要做好大会宣传工作。

（2）安排大会工作日程，包括比赛、休息、会议、文娱活动等。

（3）安排好大会工作人员和运动员的生活、交通、医疗及会务等工作。

2. 竞赛组 其职责如下：

（1）编排竞赛规程。

（2）召开参赛单位领队的会议。

（3）组织裁判队伍。

（4）编印秩序册。秩序册主要内容包括：大会组织委员会名单、大会办事机构人员名单、仲裁委员会成员名单、大会活动日程表、各代表队名单、比赛日程表、成绩记录表以及比赛场地平面图等。

（5）与秘书处联合召开领队、教练员会议，讨论研究有关问题。

（6）检查场地、器材和设备的准备情况。

3. 保卫组 其主要任务是维持好比赛场地的秩序和搞好安全工作，确保大会工作顺利进行，与有关部门配合处理赛区发生的安全事故。

二、竞赛规程的内容

竞赛规程是比赛的法规性文件，是竞赛工作进行的依据。规程的主要内容包括竞赛名称、竞赛日期和地点、主办单位、竞赛项目、参加单位、各单位参赛人数、运动员资格、报名及报到日期、竞赛办法、竞赛规则、录取名次和奖励办法等。

三、体育竞赛的编排原则

编排工作由竞赛组具体负责，重大问题要请示大会组织委员会决定，编排工作要按规程和规则的有关规定进行，在运动员分组、场次的安排等问题上要本着公正的原则，尽量做到机会均等。

通常采用的比赛制度有淘汰制、循环制。选择和确定比赛制度时，应考虑举办比赛的目的任务、比赛的期限、参赛队数的多少以及场地和运动员的学习、工作等情况。

四、球类竞赛的编排方法

（一）淘汰法

淘汰法一般是在参赛队数或人数较多，而举行比赛期限较短时所采用的比赛办法。其优点是节省时间，其不足是比赛机会较少，不能合理地确定各队（人）的实际水平和名次。

淘汰法有单淘汰和双淘汰两种。单淘汰就是在比赛中失败一次即被淘汰，双淘汰就是比赛失败两次即被淘汰，获胜者继续比赛，直到最后决出冠、亚军为止。

1. 单淘汰

（1）比赛场数。单淘汰比赛总场数等于参赛队（人）数减 1，例如有 8 个队（人）参加比赛，比赛场数是：8－1＝7 场。

（2）比赛轮数。如果参赛的队（人）数是 2 的乘方数，则比赛轮次正好是以 2 为底的幂的指数。例如：参赛的 8 个队（人）是 2^3，即比赛为 3 轮。如果参赛的队（人）数不是 2 的乘方数，则略大于队数的 2 的乘方数，即为比赛轮数。

（3）第一轮比赛的队（人）数。如果参加比赛的队（人）数是 2 的乘方数（如 4，8，16，32，64……），则第一轮都参加比赛。如果参加比赛的队（人）数不是 2 的乘方数（如 5，7，9，13……），则第　轮就有轮空队（人）。

计算第一轮比赛轮空的队（人）数的公式是：略大于队（人）数的 2 的乘方数减去队（人）数。如 13 个队（人）参加比赛，略大于 13 的乘方是 2^4 即 16，用 16－13＝3，可得出第一轮有 3 个队（人）轮空，再根据轮空位置表查出轮空位置号码（表 2-1）。

表 2-1　轮空位置表

2	255	130	127	66	191	194	63
34	223	162	95	98	159	226	31
18	239	146	111	82	175	210	47
50	207	178	79	114	143	242	15

（续）

10	247	138	119	74	183	202	55
42	215	170	87	106	151	234	23
26	231	154	103	90	167	218	39
58	199	186	71	122	135	250	7
6	251	134	123	70	187	198	59
38	219	166	91	102	155	230	27
22	235	150	107	86	171	214	43
54	203	182	75	118	139	246	11
14	243	142	115	78	179	206	51
46	211	174	83	110	147	238	19
30	227	158	99	94	163	222	35
62	195	190	67	126	131	254	3

查表方法：按轮空数目依次（逐行由左向右）摘出小于比赛号码位置数的号码即为轮空位置号码。例如13个队（人）参加比赛，应选用16个号码的位置数，有3个轮空，依次摘出小于16的3个号码2、15、10即为轮空位置号码。13个队（人）参加单淘汰赛的排法，见图2-1。

如果参加比赛的队（人）数稍大于2的某个乘方数，采用以上办法就会带来很大麻烦。如果10个队（人）参加比赛，使用$2^4=16$，用16个号码位置，$16-10=6$，就要安排6个队（人）轮空。在这种情况下，可采取一种抢号的办法，就是选用最接近的、较小的2的乘方数作为号码位置数，即$2^3=8$，这样就可用8个号码位置数来查最前面的两个轮空位置2、7，这两个位置就是应安排的2个“抢号”位置。10个队（人）参加比赛的排法见图2-2。

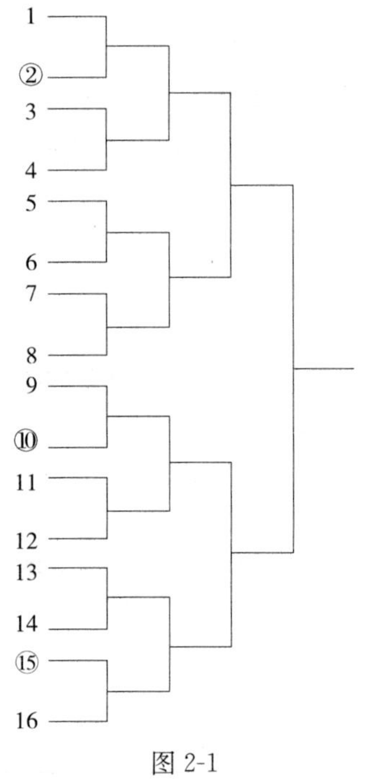

图2-1

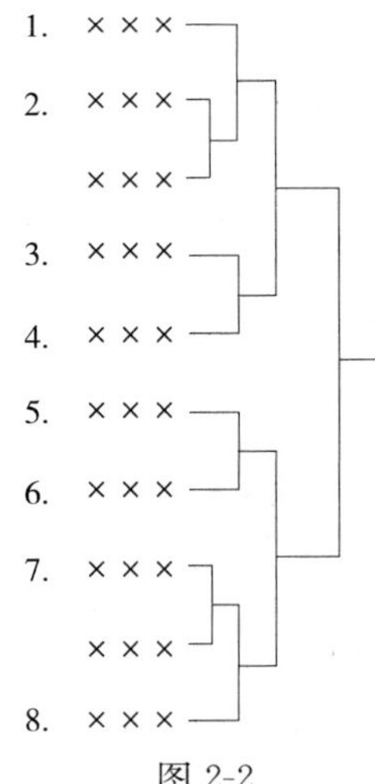

图2-2

(4) 确定种子。为了避免强手之间过早相遇而被淘汰，可把一些强队或强手确定为种子。抽签时将它们合理分开，使他们最后相遇，从而产生较合理的名次。其确定种子的原则是根据运动员实际技术水平而定，并应参考他们在近期内各种比赛的成绩。每次竞赛种子数目的多少主要是根据参加比赛队（人）数的多少来确定。单淘汰赛如果不到 25 名运动员，应不少于 2 名种子；25～48 名运动员，应不少于 4 名种子；49～96 名运动员，应不少于 8 名种子；96 名运动员以上，应不少于 16 名种子，种子的数目应为 2 的乘方数。

种子的位置，在单淘汰赛中，种子应均匀地分布在根据比赛所用号码位置而划分成若干相等的区内。如设 4 名种子，每个种子应分别进入不同的 1/4 区，如设 8 名种子，每个种子应分别进入不同的 1/8 区……

种子的位置号码可根据比赛所选用的号码位置数和设立的种子数查种子位置表（表2-2）。

表 2-2　种子位置表

1	256	129	128	65	192	193	64
33	224	161	96	97	160	225	32
17	240	145	112	81	176	209	48
49	208	177	80	113	144	241	16
9	248	137	120	73	184	201	56
41	216	169	88	105	152	233	24
25	232	153	104	89	168	217	40
57	200	185	72	121	136	249	8

查表方法同查轮空位置表，以 32 人参加比赛为例，应用 32 个号码位置，如设 4 名种子，位置号码应是 1、32、17、16，则第 1 号种子固定在上半区的顶部，即 1 号位置，第 2 号种子固定在下半区的底部，即 32 号位置，第 3、4 号种子如用“跟种子法”则分别安排在下半区顶部和上半区底部，如用“分批抽签法”则抽签决定谁在 17 号、16 号位置。

单淘汰附加赛：单淘汰赛只能确定冠亚军，用附加赛则可以进一步排出前几名顺序，如要确定前 8 名名次，则可以在单淘汰还有 8 名选手中进行附加赛，即每轮胜者对胜者，负者对负者，前 8 名即可决出（图 2-3）。

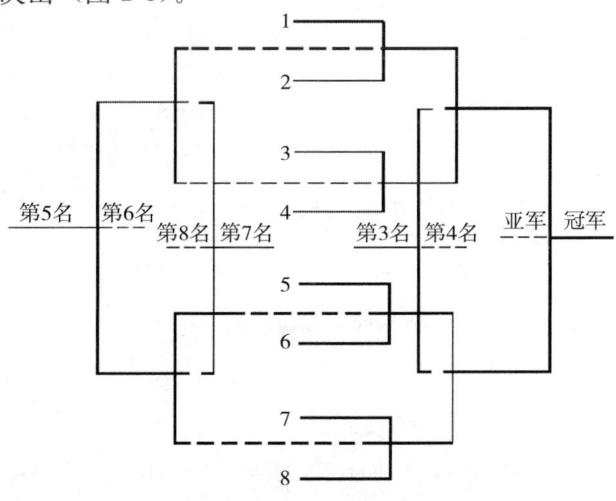

图 2-3　单淘汰附加赛编排法

2. 双淘汰 双淘汰就是在比赛中失败两次才被淘汰。它可以弥补单淘汰的不足，给初次失败者增加一次比赛机会。

（1）比赛场数。比赛场数＝（参加比赛队或人数－1）＋（参加比赛队或人数－2）。例如 8 个队参加比赛，则：(8－1) ＋ (8－2) ＝13（场）。

（2）比赛轮数。比赛轮数＝参加比赛队（人）数的 2 的乘方数×2＋1。如 8（2^3）个队参加双淘汰赛则为 3×2＋1＝7（轮）。

（3）编排比赛秩序的方法。如果参赛的队（人）数是 2 的乘方数，每两队（人）编排一组逐步进行双淘汰即可。例如 8 个队参加双淘汰赛，其比赛秩序编排如图 2-4 所示。

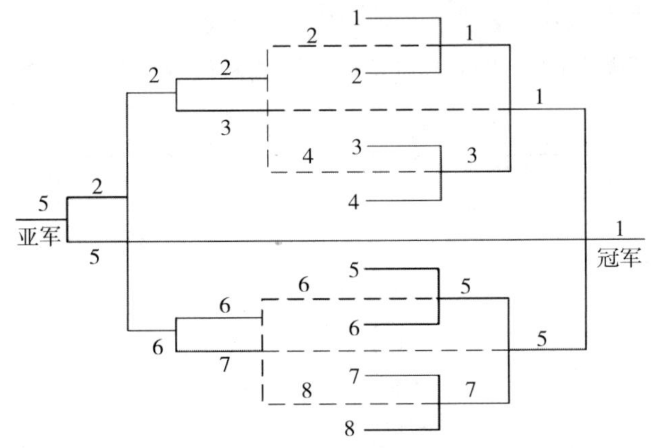

图 2-4　8 个队比赛双淘汰编排法

如果参加比赛的队（人）数不是 2 的乘方数，首先计算轮空数，然后从轮空位置表中，查出轮空的位置号码来，即可排出比赛秩序表。例如 7 个队参加双淘汰赛，有一个队轮空（即 2 号位置轮空），其比赛秩序编排如图 2-5 所示。

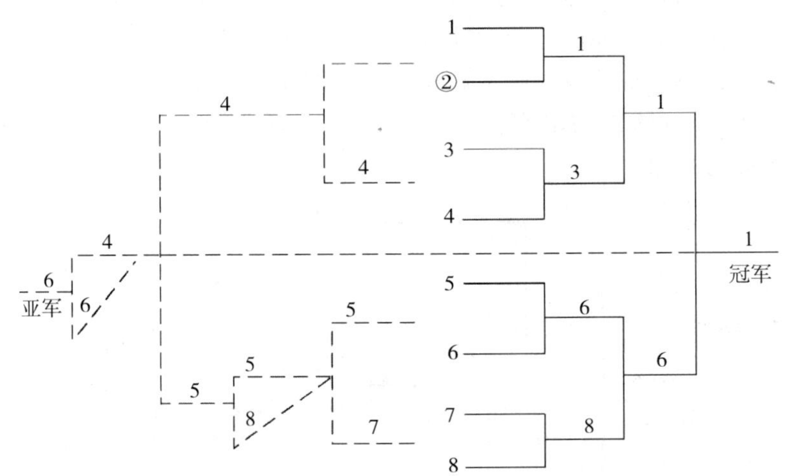

图 2-5　7 个队比赛双淘汰编排法

（二）循环法

循环法就是在一次竞赛过程中，参加比赛的队（人）互相都进行比赛的方法，比赛中相遇一次是单循环，相遇两次的是双循环。这种方法使各队（人）都能有互相比赛的机会，能较好地反映实力水平，其缺点是占用的时间较长。这种方法在球类和棋类比赛中采用较多。循环法分为单循环、双循环和分组循环三种。

1. 单循环

（1）比赛的场数，其公式是：

$$比赛场数=\frac{队（人）数\times[队（人）数-1]}{2}$$

例如，8 个队参加比赛，比赛场数是：

$$\frac{8\times(8-1)}{2}=\frac{8\times7}{2}=28（场）$$

（2）比赛的轮数。如参加比赛的队（人）是单数，比赛队（人）数即为轮数。如 9 个队比赛，就要进行 9 轮比赛。如果参加比赛的队（人）是双数，比赛队（人）数减去 1 即为轮数，如 8 个队比赛 8－1＝7（轮）。

（3）编排比赛表。首先要把参加比赛的队（人）用阿拉伯数字排出秩序。这个排列，可以按照上届比赛的名次或报名序列的顺序，也可以通过抽签排出顺序。如队（人）数是双数，即可用双轮转法编排，如是单数则需要在最后一个号数后面加零，在轮转编排时如遇到零的号数即为轮空。

具体排表时，是将比赛队（人）平均分为左右两半，前一半号数由 1 号开始自上而下写在左边，后一半号数自下而上写在右边。然后用横线把相对的号数连起来，这就是第一轮的比赛。从第二轮起把 1 号位置固定不动，其余号数按逆时针方向移动一个位置，再用横线把相对号数连起来，这就是第二轮的比赛。以此类推，排出其余者轮次比赛表。

例如：6 个队参加比赛，其循环方法见表 2-3。

表 2-3　“中式”循环编排法

轮次	第一轮	第二轮	第三轮	第四轮	第五轮
比赛队	1—6 2—5 3—4	1—5 6—4 2—3	1—4 5—3 6—2	1—3 4—2 5—6	1—2 3　6 4—5

如果是单数则需要在最后一个号数后面加零，在轮转编排时如遇到零的号数即为轮空。以上是“中国式”（以下简称“中式”）编排方法，但有它的不足之处，现在一般采用“贝格尔式”（以下简称“贝式”）编排方法，使各队更能在同等条件下进行比赛。其编排方法如下：

编排方法中第一轮“贝式”和“中式”一样不变，从第二轮开始就有了变化，“中式”是以 1 固定不变，而“贝式”是以最后一个签号相对固定，其余各队随其变化。

“贝式”最后一个签号每逢单轮其位置在右上角，每逢双轮其位置在左上角。

每轮比赛队“中式”和“贝式”都是按逆时针方向旋转移动。“中式”转一个位置，而“贝式”转的位置（W）要根据参赛队数来确定，即：W＝队数÷2－1。如 6 个队参赛，则 W＝6÷2－1＝2，即每轮每个队转动两个位子。

队数为奇数时，可用加“零”成偶数队的方法来计算。排出轮次表后，将顺序号代表的各队名称填入轮次表，就可排出比赛日程表。表 2-4 为 6 个队单循环用“贝式”编排的方法。

表 2-4　6 个队“贝式”单循环编排法

轮次	第一轮	第二轮	第三轮	第四轮	第五轮
比赛队	1—6	6—4	2—6	6—5	3—6
	2—5	5—3	3—1	1—4	4—2
	3—4	1—2	4—5	2—3	5—1

（4）单循环赛确定名次的办法。单循环比赛，一个队（人）的名次不仅取决于该队（人）与其他队（人）的比赛结果，而且还要受其他队（人）互相间比赛结果的影响。因此，名次确定较为复杂，在实践中，各种球类项目的计算方法亦不同，现分别介绍如下。

①足球比赛确定名次的办法。循环赛以积分多少来决定名次，胜一场得 2 分，平一场得 1 分，负一场得 0 分，积分多者名次列前。如果每场球必须决出胜负，可以胜一场得 2 分，负一场得 0 分，积分多者名次列前。如两队或两队以上积分相等，按全部比赛的净胜球（进球数减失球数，每场只计算 90 min 内的进球）多少决定名次。如净胜球总和仍相等，则按全部比赛的进球总和（每场只计算 90 min 内的进球）多少决定名次，如进球总和仍相等，则可以采用加赛或抽签的方法决定名次。

②篮球比赛确定名次的办法。循环赛确定名次时，按照积分多少来计算，即胜一场得 2 分，负一场得 1 分，弃权得 0 分。积分多者名次列前，如两队积分相等，则以两队之间的比赛胜负确定名次，胜者名次列前。如两个以上的队积分相等，则以这几个积分相等队之间的比赛成绩排列名次。如仍相等，则按它们之间比赛时的得失分率（总得分/总失分）排列名次，得分率高者名次列前。如仍相等，则按它们在全组内所有比赛的得失分率排列名次。

③排球比赛确定名次的办法。循环赛确定名次时，按照积分多少来计算，胜一场得 2 分，负一场得 1 分，弃权得 0 分，积分多者名次列前。如两队或两队以上积分相等，则采用下列办法决定名次：

$\frac{A\text{（胜局总数）}}{B\text{（负局总数）}}=C$，$C$ 值高者名次列前，如 C 值仍相等则采用：

$\frac{X\text{（总得分数）}}{Y\text{（总失分数）}}=Z$，$Z$ 值高者名次列前。

2. 双循环　如时间充裕，参加比赛的队（人）又较少，可采用双循环法进行比赛，它比单循环增加一倍的比赛机会，双循环比赛秩序的编排与单循环相同，在编排第二循环时，可将第一循环秩序重复比赛一遍，或重新抽签编排。

3. 分组循环　参加比赛队（人）较多而竞赛时间较短时，为了较合理地确定各队（人）名次，可采用分组循环的比赛方法，把参加的队（人）平均分成若干小组，在各组内进行单循环比赛。为了较合理地确定各队（人）的名次，避免较强的队（人）集中在一个小组，可根据分组情况，选出相应的几个种子队（种子选手），然后再用抽签的办法确定其他各队（人）所在组的位置，种子队（种子选手）每个小组设 1～2 个（名）为宜。

分组循环的编排，一般有两个阶段：第一阶段是所分的小组分别进行单循环比赛，决定每组名次。第二阶段有以下几种比赛方法：

（1）将预赛的各小组同名次的队（人）划为一组，进行决赛。例如：第一阶段分 4 组，将预赛各小组第 1 名划为一组，决定 1～4 名；将预赛各小组第 2 名划为一组，决定 5～8

名；将预赛各小组第 3 名划为一组，决定 9～12 名；将预赛各小组第 4 名划为一组，决定 13～16 名。

（2）如预赛分 4 组，将预赛各小组第 1、2 名划为一组，决定第 1～8 名，将预赛各小组第 3、4 名划为一组，决定第 9～16 名。或者只进行第 1～8 名的决赛，其他各队不再继续比赛。

（3）采用交叉法，如 12 个队参加比赛，第一阶段分为 2 个小组，每组 6 个队采用单循环法，第二阶段则采用交叉法。即第 1 组的第 1 名和第 2 组的第 2 名，第 1 组的第 2 名和第 2 组的第 1 名进行比赛，然后两个胜队进行比赛决定第 1、2 名，两个负队进行比赛，决定第 3、4 名，两组的第 3、4 和第 5、6 名分别采用同样的方法决定第 5～8 名和第 9～12 名。

第二节　体育竞赛的欣赏

随着体育成为人们生活中的必需，越来越多的人喜欢亲临体育竞赛场或通过电视直播来欣赏体育竞赛。为了帮助大家更好地欣赏体育竞赛，现将欣赏体育竞赛的意义与内容作一简要的介绍。

一、体育竞赛欣赏的意义

1. 享受生活乐趣　在人类进入到现代文明的这种背景下，体育文化本身也发生了一种质的变化。体育逐渐从一种实用功利的状态变成一种非功利的状态，成为人们生活的一部分。在生活余暇观赏体育竞赛或表演，除可以欣赏各种运动美感外，还常被那绚丽多姿的文化氛围和社交环境所感染。例如，奥林匹克运动会（简称奥运会）前的火炬传递、奥运会上点燃圣火、交接会旗等一系列具有浓厚文化色彩的仪式，构成了一幕幕最庄严、最激动人心的场景。当你欣赏的运动队或运动员获胜时，会给你带来无限快乐。你会为运动员的优美、惊险的造型所陶醉，你会为某项运动所表现出的道德、传统与习俗等文化理念所折服，这一切都给你带来了乐趣。四年一届的世界杯足球赛为什么能够吸引亿万球迷？人们除了关心本国的球队外，更多的是在欣赏比赛的同时享受生活的乐趣，因期盼的心理状态与运动场上发生的一切同步而快乐，因兴奋的情绪得到的精神满足而快乐。

2. 品尝体育文化　具有千姿百态的体育竞赛发展至今，都有其深远的历史背景。不同地域的体育竞赛有着不同的风格，就文化内涵而言，它们作为人类智慧的结晶，又集中反映了不同国家、民族的风俗民情和意识观念。例如，在现代足球发展中，南美人讲究细腻的脚法、熟练的配合与张扬的个性融合为一体；欧洲人则讲究整体的配合、务实的打法与强悍的作风结合在一起。实际上，这是两种风格迥异的体育文化形式，是由它们不同的文化理念、不同的运动价值观念形成的。体育文化的外在表现，则反映在围绕体育竞赛而进行的诸多文化艺术活动中，它包括竞赛期间的文艺演出、绘画展览、火炬接力、新闻报道、电视转播、邮票和纪念币发行等内容。由于这些活动的开展，使色彩各异的体育文化形式得以在全世界传播。因此，通过观赏体育比赛，人们可以真正品尝到风采各异的体育文化。

3. 领悟人生真谛　在体育竞赛中，多数运动员往往以失败而告终，但这条通往失败的道路奠定的却是运动员不断超越自我、战胜自我、战胜自然的一个个里程碑。在激烈的竞争中，运动员所表现出的坚定不移、临危不惧和顽强拼搏等优秀品质，正是在逆境中不断磨练出来的。尤其是残疾人在运动场上震撼人心的表演，是他们用心灵对生活的体会表现。感悟体育、领悟人生真谛，是我们欣赏体育的又一重要意义。

4. 陶冶道德情操 良好道德情操的形成，受内在和外部两方面的影响。作为外部影响因素，体育竞赛所创造的文化环境是以其特有的价值观念、道德意识和审美情趣，在健康、进取、意志、信念等方面，对人的行为施加影响，并为协调人际关系和化解社会矛盾创造有利条件。因此，人们通过观赏体育竞赛，不仅可以体验奥林匹克原则，包括懂得持何种态度与方式去为比赛优胜者喝彩，给落后者加油，以及遵守比赛场区的要求与规定，使自己的行为与社会保持一致性，而且还能从运动员遵循竞赛法则、恪守运动道德、服从裁判、公平竞赛等行为表现中，接受道德情操的教育，为树立良好的社会风尚奠定思想基础。从内在因素来看，欣赏者通过对比赛的理解来约束自己的行为，如对失败者的尊重、对自己拥护者失败的承受，从而不断提高自己的道德水准，陶冶道德情操。

5. 振奋民族精神 凡重大国际比赛，为了表达对优胜者的崇敬，均有升国旗、奏国歌、颁奖杯、授奖牌等礼仪。即使以个人名义参加的大型比赛，运动员也总是代表自己的国家。这表明，尽管世界各地的政治观点和生活方式不同，但是世界性的体育竞赛都关系到国家与民族的尊严与荣誉，它必然会对观众的思想、情感、精神和意志产生巨大的影响。本国运动员的胜利，使民族的自尊心得到满足，自信心不断增强，爱国主义情感更加浓厚。但体育竞赛场上的胜负，毕竟不能等同于国家的盛衰，如果过于宣传狭隘的民族主义精神就容易使观众不能正确认识胜负的意义，造成行为上的越轨。因此，我们对振奋民族精神的认识，要从体育竞赛的精神内涵中寻求动力，而绝不能单纯以胜负论英雄。

二、体育竞赛欣赏的内容

（一）身体美的欣赏

欣赏竞赛，首先映入眼帘的是运动员的身体形态。通过对身体美的欣赏，可使人产生一种特殊的美感，同时会产生一种生机勃勃的感受。古希腊的“维纳斯”和“掷铁饼的人”的雕塑形象之所以经历几千年而不衰，除其造型艺术价值外，正是身体形态给人以美的享受。

1. 身体美 身体美的内容是十分丰富的。它不仅包含着人体的强壮美、体态美、体型美这些外形的美，同时还包含着一些潜在美的因素，如素质美、风度美等。

2. 体态美 体态美是指人的形体和姿势，表现在身体比例匀称、和谐、线条美等方面，给人以端庄、高雅的感觉。

3. 体型美 篮球运动员的体型是身材高大、躯干健壮、四肢较长、匀称协调，而游泳运动员的体型则是肌肉丰满、肩宽臂长、胸阔腿健。匀称的体型和发达的肌肉有助于形成曲线美。

4. 强壮美 强壮美表现为肌肉发达、身体魁伟、强壮，给人以力量、充满生命的活力的感觉。

5. 风度美 风度美是指有高尚气质和美的举止。一些运动员不仅表现出运动技术高超，而且仪表端正、风度翩翩，往往给人以高尚、典雅的感觉。

6. 力量美 力量美多体现在高强度的运动竞赛中，如凶猛的拳击比赛、勇猛的冰球比赛等，都显示了男性阳刚之美。

7. 速度美　速度美表现在一些高速度的运动竞赛中，如自行车在赛场上飞驰的团体追逐赛，田径场上的短跑比赛等，都将赋予人们昂扬、振奋和激励的感受。

8. 耐力美　耐力美表现在长时间的运动过程中，如在长跑比赛中，着地柔和、动作轻快、重心平稳，往往给观众留下轻快、潇洒和飘逸的风姿。

（二）运动美的欣赏

在体育竞赛中，对运动美的欣赏，是整个欣赏过程的核心。运动美一般包括动作美、技术美和战术美。

1. 动作美的欣赏　在运动过程中，人的形体或部位的造型所展现的美，称动作美。在体育竞赛中，运动员的动作都是在“动”中进行的，所以在欣赏时，应把动作美放在首要地位。但是，任何运动都是动与静的对立统一，这就要求在欣赏中，对具体的动作要做动与静的考察。

在体育竞赛中，任何动作的动、静态是相互交替、相互转化的，构成了生动、鲜明、起伏跌宕、引人入胜的场面。

对任何一项运动的动作评价，都是在动和静的比较中进行的。如，在欣赏竞技体操的跳马时，运动员要完成站立、预备姿势、助跑、起跑、踏跳、第一腾空推撑、第二腾空、落地等几个阶段，要求运动员开始稳健自信、从容，助跑轻盈、快速，踏跳充分有力，第一腾空飘逸、潇洒，推撑准确强劲，第二腾空协调舒展惊险，落地如楔，稳如泰山。整个过程是由静到动，由动到静。再如，中华武术动作动与静的安排，更是丰富多彩，人们描述为：动如涛、静如岳、起如猿、落如鹊、立如鸡、站如松、转如轮、折如弓、轻如叶、重如铁、缓如鹰、快如风。真是节奏分明，变化万千。

2. 技术美的欣赏　运动员的技术动作是经过长期科学、艰苦训练和多次临场比赛磨练而形成的，有的已达到超人预料或接近了尽善尽美的程度。对技术美的欣赏往往是和动作美的欣赏联系在一起的，即不仅欣赏运动技术的高、难、美、新，还应结合技术动作的平衡性、协调性和节奏感等方面来观赏。平衡能给观众以稳定、安全、庄严之感，协调而有节奏能给观众以融洽、合理、圆满、明快之感。

当你看到优美的高、难、美、新的运动技术时，会获得赏心悦目的美的感觉和精神享受。例如，三次获奥运会跳水金牌的伏明霞在10m跳台上的跳水技术，轻盈的一跳，空中造型、翻腾、旋转，从容干净利落地压花入水，使人眼花缭乱；李宁在自由体操中高而飘的跟头，鞍马上轻松自如的“托马斯”全旋；童非在单杠上刚健有力的单臂大回环；吴佳妮在高低杠上高而准的“佳妮腾越”；江嘉良的乒乓球发球抢攻；郎平的3号位超手重扣；郝致华刚柔相济的八卦掌，等，无不给人以美的享受和振奋。

3. 战术美的欣赏　战术美，是在复杂多变的体育竞赛中，充分发挥运动员的素质和技术特点，在争取胜利中体现出来的一种美。

战术在体育竞赛的激烈对抗中，被称之为发挥技术的先导，驾驭比赛的灵魂，是夺取胜利的法宝，也是反映运动员的知识、技术、心理和智力因素的综合指标。因此，在观赏体育竞赛的过程中，要注意运动员如何根据各自的情况，正确地调配力量，扬己之长，克敌制胜。譬如，在观看篮球比赛时，一方是人高马大，而另一方是个小灵活。一般来说，高大队员一方多采用稳扎稳打、以高制胜的战术，而个小一方则多采用快速灵活的方针，以小制大，夺取胜利。我们知道，在体育比赛中有个人战术、全队战术等，协调一致的战术配合是运动员经过一定时间的共同训练和比赛逐渐形成的。在高水平的比赛中，有些战术配合达到了珠联璧合、天衣无缝的娴熟程度，观后令人拍案叫绝、赞叹不已。

（三）风格美的欣赏

风格美，一般包括两个方面的内容，即思想风格美和技术风格美。

1. 思想风格美 思想风格美是指运动员在体育竞赛中所体现的思想品质、道德修养、行为作风等综合的社会意识美。人们在观赏体育竞赛时，看到运动员良好的思想风格，也是一种美的享受。例如，中国女子排球队在一次世界排球锦标赛的关键性比赛中，出现了这样一个局面：场上比分 13 平，这时中国队掌握发球权。对方接发球后组织进攻，扣球不死，中国队接球一传到位，二传 3 号位直线扣杀，球压线开花，本应得分，但裁判员误判为球出界，换发球，全场一片愕然。重放电视录像，仍证实球压线。这时，只见女排队长孙晋芳举手示意，很有礼貌地向裁判员提出申诉，裁判员却固执己见，维持原判。此时，孙晋芳不急不躁，却是微微一笑，全场观众随之报以热烈掌声，全队情绪不但未受影响，反而得到莫大鼓舞，再接再厉，取得了这场比赛的胜利。孙晋芳这一稳健的举止，落落大方的行动，给人们以高尚思想风格美的享受。

体育竞赛，实质上是一种复杂的社会活动。因此，在体育竞赛中所表现出的各种思想、道德、行为都不是虚构的，而是一种真实的社会行为表现。在体育竞赛中，常常也看到一些畏强欺弱、投机取巧、蛮横粗野等拙劣行为，这与思想风格美形成了鲜明的对照，使人们更加厌弃它。

2. 技术风格美 技术风格美包括运动员在技术、战术上所表现出的特长与特点之美，亦即技术、战术风貌和格调上的个性之美。每个运动员根据各自的特点和条件，创造出与众不同的风格，构成了自己独特的技术风格之美。例如，我国乒乓球运动员，自 20 世纪 50 年代初开始步入世界乒坛以来，逐步形成了我国运动员直拍握法的“快、狠、准、多变”的技术风格；我国的篮球运动员，则根据我国运动员身体较为矮小，但具有灵活性的特点，逐步形成了“快速灵活、以小制大”的技术风格；我国的体操运动员，在自由体操的编排上，吸取了武术运动的精华，形成了我国体操的独特技术风格，从而呈现了五彩缤纷的运动技术风格美。

（四）对运动员运动行为、心理素质的欣赏

高水平的体育比赛，不仅仅体现在运动员精湛的技艺上，而且更重要的是体现在运动员良好的体育道德行为和心理素质上。这主要表现在尊重裁判、尊重对方、尊重观众、胜不骄、败不馁等方面。运动员良好的心理素质是发挥好技术、战术和取得比赛胜利的重要保证。越是高水平、对抗激烈的比赛，对运动员的心理素质要求就越高。这种良好的心理素质主要体现在：能否承受住赛场内、外各种因素的干扰与比赛胜负考验的稳定、镇静和沉着的情绪，能否表现出团结协作、顽强拼搏的精神等。优秀运动员所表现的文明向上的竞争态度，正是良好心理素质和运动行为的综合体现。

（五）不同类别体育项目的欣赏

目前，世界上竞技运动、娱乐体育、民间体育、游戏等共有 2 万多项。要对这些运动项

目作全面介绍是很难的，这里仅对主要运动项目竞赛的欣赏做些一般性介绍。

（1）测速和测距类项目。此类项目是奥运会比赛中金牌最多的运动项目。欣赏这类运动项目的比赛，主要是看运动员的运动能力发挥得如何。以田径项目为例，欣赏的内容有：看运动员的速度、力量和耐力等身体素质是否能达到很高水平；看运动员的动作是否有节奏，技术是否合理，是否符合生物力学原理；看运动员的动作是否具有美的韵味和风格；看运动员的意志品质是否坚强。

（2）举重、射击和射箭类项目。欣赏举重比赛的内容有：看运动员如何根据自身的体重举起最大重量；看运动员的动作是否连贯、协调；看运动员的用力是否经济、省力、合理。欣赏射击和射箭这两项比赛，主要看运动员是否在复杂的条件下沉着、镇静，是否具有能承受和抵抗各种干扰的心理素质。

（3）球类项目。球类项目的欣赏内容有：看运动员之间或运动员自身是否能巧妙地组织配合；看全队或运动员自身的整场战术思想；看运动员个人的精湛技艺和战术意识；看运动队或运动员自身的赛风是否具有胜不骄、败不馁的风格；看运动队中“灵魂”组织者（即控球的后卫）的作用；看球星的“绝招”，他们在极其复杂的对抗中，会表现出高超的技艺，显示出超群的能力。

（六）对体育场馆建筑艺术及运动着装的欣赏

现代大型体育运动场馆的整体造型，设计奇异、千姿百态、各具特色。这些场馆都是根据经济实用、美观的原则和当地的气候、地理环境条件而设计建造的，有着很高的使用和观赏价值。

不同比赛项目的运动服装，除了具有运动的实用性特点外，还能使运动员身体美、动作美得到充分的体现。近年来运动服装的推陈出新，不仅给体育比赛的观赏带来新的视觉享受和艺术启迪，同时也推动了体育竞赛水平的提高。各种款式新颖的运动服装，引起了人们对展现自己形体美和精神美的追求，已逐步成为人们现代生活的一种时尚。

思考题

简述物质生活越来越丰盛的今天，如何从精神层面欣赏体育竞赛和体育表演。

第三章 奥林匹克运动

第一节 奥林匹克运动会和奥林匹克精神

一、国际奥林匹克委员会

国际奥林匹克委员会（简称国际奥委会）是世界上最有影响的国际体育组织。按照国际法，国际奥委会是一个具有法律地位和永久继承权的法人团体，总部设在瑞士洛桑。国际奥委会对奥林匹克运动拥有一切权力，只有国际奥委会有权选择和决定举办奥运会的城市。

国际奥委会挑选它认为有资格的人为委员。委员必须懂英语或法语，其居住国应有被国际奥委会承认的国家奥委会，委员应是该国公民。国际奥委会委员是国际奥委会在委员所在国家的代表，而不是这些国家派往国际奥委会的代表。委员不得接受居住所在国政府或任何组织的指示和影响。国际奥委会现行章程规定，1965 年以后当选的委员年满 72 岁时必须退休。

国际奥委会与各国国家奥委会间仅有相互承认的关系。只有获得国际奥委会承认的国家奥委会才有权派队参加冬季和夏季奥运会的比赛。中国奥林匹克委员会是国际奥委会承认的国家奥委会。

二、现代奥林匹克运动会

现代奥林匹克运动会（简称现代奥运会）的创始人是法国教育家皮埃尔·德·顾拜旦（1863—1937）。经他倡导于 1894 年 6 月 23 日在法国巴黎召开了有 12 个国家和地区 79 名代表参加的恢复奥运会的代表大会。会上决定成立国际奥林匹克委员会，选举了希腊诗人维克拉斯为第一任主席，顾拜旦为秘书长，还决定 1896 年 4 月在希腊雅典举行第 1 届现代奥林匹克运动会，之后每 4 年举行一次，一直延续至今。

现代奥运会包括夏季奥林匹克运动会（简称夏季奥运会）和冬季奥林匹克运动会（简称冬季奥运会）两种形式。

1. 夏季奥运会 自 1896 年举行的第 1 届夏季奥运会到 2016 年止，已举行了 31 届。但实际上只举行过 28 届，因为两次世界大战，第 6 届（1916 年）、第 12 届（1940 年）和第 13 届（1944 年）奥运会停开。

2016 年举行的夏季奥运会的比赛项目有：田径、游泳（含跳水、花样游泳、水球）、体操（含艺术体操）、足球、篮球、排球、曲棍球、举重、自行车、柔道、射击、射箭、击剑、皮划艇、赛艇、帆船（含帆板）、马术、拳击、手球、现代五项、乒乓球、网球、跆拳道、铁人三项、羽毛球和高尔夫。竞赛时间包括开幕式在内不得超过 16 天。

根据国际奥委会的规定，得到国际奥委会承认的各国家单项体育组织及其所管辖的运动项目，才能列入奥运会比赛。同时还规定，列入夏季奥运会比赛的男子项目，至少要在三大洲 40 个国家和地区广泛开展；女子项目至少要在两大洲 25 个国家和地区广泛开展。

2. 冬季奥运会　冬季奥运会每隔 4 年举行一届，该赛事的主要特征是在冰上和雪地举行的冬季运动，如滑冰、滑雪等适合在冬季举行的项目。与夏季奥运会在同年和同一国家举行。正式的冬季奥林匹克运动会始于 1924 年。当时，在法国的夏蒙尼市承办了当时被称为“冬季运动周”的运动会，两年后国际奥委会正式将其更名为第 1 届冬季奥林匹克运动会。从 1928 年的第 2 届冬奥运会开始，冬季奥运会与夏季奥运会的举办地点改在不同的国家举行。1994 年起，为将冬奥运会与夏奥运会时间错开，冬奥运会与夏奥运会以 2 年为相隔交叉举行。

冬季奥运会的比赛项目目前有：现代冬季两项（滑雪和射击）、冰球（速度滑冰、花样滑冰、短道速滑）、滑雪（高山滑雪、越野滑雪、跳台滑雪、自由式滑雪）、现代冬季两项（滑雪+射击）、雪橇（有舵雪橇和无舵雪橇）、雪板和冰壶等。2002 年美国盐湖城冬奥运会中，我国短道速滑选手（大杨扬）为中国实现了中国冬奥会金牌零的突破。根据国际奥委会规定，要列入冬季奥运会比赛的男子项目，至少要在两大洲 25 个国家和地区广泛开展；女子项目至少要在两大洲 20 个国家和地区广泛开展。

现代奥运会已有百年历史，中间也经历了风风雨雨。如：直到 1924 年才正式决定允许妇女参加奥运会，同年在法国举行首届冬季奥运会。至此，从 1896 年的第 1 届至第 8 届，历经长达 28 年，才使现代奥运会的形式臻于完善，并沿袭至今。由此“更快、更高、更强”的奥林匹克格言成为百年来人们为之奋斗的共同目标。奥运会冠军是竞技运动员们梦寐以求的愿望。现代奥林匹克运动会成为在和平条件下世界各国人民比试体能、显示国力、塑造民族形象、增进友谊、促进和平的重要舞台。奥林匹克运动作为竞技体育的象征和代表，已经在全世界人民心中点燃了不熄的圣火。

三、奥林匹克运动会的宗旨与原则

1. 宗旨

（1）以竞技运动为基础，促进人类身心的健全发展。

（2）通过运动竞赛方式教育青年，建立彼此的友谊和了解，借以创造更幸福与和平的世界。

（3）在世界各地推广奥林匹克原则，以增进各国间的国际友谊。

（4）集合全世界的运动员，参加 4 年一度的奥林匹克运动会。

2. 原则

（1）届次及会期。每 4 年举行 1 次，自 1896 年首次在雅典举行第 1 届开始计算，如不能如期举办，届次照算，并不得延至另一年计算，这也是为了纪念古代奥运会遵守规律的循环及传统。

（2）个人的竞赛。奥运会是个人及团队间的运动竞赛，而不是国家与国家间的竞赛，故国际奥委会仅公布运动员个人的名次及成绩，并不承认各国奥委会所得的团体积分或奖牌的累计等统计数字。

（3）公平竞争。奥运会的竞赛应公正与平等，更不容许因种族、宗教或政治等因素，而对任何国家奥委会或个人有所歧视。

（4）凡因举办奥运会所得的任何盈余，均应用于提倡奥林匹克活动或发展体育。

(5) 国际奥委会对于优胜运动员，着重于荣誉的表扬及精神鼓励，颁发前 3 名个人的金、银、铜奖牌，不再发给任何物质的奖励，以符合奥林匹克精神。

四、奥林匹克精神象征

1. 奥林匹克精神　《奥林匹克宪章》指出，奥林匹克精神就是相互了解、友谊、团结和公平竞争的精神。

奥林匹克精神强调竞技运动的公平与公正。奥林匹克运动以表演体育技艺和运动对抗为主要活动形式，通过比赛不仅可以看到运动员的意志品质、拼搏精神和道德风尚，还能够使观众得到健康的娱乐享受。

2. 奥林匹克象征　奥林匹克运动作为人类团结、进步与友谊的象征，其文化内涵反映在它的主体思想、精神文化与认识变化中，还可以通过奥林匹克标志、会旗、格言、会徽、会歌、圣火和火炬等形式，显示奥林匹克运动的特殊意义与专有性质。

(1) 奥林匹克标志。由 5 个奥林匹克环套接组成，其颜色为蓝、黄、黑、绿、红（也可是单色）。象征五大洲的团结，全世界运动员以公正、坦率的比赛和友好的精神，在奥林匹克运动会上相见。

(2) 奥林匹克会旗。白底、无边，中间是五色的奥林匹克标志。

(3) 奥林匹克会徽。是一届奥林匹克运动会的奥林匹克徽记，亦称奥运会会标。历届奥运会会徽的图案虽然千差万别，但都有一个共同的标志，即相互套连的奥林匹克五环标志，同时衬以表现奥运城和东道国历史、地理、民族文化传统等特点的主体图案，使人一眼就可以看出奥运会举办的时间和地点。

(4) 奥林匹克会歌。歌名为《萨玛拉斯颂》，希腊人帕拉玛斯作词，萨玛拉斯作曲。1896 年在第 1 届现代奥运会开幕式上演唱，1958 年在东京国际奥委会第 55 次全会通过作为会歌。

(5) 奥林匹克格言。亦称奥林匹克口号。1920 年国际奥委会将“更快、更高、更强”确认为奥林匹克格言。奥林匹克格言充分表达了奥林匹克运动所倡导的不断进取、永不满足的奋斗精神。

(6) 奥林匹克圣火和奥林匹克火炬。在奥林匹克运动发源地奥林匹亚，用凹面镜聚焦日光点燃的火焰称为圣火。用圣火点燃或由它复燃的火炬进行接力，运送至奥运会开幕式，进入主会场，点燃塔上焰火，直至闭幕时熄灭。象征着光明、团结、友谊、和平和正义。

第二节　中国与奥林匹克运动

一、中国早期的奥林匹克组织

1. 中国早期的竞赛活动　中国人最初是通过奥运会来认识奥林匹克运动的。1904 年中国许多报刊报道了第 3 届奥运会在美国圣路易斯举办的消息，但当时并未能在社会上引起反响。1907 年以后，一些基督教青年会和教会学校人士开始在社会上宣传奥林匹克运动。

1907 年 10 月 24 日，著名的教育家、体育家张伯苓先生在天津青年会第 5 届学校运动会的演说中提出：虽然许多欧洲国家获奖机会甚微，但仍然派出选手参加奥运会。他建议中国加紧准备，争取早日参加奥运会。1908 年，《天津青年》在一篇题为“竞技运动”的文章里提出了争取在中国举办奥运会的建议。在"争取早日参加奥运会"和"争取在中国举办奥运会"的口号鼓舞下，1910 年 10 月 18～22 日在南京举行了"全国学校区分队第一次体育同盟会"，即第 1 届全国运动会。

1913 年开始举办的远东运动会（最初名为"远东奥林匹克运动会"），是奥林匹克运动在亚洲的先驱，中国是发起者之一。

从此，以举办全运会、参加远东运动会和奥运会为中心的竞赛制度逐步确立，现代体育加速从学校走向社会。这是奥林匹克运动在中国结出的第一个硕果。

2. 中国早期的奥林匹克组织

（1）中国基督教青年会。在全国性奥林匹克组织出现前，中国的体育运动竞赛主要由该组织发起与组织。其中贡献最大的是第一位来华的美国体育干事埃克斯纳。

（2）中华全国体育协进会。1924 年 8 月成立。该会的成立，标志着中国体育的发展和中国奥林匹克运动的开展，都已进入一个新的阶段。1949 年，中华人民共和国成立，同年 10 月，中华全国体育协进会改名为中华全国体育总会。

二、中国与国际奥委会

1. 中国应邀参加国际奥委会　在中华全国体育协进会成立前，由于中国积极筹办和参加远东运动会，从而与国际奥委会发生了联系。1915 年国际奥委会曾致电邀请中国参加第 6 届奥运会和奥委会会议，但由于第一次世界大战而未能实现。1922 年王正廷担任国际奥委会委员后，中国便与国际奥委会建立了直接的联系。

2. 中国参加奥运会　1928 年中国获准可派代表团参加在荷兰阿姆斯特丹举行的第 9 届奥运会，但由于准备不足，只派了宋如海一人作为观察员出席而未参加比赛。1932 年，国际奥委会正式承认"中华全国体育协进会"为中国的奥委会后，中国参加了第 10 届、第 11 届和第 14 届奥运会。

第 10 届奥运会，1932 年在美国洛杉矶举行。在张学良将军的热心资助下，派出了一个 3 人代表团：代表沈嗣良，选手刘长春，教练宋君复。这是中国运动员第一次正式进入奥运会赛场。

第 11 届奥运会，1936 年在德国柏林举行。中国参加了田径、篮球、足球、游泳、举重、拳击、自行车比赛以及武术表演。除符保卢撑杆跳高进入复赛外，其他各项在初赛中即被淘汰。但武术表演却引起了各国体育界人士的极大兴趣。

第 14 届奥运会，1948 年在英国伦敦举行。中国参加了田径、足球、篮球、游泳、自行车等项比赛。各项均未进入决赛。

3. 中国退出奥委会　1952 年，中华全国体育总会（中国奥委会）宣布中国将派运动员参加第 15 届奥运会。然而，当时国际奥委会中的一些人却违背《奥林匹克宪章》的规定，拒不邀请我国参加。经过斗争虽得到邀请，但国际奥委会同时也邀请了中国台湾的体育组织参加。在此后的几次国际奥委会上，都对中国奥委会代表权问题进行了激烈的讨论。1954 年 5 月，在雅典举行的国际奥委会第 49 次会议上，终于以 23 票对 21 票通过决议，承认中华全国体育总会为中国国家奥委会。但是，国际奥委会主席布伦戴奇却将中国台湾的体育组织以"中华民国"的名义列入国际奥委会名单中，制造"两个中国"。在这种情况下，1958 年 8 月，我国宣布中断与国际奥委会以及有关的 9 个国际单项协会的联系。

4. 中国重返奥运会 1979 年 4 月，在国际奥林匹克委员会全体会议上，中国奥委会代表何振梁明确表示：根据《奥林匹克宪章》，只应承认一个中国奥委会，即设在北京的中国奥委会。考虑到让中国台湾的运动员亦应有参加国际比赛的机会，可允许中国台湾的体育组织作为一个地方机构，以中国台北奥委会的名义留在奥林匹克运动内，但它的旗、歌和章程等应作相应的变动。1979 年 11 月，中国的意见，获得了国际奥委会全体委员以通信表决方式通过，中国在国际奥委会的合法席位最终得到了恢复，促进了国际奥林匹克运动的健康发展，海峡两岸运动员也恢复了体育交往。

1984 年 7 月 29 日，在美国洛杉矶举行的第 23 届奥运会的第一天，中国射击运动员许海峰为中国取得了第一枚金牌，打破了中国在奥运奖牌史上“零”的纪录，掀开了中国体育史上的崭新一页。这届奥运会中国共取得 15 块金牌。第 24～31 届夏季奥运会，中国不仅派出了一支队伍，而且派出了一支强大的队伍参加奥运会，并在各届奥运会上都取得了优异成绩，见表 3-1。

表 3-1 中国参加夏季奥运会获奖牌情况

年（届）	名次	金牌	银牌	铜牌	总数
1984（23）	4	15	8	9	32
1988（24）	11	5	11	12	28
1992（25）	4	16	22	16	54
1996（26）	4	16	22	12	50
2000（27）	3	28	16	15	59
2004（28）	2	32	17	14	63
2008（29）	1	51	21	28	100
2012（30）	2	38	27	23	88
2016（31）	3	26	18	26	70

5. 中国申办奥运会 中国人早就有申办奥运会的想法，但在相当长的时间内，中国都不具备举办奥运会的能力和条件。改革开放以来，我国经济的持续发展、政治和社会的稳定、人民生活水平的不断提高、我国体育事业的巨大发展以及北京亚运会的成功，大大地提高了我国在国际上的地位和在国际奥林匹克运动中的影响。中国已具备了承办重大国际比赛和奥运会的能力。1991 年 2 月 26 日，中国奥委会和北京市决定向国际奥委会申请在北京举办 2000 年第 27 届奥林匹克运动会，并于同年 12 月 4 日递交了承办申请书，1993 年 9 月在决定承办城市的奥委会投票中，中国以 43∶45 两票之差输给了澳大利亚悉尼。1999 年我国再次申办 2008 年第 29 届奥运会，在莫斯科召开的国际奥委会第 112 次全会上，中国北京以 56 票赢得了 2008 年第 29 届奥运会的主办权，全国 13 亿人民欢欣鼓舞，全世界华人一片欢腾。

6. 第 29 届奥运会会徽——中国印·舞动的北京 会徽作为一个整体，包括三个部分：一是印形部分，二是“Beijing2008”字样，三是奥林匹克五环。印形极富中国文化特色，“Beijing2008”字样也与之相配，特别是采用了中国书法艺术、汉字简化体的笔意，风格独特（图 3-1）。

图 3-1

“中国印·舞动的北京”有 4 项含义。

(1) 中国特点、北京特点与奥林匹克运动元素的巧妙结合。以印章为主体表现形式，将中国传统的印章和书法等艺术形式手法夸张变形，巧妙地幻化成一个向前奔跑、舞动着迎接胜利的运动人形。人的造型同时形似现代“京”字的神韵，蕴含浓重的中国韵味。

主体图案基准颜色选择红色，具有代表国家、喜庆、文化传统的特点。印章早在四五千年前就已在中国出现，至今仍是一种广泛使用的表现社会诚信形式，寓意北京将实现“举办历史上最出色的一届奥运会的庄严承诺”。这个标志生动地表达出北京张开双臂、欢迎八方宾客的热情与真诚，传递着奥林匹克的热情与精神。印章中的运动人形刚柔相济，形象友善，充满了动感，体现了“更快、更高、更强”的奥林匹克精神，以及以运动员为核心的奥林匹克运动原则。

(2) 总体结构与独立结构比例协调。“中国印·舞动的北京”中的中国印、“Beijing 2008”和奥运五环三部分之间在布局及比例关系方面近乎完美。每一部分独立使用时比例合理，不失调。

(3) 城市加年份的标准字体设计别出心裁、独树一帜。“中国印·舞动的北京”字体部分采用了汉字竹简文字的风格，将这一字体的笔画和韵味有机地融入“Beijing2008”字体之中，自然、简洁、流畅，与会徽图形和奥运五环浑然一体。

(4) 有利于形象景观应用与市场开发。国际奥委会知识产权注册机构认为，“中国印·舞动的北京”之主体图案具有作为独立商标注册的条件，在城市景观布置、场馆环境布置等方面蕴含着巨大的潜力。

思考题

北京奥运会的顺利举办对我国产生了哪些影响，请从经济、国际影响和体育运动史的发展三个方面进行论述。

第四章 科学运动与测试标准

第一节 运动量的大小和控制

一、运动量的含义

运动量也称运动负荷，指人体在体育活动中所承受的生理、心理负荷量，由完成练习的数量、强度、密度、时间以及动作的准确性和运动项目特点等因素所决定。人人都知道“生命在于运动”，但并不是只要运动就一定能够有益于健康。无论是体育锻炼还是运动训练，都存在一个合理安排运动量的问题，体育锻炼效果的好坏直接取决于运动量。由此可见，科学锻炼的运动量对于人的健康是非常重要的。

二、如何评定运动量的大小

运动量大固然会增加热量消耗，减轻体重。可是运动过大，同样也会增加机体代谢调整负担，损害健康，甚至危及生命。当然，运动量不足也不会获得满意的效果，一般认为：运动后感到轻度疲劳、微微出汗、心情舒畅、睡眠良好是比较合理的运动量。如果运动后感觉疲劳、肌肉酸痛、食欲减退、睡眠不好，则提示运动量过大。倘若运动中或运动后出现胸闷、上腹痛、胸痛、呼吸困难，或头痛、头晕、恶心、出冷汗等症状要立即停止运动，到医疗单位做必要的检查与治疗。如果运动时无发热感，脉搏无变化或变化不大，说明运动量小，应该适当增加。

（一）客观生理指标的评定

目前常用指标包括脉搏、血压、体重、肺活量、心电图、尿蛋白、血色素等指标。在此就脉搏、血压、体重三个简便易行的指标做一介绍。

1. 脉搏（心率）　脉搏是最能反映机体情况的指标之一，在运动实践中常用，如基础脉搏、运动前脉搏、运动中脉搏、运动后即刻脉搏、恢复期脉搏等。

①基础脉搏。指早晨清醒后起床前静卧床时所测得的脉搏，又称晨脉搏。此时脉搏较稳定，能敏感反映心脏机能。

②运动前脉搏。指在运动场上，处于相对安静状态时所测得的脉搏。常作为运动中、后脉搏的对照标准。

③运动中脉搏。指在运动的整个过程中任一时刻所测得的脉搏。

④运动后即刻脉搏。指在运动终止即刻所测得的脉搏。

⑤恢复期脉搏。指在运动终止后一定时间内所测得的脉搏。可连续测量运动后第3～10 min的脉搏。

运动中脉搏、运动后即刻脉搏和恢复期脉搏常与运动前脉搏对照。

2. 血压　运动实践中常用的血压包括安静血压、运动中血压和恢复期血压等。

①安静血压。正常的安静血压变动范围应在 10 mmHg* 以内，若血压明显升高或突然比平时高出 20%以上，表示机能不良。

②根据运动中血压以及恢复期血压的变化，可评定运动强度。强度越大，脉压差越大，恢复时间越长（表 4-1）。

表 4-1　运动强度评定

收缩压（mmHg）	舒张压（mmHg）	恢复时间	运动强度评定
上升 20～30	下降 5～10	3～5 min	小强度
上升 30～40	下降 10～20	20～30 min	中强度
上升 40～60	下降 20～40	24 h 内	大强度

3. 体重　每日早晨起床排净大小便后称体重，初参加系统锻炼者 1～4 周体重下降，5～6周稳定，6 周后稳中有升，每天运动可有 1～4 kg 的变化。

（二）主观感觉的评定

主观感觉包括自我感觉、睡眠、食欲、锻炼欲望等方面。主观感觉评定法主要依据运动过程中或运动结束后各种主观感觉，主要有以下 3 种情况。

（1）若感到全身舒展，精神焕发，有再运动一会儿的欲望；或稍有疲劳感，肌肉略有酸胀，但不影响学习、工作、食欲和睡眠，且肌肉酸胀在 1～3 h 内自然消除，说明运动量适度。

（2）若 4～12 h（甚至 24 h）内，有吃不香、睡不实、对再运动持冷漠态度或运动后次日早晨自感很疲劳、全身乏力、萎靡不振甚至头晕等，说明运动量过大，需要适当调整运动量。

（3）若肌肉有不同程度发紧、僵硬或麻木感，甚至局部肌肉有酸痛，痛点（区）扩大并加剧时，可能是肌肉或肌腱有隐性炎症，也可能是练习手段安排不当所致，应适当减量或降低强度，甚至停止练习。

综上所述，评定运动量大小，最好采用客观生理指标的评定及主观感觉两方面相结合的方法进行综合评定，这样既有助于准确、客观地掌握身体机能变化，又便于及时地调控运动量。

另外，运动锻炼效果的优劣还与每次运动持续时间、运动频率、运动时机、运动环境等其他运动的构成要素紧密相关。

（1）运动持续时间。每次锻炼持续时间应该在 30 min 以上，才会收到比较理想的锻炼效果。

（2）运动频率。运动的频率可因人而异，但至少每周要运动 3 次，最好渐渐达到每周 5 次，这样可使运动效果更佳，继续增加运动次数意义不大。

（3）运动时机。夏季应选择早晚气温较低时进行，冬季应避开早晚气温较低时进行。饭

* mmHg 为非法定计量单位。1 mmHg≈133.32 Pa。——编者注。

后休息半小时后再进行运动，运动后也应该休息半小时后再进餐。

（4）运动环境。最好选择空气清新、空旷、安静的场所进行运动锻炼。若因故中途停顿或中断，则已经获得的锻炼效果会很快消失，重新开始锻炼时，又要一切从头开始，绝不可冒进。如果运动后有明显的、持续的疲劳，说明运动时间过长，就应该适当减少运动时间或次数。运动时若出现胸痛、心律不齐、憋气、心慌、不想练习时，应停止运动并请医师检查。只有当运动强度、运动量、每次运动持续时间、运动频率、运动时机、运动环境等一系列运动的构成要素均适合于运动者自身状况的时候，运动锻炼的效果才会最佳，收到事半功倍之效，否则，只能事倍功半，甚至适得其反，还可能有损健康。

三、控制运动量的方法

无论是体育锻炼还是运动训练，都存在一个合理安排运动量的问题，锻炼效果好坏，也往往取决于运动量的大小。因为运动量过小，不用动员内脏器官的潜力就可以轻而易举地担负下来，这样就达不到提高内脏器官功能的目的，因而锻炼的效果甚微。相反，如果运动量过大，在安排时又缺乏必要的节奏，长此下去就会超过人体生理负荷的极限，这样，不仅达不到增强体质的锻炼目的，往往还会对锻炼者的健康有不利影响，并对学习或工作造成影响。所以，每位体育锻炼爱好者在开始体育锻炼前就应学会监测运动量的方法。

1. 每天运动量是否适宜的检测方法 清晨醒来，测 1 min 脉搏，然后记下每天所测的脉搏跳动次数。如果脉搏跳动次数比昨天多 3 次以内，说明运动量适宜，锻炼可持续进行，一旦发现增加过多，则需找出原因，进行调整。

2. 小强度运动后的检测 一般运动后每分钟脉搏跳动的次数在 120 次以下为小强度运动。运动前测 1 次，运动后再测 1 次，如果运动后 5～10 min 能恢复到运动前的脉搏数为适宜。脉搏增快 10 次以上，则需调整。

3. 中强度运动后的检测 一般运动后每分钟脉搏跳动的次数在 120～150 次为中强度运动。运动前测 1 次，运动后再测 1 次，如果运动 5～10 min 后比运动前的脉搏次数快 10～20 次为适宜。

4. 大强度运动后的检测 一般运动后每分钟脉搏跳动的次数在 150～180 次为中强度运动。运动前测 1 次，运动后再测 1 次，如果运动 5～10 min 后比运动前的脉搏次数快 30～50 次为适宜。如果增加次数在 50 次以上，出现头晕、心慌、呼吸不畅等现象，则说明身体已不适应，应立即停止锻炼，去医院检查，找出原因，再进行锻炼。

5. 主观感觉 体育锻炼与运动员的训练不同，其基本原则为：锻炼时要轻松自如，并有一种满足感，这也是锻炼者进行运动量监测的一项主要指标。运动过程中或运动结束后，如果有以下情况之一发生，必须要控制运动量：

①感觉疲软无力，精神不振。

②不想参加原本非常喜欢的运动项目。

③头痛、心痛、头晕、呕吐。

④失眠。

⑤食欲减退，容易口渴。

⑥运动时排汗量异常增加，而且出现夜间出汗现象。

第二节　运动处方的内容和制订

运动处方的概念最早是美国生理学家卡波维奇在20世纪50年代提出的。20世纪60年代以来，随着康复医学的发展及对冠心病等疾病的康复训练的开展，运动处方开始受到重视。1969年世界卫生组织开始使用运动处方术语，从而在国际上得到认可。运动处方的完整概念是：康复医师或体疗师，对从事体育锻炼者或病人，根据医学检查资料（包括运动试验和体力测验），按其健康、体力以及心血管功能状况，用处方的形式规定运动种类、运动强度、运动时间及运动频率，提出运动中的注意事项。运动处方是指导人们有目的、有计划和科学地锻炼的一种方法。

一、运动处方的内容

1. 运动处方的定义　运动处方是由医生或体育工作者给锻炼者按照年龄、性别、健康状况、身体锻炼经历和心肺或运动器官的机能水平等，用处方的形式制订的系统的、个性化的健身方案。

2. 运动处方的主要内容　每次进行运动应包括三部分，分别为热身部分、锻炼部分及缓和部分。每个部分包括运动模式、运动强度、运动所需时间、运动次数和运动进度几项。

运动模式决定身体哪个部位可得到锻炼；运动强度、运动所需时间及运动次数决定运动时所消耗的热量，它们互相影响以达到身体健康、体格强健及适中体重的目标；运动进度则反映身体适应运动计划的速度（表4-2）。

表4-2　运动处方的主要内容

	热身部分	锻炼部分	缓和部分
运动模式	慢跑，伸展运动	有氧运动，如慢跑、踏单车及游泳；无氧运动，如锻炼肌力运动，使用自由负荷、器械负荷或以身体重量作为负重的阻力运动	自我按摩、调整呼吸、意念放松
运动强度	低	低/中	低
运动所需时间	10 min	每种运动重复6～8次，每个运动时段计划10～20 min	5～10 min
运动次数	每个运动时段开始时	中等剧烈程度的运动1w可进行2～3次，较低剧烈程度的运动1w可进行多于3次	每个运动时段结束时
运动进度	了解运动的基本概念	由低剧烈程度运动开始，然后每隔5～6w逐渐增加强度	分析、总结、强化运动技术动作

二、运动处方的制订

1. 制订运动处方的目的

（1）增强人体机能，提高身体素质。

（2）促进生长发育。

（3）减少慢性疾病的危险因素，治疗慢性疾病，促进健康。

（4）提高锻炼中的安全性。

（5）丰富文化娱乐生活，调节心理状态，提高生活质量。

2. 运动处方的要素 根据锻炼者不同的身体状况以及锻炼目的，运动处方可分为治疗性运动处方和预防性运动处方。常见的运动处方模型包括如下基本要素：

（1）对身体和运动能力的诊断结果及其总体评价。

（2）确定练习的内容，即写明锻炼采用何种方法、手段和动作要求。

（3）确定每次锻炼的时间。每天锻炼时间要根据身体能力和运动项目的特点来考虑。一般运动的时间最短是 5 min，最长是 1 h。

（4）确定锻炼的频度，即每周活动的次数。如果条件允许，每日活动 1～2 次为佳。制订运动处方的最基本要求是每周不能少于 2 次。

（5）确定练习的强度，这是运动处方的关键部分，要根据锻炼的年龄、健康状况和运动能力来确定。

（6）提出注意事项。可指出禁忌参加的运动项目，锻炼时自我观察的指标出现异常时，应停止运动。

3. 制订运动处方需考虑的内容

（1）运动目的。通过有目的的锻炼达到预期的效果。由于各人的情况千差万别，运动处方的目的有健身、娱乐、减肥、治疗等多种类型。

（2）运动强度。运动强度指运动时的剧烈程度，是衡量运动量的重要指标之一，可用每分钟的心率次数来表示大小。

（3）运动项目。在运动处方中，为锻炼者提供最合适的运动项目关系到锻炼的有效性和持久性。选择运动项目，要考虑运动的目的，是健身还是治疗；要考虑运动条件，如场地器材、余暇时间、气候等；还要结合体育兴趣爱好等。

4. 制订运动处方的总体步骤

（1）了解运动的目的及对运动的期望（减肥、练身材、增强体质等）；询问健康状况（运动史、社会环境条件等）。

（2）体检。体检包括身体围度、心电图、血压、营养状态、体重控制等。

（3）运动负荷试验及体力测验。包括运动血压、心脏功能、自觉尽力程度、有效锻炼强度范围、有效锻炼心率范围等。

（4）制订运动处方，安排锻炼计划。包括运动强度、运动时间、运动频率、监测方法、每次锻炼的热量消耗、注意事项等。

（5）善后工作和复查。个人的情况会不断地变化，运动处方的有效性不会是永久的，所以要定期评测、定期调整，以便及时了解身体机能的变化情况，得到新的、有效的健身计划。

三、运动处方制订实例

（一）制订运动处方

1. 确定适合自己的运动 大学生锻炼一般以选择有氧运动项目为主。从代谢的角度分析，有氧运动是指人体在运动时体内的糖、脂肪、蛋白质在氧的参与下分解为二氧化碳和水，同时释放大量能量，供二磷酸腺苷（ADP）合成三磷酸腺苷（ATP），而ATP分解功能是肌肉收缩的唯一直接能源。从生理学意义来讲，有氧运动是指运动中肺通过积极的工作，加快心跳和呼吸频率，来满足运动时机体对氧的需求，保持运动中人体氧供需的动态平衡。有氧运动是健身的最佳方式，既可以防病治病，还可以减少体内的脂肪堆积，对减肥起到积极作用。锻炼可根据自己的爱好、身体健康状况、工作性质等具体情况选择适当的运动项目。如：脑力劳动者因用脑频繁，易患神经衰弱、高血压、消化不良、便秘等疾病，可选择爬山、打拳等。身体肥胖者，行动不便，运动中容易发生关节和韧带受伤，可选择强度小、灵活、轻松的项目，如：徒步、慢跑、游泳、骑自行车等。身体瘦弱者可选择引体向上、俯卧撑、器械体操、球类项目等。老年人因生理机能减退，应选择徒步、慢跑、气功、太极拳、交谊舞等。

2. 确定适宜的负荷强度　适宜的负荷强度是决定健身效果的关键，若负荷强度选择不合适，就难以达到健身目的。强度太小，起不到健身的作用；强度过大，持续时间过长，会使身体受到损害。

负荷强度通常采用血乳酸、心率等指标来判断，血乳酸检测起来比较麻烦，所以一般采用心率指标检测方法。健身强度应该在自己最佳负荷价值阈范围内选择，这是因为运动时心率比安静状态下快得多，当男性心率达到每分钟110次、女性达到每分钟120次时，心脏每搏输出量最大，超过此值，每搏输出量开始降低。但由于心率加快的代偿作用，使心排血量继续增加，当男性达到每分钟160次、女性达到每分钟155次时，会因每搏输出量明显下降而导致心总输出量降低。身体锻炼如处于每搏输出量下降区间，有损于身体健康，而心脏处于最大每搏输出量周围（每分钟120～140次），心脏的舒张与收缩最充分，有利于提高心脏功能。所以，健身锻炼通常把心率为每分钟120～140次，作为适宜负荷强度的客观指标。

3. 掌握适宜的运动时间　要达到最佳的运动效果，不但要选择最佳的负荷强度，同时还要持续一定的时间，也就是说要有一定的负荷量（负荷量＝强度×时间）。健身运动一般选用30～60 min的有氧运动，健康成年人应选择中等强度、持续时间较长的运动；体力弱而时间充裕的人可选择小强度、长时间的运动。若想通过锻炼达到减肥的目的，运动的持续时间就更为重要了。运动减肥就是通过运动消耗体内多余的脂肪而保证不丧失肌肉组织，因此，强度不大、持续时间长的有氧代谢运动方式是减肥者的最佳选择（运动5～10 min，消耗血管中储存的供能物质；运动10～25 min，消耗体内储存的糖类；25 min以上，分解消耗体内储存的脂肪）。

若以健身为目的，每周可安排3次或隔日锻炼，这样可以取得最佳效果。若以减肥为目的，每周要保持5次以上，最好天天坚持。

（二）运动处方举例

1. 发展心肺功能的锻炼处方

（1）频次：每周3～5次。

（2）强度：（220－年龄）×60％～（220－年龄）×90％的目标心率。

（3）时间：持续20～60 min。

（4）类别：步行、慢跑、自行车、游泳、皮划艇、爬楼梯等全身性大肌肉的持续性运动。

（5）本锻炼处方使用注意事项：

①一周进行2次锻炼可以增强心肺适应能力，锻炼3～5次可使心肺达到最大适应水平，且受伤的可能性减小，但一周锻炼超过5次并不能引起心肺适应水平的进一步提高。

②在确定运动强度时，常用心率表示运动强度。只有超过一定强度的运动才能有效地引起机体的适应，该强度所对应的心率为目标心率。目标心率常以最大心率的百分比表示，目前推荐的运动强度范围为60％～90％的最大心率。

计算心肺耐力的目标心率区域公式是：（220－年龄）×60％～（220－年龄）×90％。

例：某学生20岁，其目标心率区域＝（220－20）×60％～（220－20）×90％＝120～180次/min。

③每个人的适应水平和运动强度不同，故锻炼持续时间也应有所区别。对于一个适应水平较低的锻炼者来说，20～30 min就可提高心肺适应水平，而适应水平较高的锻炼者可能需要40～60 min。

④凡是有大肌肉群参与的、慢节奏的持续性运动都可作为锻炼方式。锻炼者要按照自己的兴趣选择喜欢的运动，另外还要考虑可行性和安全性。对于容易受伤的人，最好选择冲击力小的锻炼方式，而很少受伤的人可任意选择锻炼方式。

2. 提高肌肉耐力的锻炼处方

（1）频次：每周2～3次。

（2）强度：锻炼项目8～12个，重量（或阻力）15～20 RM（RM表示相对重量，即最多能够连续完成的重量或阻力），每组次数15～20次，共做2～3组，组间休息少于30 s。

（3）时间：练习总时间为20～30 min。

（4）类别：哑铃、徒手练习或橡胶绳练习。

（5）本锻炼处方使用注意事项：

①肌肉耐力锻炼与肌肉力量锻炼不同，肌肉耐力锻炼并不需要很大的力量，但注重锻炼的频次，组间休息时间不宜太长，每周锻炼2～3次为宜。

②负重练习在增加肌肉力量的同时，也有利于改善肌肉耐力，所以选择一些如哑铃等器械的负重练习效果会更好。当然，有些徒手练习也可作为增强肌肉耐力的手段。

3. 提高肌肉力量的锻炼处方

（1）频次：每周1～2次。

（2）强度：选择8～12个主要肌肉群练习，重量或阻力15～20 RM，每组次数8～12次，共做1～2组，组间休息时间为1～3 min。

（3）时间：总练习时间以20 min为最佳。

（4）类别：哑铃或橡胶绳练习。

（5）使用本锻炼处方应注意的事项：

①每周进行4次锻炼是能坚持长期锻炼的最大频率限度。一般认为，要使肌肉力量明显地增加，而又不至于产生慢性疲劳的积累，每周进行1～2次锻炼最为适宜。

②力量锻炼的间隔时间，一般以肌肉能完全恢复为准。肌肉在锻炼后3～5 s已恢复50％，2 min完全恢复。为了增强肌肉力量，锻炼的间隔不宜太长，一般为1 min左右。每次练习总时间以20 min为最佳时间。

③根据自己的兴趣选择适宜运动项目。一般肌肉力量的训练应采用负重练习，如哑铃、

拉橡皮绳等。

④当运用杠铃进行练习时，必须有同伴帮助完成练习，以便在不能完成的情况下，可得到同伴的保护。

4. 制订柔韧性的锻炼处方

（1）频次：每天或在运动前后练习。

（2）强度：每组肌肉伸展至拉紧或有少许酸痛感觉为止。

（3）时间：每组肌肉伸展 10～30 s，较重要的大肌肉如大腿肌群可伸展 30 s。但是每个姿势持续时间和次数应逐渐增加，一般从 10 s 逐渐加到 30 s。

（4）类别：被动静力性伸展法或本体感受神经肌肉伸展法。

（5）本锻炼处方使用注意事项：

①重视准备活动。在进行柔韧性练习前可做一些小运动量的健美体操或慢跑等，以此来提高肌肉的温度，增加工作肌的血流量，从而减少伤害事故。

②进行柔韧性练习时，动作的幅度要逐渐加大，用力要柔和，避免受伤。

③静力性练习一般停留 8～10 s，重复 8～10 次可收到良好的效果。动力性练习一般停留在 15～25 个，每个练习做 7～30 次。

④练习至少要重复 5～10 次，要循序渐进，不要急于求成。

⑤要注意全面锻炼，不管是准备活动的伸展练习，还是专门发展某些关节柔韧性的练习，都要兼顾到身体各关节柔韧性的全面发展。

⑥由于各个关节都具有不同的练习方式，锻炼者要根据自己的实际情况选择恰当的锻炼方式和锻炼强度。

5. 控制体重的锻炼处方　体重控制是指把身体重量以正确的方法控制或调节在一个适当的范围之内。它可以通过体育锻炼和饮食两个方面达到控制的目的，锻炼者可参照本处方控制体重。

（1）频次：每周 5～7 次。

（2）强度：最高心率的 60%～70%，或自己感觉到有少许辛苦即可。初练者或重度肥胖者可由最高心率的 50%开始。

（3）时间：最少 30 min。初练习者、重度肥胖者可以间断进行，共 30 min，其间断休息时间应尽量减少。

（4）类别：步行最佳。其他如自行车、游泳、皮划艇等运动。

（5）本锻炼处方使用注意事项：

①步行减肥运动的目的是为了减少脂肪含量，所以，减肥者需要每天锻炼 30～60 min。

②减肥步行锻炼应在课余时间进行，这才可以达到至少持续 30 min 的有效要求。

③减肥者只要每天坚持步行，同时隔天进行结实肌肉的练习，以增强肌肉力量及耐力。

④练习项目 8～12 项，重量或阻力为 10～15 RM，每组次数 10～15 次，组数 2～3 组，组间休息时间为 30～90 s。

（三）科学锻炼运动处方应遵循的原则

人们在长期体育锻炼实践中总结出来 5 条科学锻炼的原则，为锻炼者达到理想效果提供科学指导。

1. 自觉积极性原则 自觉积极性原则指体育锻炼者有明确的健身目标，充分认识体育锻炼的价值，自觉积极地从事体育锻炼活动。体育锻炼是一个自我锻炼、自我完善，并需要克服自身的惰性，战胜各种困难的过程。同时，还要有一定的作息制度作保证，把体育锻炼当作生活中不可缺少的一部分，才能奏效。

（1）明确“生命在于运动”的科学道理，树立正确的锻炼目的，把体育锻炼当作是日常学习和生活的自觉需要，激发锻炼的主动性，从而调动锻炼的积极性。

（2）培养兴趣，兴趣是人们认识事物和从事活动的倾向。当一个人对一项体育活动产生兴趣时，就会对这项体育活动表现出极大的主动性和自觉性，做到身心融为一体。

2. 持之以恒原则 持之以恒原则是指体育锻炼必须经常进行，使之成为日常生活中的重要内容。体育锻炼对机体给予刺激，每次刺激都产生一定的作用痕迹，连续不断地刺激作用则产生痕迹的积累。这种积累使机体结构和机能产生新的适应，体质就会不断增强，动作技能形成的条件反射也会不断得到强化。因此，体育锻炼贵在坚持，不能设想在短时间内取得显著效果，必须长久积累。

（1）根据个人能力所及，确立一个能够实现的体育锻炼目标（不宜太高），制订一个切实可行的锻炼计划（能长期坚持）。逐步养成习惯，使体育锻炼成为生活的重要组成部分。

（2）体育锻炼的效果并非一劳永逸，如果锻炼间隔时间过长，效果就会不明显。因此，每次锻炼要坚持安排合理的锻炼间隔。

3. 讲求实效原则 讲求实效原则是指选择锻炼内容、方法和安排运动负荷时，应根据个人的性别、年龄、职业、健康状况，对锻炼的爱好、要求和原有的基础，以及生活条件等实际情况来确定，按科学方法进行锻炼，以取得最佳的锻炼效果。

（1）根据个人实际情况，制订一套适用可行的锻炼计划或运动处方，执行时应当严格，并注意阶段性的调整。

（2）安排运动负荷时，以锻炼者能承受和克服的难度，一般自我感觉舒适和不影响正常学习、工作和生活为准。

（3）选择锻炼内容时，要注意它的健身价值，不要追求动作的形式，以及在力所不及的情况下去从事高难度技术动作的训练，而应选择简便易行、锻炼价值大、效果好的练习，作为身体锻炼的主要内容。

4. 循序渐进原则 循序渐进原则是指体育锻炼必须遵循人体自然发展、机体适应的基本规律，从不同的主客观实际出发，合理安排运动负荷，在渐进的基础上提高锻炼水平。在体育锻炼过程中，运动负荷的大小直接影响人体机能的变化，负荷是否适宜，对锻炼效果起很大的作用。运动负荷的大小应因人、因时而异，即便是同一个人，在不同的机能状态、不同的时间，人体对负荷的承受能力也不尽相同。因此，进行体育锻炼时应循序渐进，随时调整运动负荷，逐步提高锻炼水平。

（1）体育锻炼不要急于求成，必须根据锻炼者自身的实际情况确定运动负荷的大小，做到量力而行，尤其要注意锻炼后疲劳感的适度。

（2）运动负荷应由小到大，逐步提高。开始从事体育锻炼或中断体育锻炼后恢复锻炼时，强度宜小，时间宜短，密度适宜。

（3）注意提高人体已经适应的运动负荷，使体能保持不断增强的趋势。一般应在逐步提高“量”的基础上，再逐渐增大运动强度，使之适应并感到胜任的愉快，然后作相应的调整。随时加强自我监督，密切注意身体机能的不良反应。

（4）锻炼开始时，重视准备活动；锻炼结束后，做好放松整理活动。

（5）缺乏一定体育锻炼基础的人，或中断体育锻炼过久的人，不宜参加紧张激烈的比赛活动。

5. 全面性原则　全面性原则是指体育锻炼必须追求身心全面和谐发展，使身体形态、机能、身体素质及心理素质等方面得到全面协调的发展。

人体是由各局部构成的一个整体，各局部均按“用进废退”的规律发展，体育锻炼能促进新陈代谢的普遍旺盛，使身体各系统、组织、器官和谐发展，达到身体相对的完善和完美。只有掌握好科学锻炼的运动量和运动处方，人们的身体条件才会朝着健康有序的方向发展。

第三节　国家学生体质健康标准

2014 年教育部印发了最新修订的《国家学生体质健康标准》。它是国家学校教育工作的基础性指导文件和教育质量基本标准，是评价学生综合素质、评估学校工作和衡量各地教育发展的重要依据，是《国家体育锻炼标准》在学校的具体实施。

一、实施《国家学生体质健康标准》的意义

1. 贯彻落实“健康第一”的指导思想　学校教育，特别是学校体育教育直接肩负着“增强全体学生体质”和“促进全体学生健康”的使命。《中共中央国务院关于深化教育改革全面推进素质教育的决定》明确指出“健康体魄是青少年为祖国和人民服务的基本前提，是中华民族旺盛生命力的体现，学校教育要树立健康第一的指导思想，切实加强体育工作”。《国家学生体质健康标准》（以下简称《标准》）的制定与实施，就是落实“健康第一”指导思想的具体措施。《标准》作为促进学生体质健康发展、激励学生积极进行身体锻炼的教育手段，是学生体质健康的个体评价标准，也是学生毕业的基本条件之一。因此，它的实施会促进学生积极锻炼，从而使学生拥有健康的体魄和健全的人格，将“健康第一”的思想落到实处。

2. 完善学生体质健康评价体系　《标准》是在认真总结了《国家体育锻炼标准》《学生体质健康标准》等一系列评价体系的基础上，参考国际上成功经验与先进做法而建立的、以健康素质为主要指标的新评价体系。《标准》采用个体评价标准，每位学生都能够清晰地看出个体差异与自身某些方面的不足，这有利于学生通过测试增加参加体育锻炼的积极性，改善健康状况，促进健康发展。

二、《国家学生体质健康标准》测试项目与方法

《标准》中选择的测试内容，突出了对发展和改善学生健康有直接影响且关系密切的身体成分、心肺循环系统的功能、肌肉的力量和耐力以及柔韧性，体现了现代社会对健康的具体要求。现介绍部分项目测试方法。

1. 身高标准体重　全国学生体质健康监测表明，目前我国学生的体重还有进一步增加的趋势，城市超重和肥胖学生的比例明显增大，肥胖将会成为影响学生体质健康的主要因素

之一，所以广大学生在此方面加强锻炼已刻不容缓。身高标准体重是将身高和体重综合起来，以每厘米身高的体重分布，确定学生的体形匀称度，可反映学生的营养状况、体重是否正常或超重。它以大规模调查的统计数据为依据，采用了以学生的每厘米身高为单位，利用标准差，增减间距为 1 cm，制订了对身高、体重进行综合评价的评分表。评价该指标时，身高单位为厘米（cm），测试时保留 1 位小数；体重的单位为千克（kg），测试时保留 1 位小数，然后用测试值直接查表评分。

（1）身高测试方法。受试者赤足，立正姿势站在身高计的底板上（上肢自然下垂，两足跟并拢，两足尖分开约成 60°角）。足跟、骶骨部及两肩胛区与立柱相接触，躯干自然挺直，头部正直，耳屏上缘与眼眶下缘呈水平位。测试人员站在受试者右侧，将水平压板轻轻沿立柱下滑，轻压于受试者头顶。测试人员读数时双眼应与压板水平面等高进行读数。记录员复述后进行记录。以厘米（cm）为单位，精确到小数点后 1 位。测试误差不得超过 0.5 cm。

（2）体重测试方法。测试时，秤应放在平坦地面上，调整好“0 点”。受试者赤足，男性受试者身着短裤；女性受试者身着短裤、短袖衫，站在秤台中央。读数以千克（kg）为单位，精确到小数点后 1 位。

2. 台阶试验 台阶试验（图 4-1）是一项定量负荷机能试验，主要用以测定心血管系统的功能，也可间接推断机体的耐力。由于台阶的高度和上下频度是固定的，因此相对于每个受试者来说，台阶试验是在固定时间（180 s）内完成固定的负荷，根据恢复期心跳频率恢复的快慢计算指数来反映心脏对运动负荷的承受能力，在运动负荷相对等同的情况下来比较心功能的优劣。

测试方法：男生用高 40 cm 台阶，女生用高 35 cm 台阶。测试前测定安静时的脉搏，然后受试者做轻度的准备活动，主要是活动上、下肢。其上、下台阶的频率是每分钟 30 次，因而节拍器的节律为每分钟 120 次（每上、下一次是四动），连续做 3 min。受试者按节拍器的节律完成试验（图 4-1）。做完后，立刻坐在椅子上测量运动结束后的 1～1.5 min、2～2.5 min、3～3.5 min 的 3 次脉搏数并用下列公式求得评定指数，计算结果包含有小数的，对小数点后的 1 位四舍五入取整进行评分。

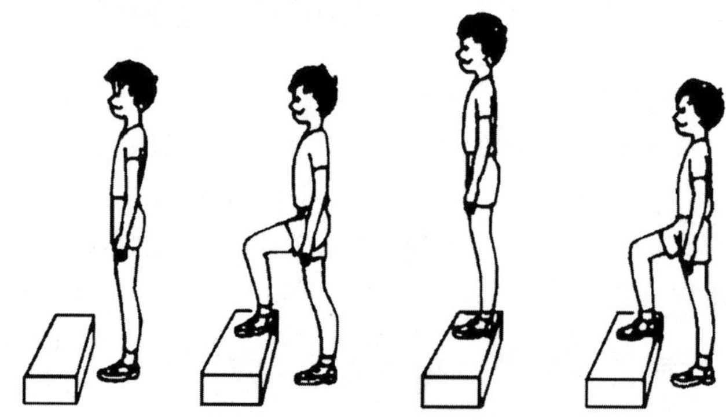

图 4-1 台阶实验

$$评定指数=\frac{踏台上、下运动的持续时间（s）\times 100}{2\times（3 次测定脉搏的和）}$$

3. 肺活量体重指数 肺活量是指在不限时间的情况下，一次最大吸气后再尽最大力量所呼出的气体量，是反映人体生长发育水平的重要机能指标之一。肺活量因性别和年龄而异，男性明显高于女性。在 20 岁前，肺活量随着年龄的增长而逐渐增大，20 岁后增加量就不明显了。体育锻炼可以明显地提高肺活量，如中长跑运动员和游泳运动员的肺活量可达6 000 mL。

肺活量的大小与身高、体重、胸围的关系密切，故在对学生体质进行评分时采用了肺活量体重指数作为评价标准之一。

$$\text{肺活量体重指数}=\frac{\text{肺活量（mL）}}{\text{体重（kg）}}$$

测试时保留 1 位小数，计算出指数后，舍去小数，用整数查表评分。

测试方法：房间通风良好；使用干燥的一次性口嘴（非一次性口嘴，则每换测试对象需消毒一次。每测一人时将口嘴朝下倒出唾液，并注意消毒后必须使其干燥）。肺活量计主机放置于平稳桌面上，检查电源线及接口是否牢固，按工作键液晶屏显示“0”即表示机器进入工作状态，预热 5 min 后测试为佳。

被测者不必紧张，并且要尽全力、以中等速度和力度吹气。被测试者面对仪器站立、手持吹气嘴，试嘴或鼻处是否漏气，调整嘴和用鼻夹；深吸气后屏住气再对准嘴尽力深呼气，直至不能呼气为止，液晶屏上最终显示的数字即为肺活量。每位受试者测 3 次，每次间隔 15 s，记录 3 次数值，选取最大值作为测试结果。以毫升（mL）为单位，不保留小数。

4. 50 m 跑　50 m 跑是国际上通用的测试项目，通过较短距离的高强度跑测试速度素质。速度素质的测试可以反映人体中枢神经系统的机能状态和神经与肌肉的调节机能，也可以综合地反映人体的爆发力、灵敏、反应、柔韧性等素质。速度素质有明显的性别和年龄差异。男性在 20 岁前、女性在 18 岁前一般是随着年龄增长而提高的。体重过大或肥胖都会影响速度。

《标准》中 50 m 跑的测试和评价以秒（s）为单位，保留 1 位小数，小数点后第 2 位数非“0”时则进 1，例如 10.11 s，按 10.2 s 查表评分。

5. 1 000 m 跑（男）、**800 m 跑**（女）　全国大学生体质与健康调研结果表明：目前我国大学生的耐力素质持续下降，这已引起中共中央国务院的高度重视。过去多发生在老年期的心、脑血管疾病，现在正在向低年龄的青壮年蔓延，有的青少年已患上心脑血管疾病。运动不足是重要原因之一。低强度、长时间的运动（如长跑），能充分地动员体内脂肪分解供能，有效提高机体分解和利用脂类物质能力，促进身体健康。而且长跑测试既可以反映肌肉耐力，又可以反映呼吸系统和心血管系统的机能水平，测试方法简单易行，有其他测验项目不可替代的作用。

《标准》中 1 000 m 跑（男）、800 m 跑（女）的测试和评价以分（′）、秒（″）为单位记录成绩，不计小数，然后进行查表评分例如 3′29″33，按 3′29″查表评分。

6. 立定跳远　立定跳远是测试爆发力的项目。爆发力是指在最短时间内发挥最大的力量。爆发力的大小不仅取决于力量，而且取决于力量和速度的结合。它在人们日常生活、劳动中有重要的意义和作用。

《标准》中立定跳远的测试和评价以厘米（cm）为单位，保留整数，小数点后四舍五入。

7. 坐位体前屈　坐位体前屈是用于反映人体柔韧性的测试项目。柔韧性是指人体完成动作时，关节、肌肉、肌腱和韧带的伸展能力。柔韧素质与健康的关系极为密切，柔韧性的提高，对增强身体的协调能力，更好地发挥力量、速度等素质，提高技能和技术，防止运动创伤等都有积极的作用。

测试方法：受试者两腿伸直，两脚蹬测试纵板坐在平地上，两脚分开 10～15 cm，上体前屈，两臂伸直向前，用两手中指尖逐渐向前推动游标，直到不能前推为止（图 4-2）。测试计的脚蹬纵板内沿平面为 0 点，向内为负值，向前为正值。记录以厘米（cm）为单位，保留 1 位小数。测试两次，取最好成绩。

图 4-2　坐位体前屈测试

8. 握力体重指数　握力的测试是一个新设置的测试项目，用于反映被测者的力量素质。研究表明，一个人的握力与其全身力量成高度相关，间接反映一个人的健康状况，握力增长或维持在较高水平时，健康状况就好，握力下降时健康状况就不好。握力与体重的大小有关，因而采用握力体重指数进行评分。

$$\text{握力体重指数}=\frac{\text{握力}}{\text{体重}}\times 100$$

《标准》规定计算握力体重指数时，握力的单位为千克（kg），测试时保留 1 位小数，体重单位为千克（kg），测试时保留 1 位小数。计算出指数后，舍去小数点，用整数查表评分。

9. 仰卧起坐（女）　仰卧起坐是测试肌腹力量和耐力的一个项目。女生的腰腹力量对其将来的生育等方面有着十分重要的作用。

测试方法：受测者全身仰卧于垫上，两腿稍分开，屈膝呈 90°左右，两手指交叉贴于脑后。另一同伴压住其踝关节，以便固定下肢。受试者起坐时两肘触及或超过双膝为完成一次。仰卧时两肩胛必须触垫。测试人员发出“开始”口令的同时开始计时，记录 1 min 内完成次数。1 min 到时，受测者虽已坐起，但肘关节未达到双膝者不计该次数，精确到个位。

三、《国家学生体质健康标准》评分表

评分表的制定是在对各项指标进行了大样本测试的基础上，采用百分位数区分学生的体质健康水平等级（优秀、良好、及格、不及格）；用与百分位数相应的百分值乘以权重系数得到的分值作为学生在各评分指标上的评分值。评分表里已经将权重系数折算在内。

四、《国家学生体质健康标准》的评价

1. 评价指标　评价指标有五项：身高标准体重（表 4-3、表 4-4）、肺活量体重指数两项为必评指标；选评指标有 3 项，分别是从台阶试验、1 000 m 跑（男）、800 m 跑（女）中选评 1 项；从 50 m 跑、立定跳远、跳绳、篮球运动、足球运动、排球垫球中选评 1 项；从坐位体前屈、握力体重指数、掷实心球、引体向上（男）、仰卧起坐（女）中选评 1 项（表 4-5、表 4-6）。

2. 等级评价　等级评价是将各单项的得分相加，用总分进行等级评价，共分为 4 个等级。

总分 90 分及以上为优秀；总分 75～89 分为良好；总分 60～74 分为及格；总分 59 分及以下为不及格。

学生体质健康标准成绩每学年评定一次，按评定等级记入《国家学生体质健康标准》登记卡（表 4-7）。学生毕业时体质健康标准的成绩和等级，按毕业当年得分和其他学年平均得分各占 50%之和进行评定。因病或残疾免于执行此标准的学生，填写免于执行《国家学生体质健康标准》申请表（表 4-8）。

表 4-3　大学男生身高标准体重

（体重单位：kg）

身高段/cm	营养不良	较低体重	正常体重	超重	肥胖
	50 分	60 分	100 分	60 分	50 分
144.0～144.9	<41.5	41.5～46.3	46.4～51.9	52.0～53.7	≥53.8
145.0～145.9	<41.8	41.8～46.7	46.8～52.6	52.7～54.5	≥54.6
146.0～146.9	<42.1	42.1～47.1	47.2～53.1	53.2～55.1	≥55.2
147.0～147.9	<42.4	42.4～47.5	47.6～53.7	53.8～55.7	≥55.8
148.0～148.9	<42.6	42.6～47.9	48.0～54.2	54.3～56.3	≥56.4
149.0～149.9	<42.9	42.9～48.3	48.4～54.8	54.9～56.6	≥56.7
150.0～150.9	<43.2	43.2～48.8	48.9～55.4	55.5～57.6	≥57.7
151.0～151.9	<43.5	43.5～49.2	49.3～56.0	56.1～58.2	≥58.3
152.0～152.9	<43.9	43.9～49.7	49.8～56.5	56.6～58.7	≥58.8
153.0～153.9	<44.2	44.2～50.1	50.2～57.0	57.1～59.3	≥59.4
154.0～154.9	<44.7	44.7～50.6	50.7～57.5	57.6～59.8	≥59.9
155.0～155.9	<45.2	45.2～51.1	51.2～58.0	58.1～60.7	≥60.8
156.0～156.9	<45.6	45.6～51.6	51.7～58.7	58.8～61.0	≥61.1
157.0～157.9	<46.1	46.1～52.1	52.2～59.2	59.3～61.5	≥61.6
158.0～158.9	<46.6	46.6～52.6	52.7～59.8	59.9～62.2	≥62.3
159.0～159.9	<46.9	46.9～53.1	53.2～60.3	60.4～62.7	≥62.8
160.0～160.9	<47.4	47.4～53.6	53.7～60.9	61.0～63.4	≥63.5
161.0～161.9	<48.1	48.1～54.3	54.4～61.6	61.7～64.1	≥64.2
162.0～162.9	<48.5	48.5～54.8	54.9～62.2	62.3～64.8	≥64.9
163.0～163.9	<49.0	49.0～55.3	55.4～62.8	62.9～65.3	≥65.4
164.0～164.9	<49.5	49.5～55.9	56.0～63.4	63.5～65.9	≥66.0
165.0～165.9	<49.9	49.9～56.4	56.5～64.1	64.2～66.6	≥66.7
166.0～166.9	<50.4	50.4～56.9	57.0～64.6	64.7～67.0	≥67.1
167.0～167.9	<50.8	50.8～57.3	57.4～65.0	65.1～67.5	≥67.6
168.0～168.9	<51.1	51.1～57.7	57.8～65.5	65.6～68.1	≥68.2
169.0～169.9	<51.6	51.6～58.2	58.3～66.0	66.1～68.6	≥68.7
170.0～170.9	<52.1	52.1～58.7	58.8～66.5	66.6～69.1	≥69.2

（续）

身高段/cm	营养不良	较低体重	正常体重	超重	肥胖
	50 分	60 分	100 分	60 分	50 分
171.0～171.9	<52.5	52.5～59.2	59.3～67.2	67.3～69.8	≥69.9
172.0～172.9	<53.0	53.0～59.8	59.9～67.8	67.9～70.4	≥70.5
173.0～173.9	<53.5	53.5～60.3	60.4～68.4	68.5～71.1	≥71.2
174.0～174.9	<53.8	53.8～61.0	61.1～69.3	69.4～72.0	≥72.1
175.0～175.9	<54.5	54.5～61.5	61.6～69.9	70.0～72.7	≥72.8
176.0～176.9	<55.3	55.3～62.2	62.3～70.9	71.0～73.8	≥73.9
177.0～177.9	<55.8	55.8～62.7	62.8～71.6	71.7～74.5	≥74.6
178.0～178.9	<56.2	56.2～63.3	63.4～72.3	72.4～75.3	≥75.4
179.0～179.9	<56.7	56.7～63.8	63.9～72.8	72.9～75.8	≥75.9
180.0～180.9	<57.1	57.1～64.3	64.4～73.5	73.6～76.5	≥76.6
181.0～181.9	<57.7	57.7～64.9	65.0～74.2	74.3～77.3	≥77.4
182.0～182.9	<58.2	58.2～65.5	65.7～74.9	75.0～77.8	≥77.9
183.0～183.9	<58.8	58.8～66.2	66.3～75.7	75.8～78.8	≥78.9
184.0～184.9	<59.3	59.3～66.8	66.9～76.3	76.4～79.4	≥79.5
185.0～185.9	<59.9	59.9～67.4	67.5～77.0	77.1～80.2	≥80.3
186.0～186.9	<60.4	60.4～68.1	68.2～77.8	77.9～81.1	≥81.2
187.0～187.9	<60.9	60.9～68.7	68.8～78.6	78.7～81.9	≥82.0
188.0～188.9	<61.4	61.4～69.2	69.3～79.3	79.4～82.6	≥82.7
189.0～189.9	<61.8	61.8～69.8	69.9～79.9	80.0～83.2	≥83.3
190.0～190.9	<62.4	62.4～70.4	70.5～80.5	80.6～83.6	≥83.7

表 4-4　大学女生身高标准体重

（体重单位：kg）

身高段/cm	营养不良	较低体重	正常体重	超重	肥胖
	50 分	60 分	100 分	60 分	50 分
140.0～140.9	<36.5	36.5～42.4	42.5～50.6	50.7～53.3	≥53.4
141.0～141.9	<36.6	36.6～42.9	43.0～51.3	51.4～54.1	≥54.2
142.0～142.9	<36.8	36.8～43.2	43.3～51.9	52.0～54.7	≥54.8
143.0～143.9	<37.0	37.0～43.5	43.6～52.3	52.4～55.2	≥55.3
144.0～144.9	<37.2	37.2～43.7	43.8～52.7	52.8～55.6	≥55.7
145.0～145.9	<37.5	37.5～44.0	44.1～53.1	53.2～56.1	≥56.2
146.0～146.9	<37.9	37.9～44.4	44.5～53.7	53.8～56.7	≥56.8
147.0～147.9	<38.5	38.5～45.0	45.1～54.3	54.4～57.3	≥57.4
148.0～148.9	<39.1	39.1～45.7	45.8～55.0	55.1～58.0	≥58.1
149.0～149.9	<39.5	39.5～46.2	46.3～55.6	55.7～58.7	≥58.8
150.0～150.9	<39.9	39.9～46.6	46.7～56.2	56.3～59.3	≥59.4

（续）

身高段/cm	营养不良	较低体重	正常体重	超重	肥胖
	50分	60分	100分	60分	50分
151.0～151.9	<40.3	40.3～47.1	47.2～56.7	56.8～59.8	≥59.9
152.0～152.9	<40.8	40.8～47.6	47.7～57.4	57.5～60.5	≥60.6
153.0～153.9	<41.4	41.4～48.2	48.3～57.9	58.0～61.1	≥61.2
154.0～154.9	<41.9	41.9～48.8	48.9～58.6	58.7～61.9	≥62.0
155.0～155.9	<42.3	42.3～49.1	49.2～59.1	59.2～62.4	≥62.5
156.0～156.9	<42.9	42.9～49.7	49.8～59.7	59.8～63.0	≥63.1
157.0～157.9	<43.5	43.5～50.3	50.4～60.4	60.5～63.6	≥63.7
158.0～158.9	<44.0	44.0～50.8	50.9～61.2	61.3～64.5	≥64.6
159.0～159.9	<44.5	44.5～51.4	51.5～61.7	61.8～65.1	≥65.2
160.0～160.9	<45.0	45.0～52.1	52.2～62.3	62.4～65.6	≥65.7
161.0～161.9	<45.4	45.4～52.5	52.6～62.8	62.9～66.2	≥66.3
162.0～162.9	<45.9	45.9～53.1	53.2～63.4	63.5～66.8	≥66.9
163.0～163.9	<46.4	46.4～53.6	53.7～63.9	64.0～67.3	≥67.4
164.0～164.9	<46.8	46.8～54.2	54.3～64.5	64.6～67.9	≥68.0
165.0～165.9	<47.4	47.4～54.8	54.9～65.0	65.1～68.3	≥68.4
166.0～166.9	<48.0	48.0～55.4	55.5～65.5	65.6～68.9	≥69.0
167.0～167.9	<48.5	48.5～56.0	56.1～66.2	66.3～69.5	≥69.6
168.0～168.9	<49.0	49.0～56.4	56.5～66.7	66.8～70.1	≥70.2
169.0～169.9	<49.4	49.4～56.8	56.9～67.3	67.4～70.7	≥70.8
170.0～170.9	<49.9	49.9～57.3	57.4～67.9	68.0～71.4	≥71.5
171.0～171.9	<50.2	50.2～57.8	57.9～68.5	68.6～72.1	≥72.2
172.0～172.9	<50.7	50.7～58.4	58.5～69.1	69.2～72.7	≥72.8
173.0～173.9	<51.0	51.0～58.8	58.9～69.6	69.7～73.1	≥73.2
174.0～174.9	<51.3	51.3～59.3	59.4～70.2	70.3～73.6	≥73.7
175.0～175.9	<51.9	51.9～59.9	60.0～70.8	70.9～74.4	≥74.5
176.0～176.9	<52.4	52.4～60.4	60.5～71.5	71.6～75.1	≥75.2
177.0～177.9	<52.8	52.8～61.0	61.1～72.1	72.2～75.7	≥75.8
178.0～178.9	<53.2	53.2～61.5	61.6～72.6	72.7～76.2	≥76.3
179.0～179.9	<53.6	53.6～62.0	62.1～73.2	73.3～76.7	≥76.8
180.0～180.9	<54.1	54.1～62.5	62.6～73.7	73.8～77.0	≥77.1
181.0～181.9	<54.5	54.5～63.1	63.2～74.3	74.4～77.8	≥77.9
182.0～182.9	<55.1	55.1～63.8	63.9～75.0	75.1～79.4	≥79.5
183.0～183.9	<55.6	55.6～64.5	64.6～75.7	75.8～80.4	≥80.5
184.0～184.9	<56.1	56.1～65.3	65.4～76.6	76.7～81.2	≥81.3
185.0～185.9	<56.8	56.8～66.1	66.2～77.5	77.6～82.4	≥82.5

（续）

身高段/cm	营养不良	较低体重	正常体重	超重	肥胖
	50 分	60 分	100 分	60 分	50 分
186.0～186.9	<57.3	57.3～66.9	67.0～78.6	78.7～83.3	≥83.4

注：身高低于表中所列出的最低身高段的下限值时，身高每低 1 cm，实测体重需加上 0.5 kg，实测身高需加上 1 cm，再查表确定分值。身高高于表中所列出的最高身高段时，身高每高 1 cm，其实测体重需减去 0.9 kg，实测身高需减去 1 cm，再查表确定分值。

表 4-5　大学男生评分标准

等级	单项得分	肺活量体重指数	1 000 m 跑	台阶试验	50 m 跑/s	立定跳远/m	掷实心球/m	握力体重指数	引体向上/次	坐位体前屈/cm	跳绳/(次/min)	篮球运球/s	足球运球/s	排球垫球/次
优秀	100	84	3′27″	82	6.0	2.66	15.7	92	26	23.0	198	8.6	6.3	50
	98	83	3′28″	80	6.1	2.65	15.2	91	25	22.6	193	9.0	6.5	49
	96	82	3′31″	77	6.2	2.63	14.4	90	24	22.0	186	9.6	6.9	46
	94	81	3′33″	74	6.3	2.62	13.6	89	23	21.4	178	10.3	7.3	44
	92	80	3′33″	71	6.4	2.60	12.5	87	22	20.6	168	11.1	7.7	41
	90	78	3′39″	67	6.5	2.58	11.5	86	21	19.8	158	12.0	8.2	38
良好	87	77	3′42″	65	6.6	2.56	11.3	84	20	18.9	152	12.4	8.5	37
	84	75	3′45″	63	6.8	2.52	10.9	81	19	17.5	144	12.9	8.9	34
	81	73	3′49″	60	7.0	2.48	10.5	79	18	16.2	136	13.5	9.3	32
	78	71	3′53″	57	7.3	2.43	10.0	75	17	14.3	124	14.3	9.9	29
	75	68	3′58″	53	7.5	2.38	9.5	72	16	12.5	113	15.0	10.4	26
及格	72	66	4′05″	52	7.6	2.35	9.3	70	15	11.3	108	15.6	10.7	25
	69	64	4′12″	51	7.7	2.31	8.9	66	14	9.5	101	16.6	11.2	23
	66	61	4′19″	50	7.8	2.26	8.5	63	13	7.8	94	17.5	11.7	21
	63	58	4′26″	48	8.0	2.20	8.0	59	12	5.4	85	18.8	12.3	18
	60	55	4′33″	46	8.1	2.14	7.5	54	11	3.0	75	20.0	12.9	15
不及格	50	54	4′40″	45	8.2	2.12	7.3	53	9	2.4	71	20.6	13.3	14
	40	52	4′47″	44	8.3	2.09	7.0	51	8	1.4	64	21.6	13.8	12
	30	51	4′54″	43	8.5	2.06	6.7	49	7	0.5	58	22.5	14.3	10
	20	49	5′01″	42	8.6	2.03	6.2	47	6	−0.8	49	23.8	15.0	8
	10	47	5′08″	40	8.8	1.99	5.8	44	5	−2.0	40	25.0	15.7	5

表 4-6　大学女生评分标准

等级	单项得分	肺活量体重指数	800 m跑	台阶试验	50 m跑/s	立定跳远/m	掷实心球/m	握力体重指数	仰卧起坐/(次/min)	坐位体前屈/cm	跳绳/(次/min)	篮球运球/s	足球运球/s	排球垫球/次
优秀	100	70	3′24″	78	7.2	2.07	8.6	74	52	21.1	190	11.2	7.3	46
	98	69	3′27″	75	7.3	2.06	8.5	73	51	20.8	184	11.5	7.8	44
	96	68	3′29″	72	7.4	2.05	8.4	72	50	20.3	175	12.0	8.6	41
	94	67	3′32″	69	7.5	2.03	8.2	71	49	19.8	166	12.6	9.4	38
	92	65	3′35″	64	7.7	2.01	8.0	69	47	19.2	154	13.3	10.5	34
	90	64	3′38″	60	7.8	1.99	7.8	67	45	18.6	142	14.0	11.5	30
良好	87	63	3′42″	59	7.9	1.97	7.7	66	44	17.7	137	14.6	11.9	29
	84	61	3′46″	57	8.0	1.93	7.6	63	43	16.3	130	15.6	12.5	27
	81	59	3′50″	55	8.2	1.89	7.5	61	42	15.0	122	16.5	13.2	25
	78	57	3′54″	52	8.3	1.84	7.4	58	40	13.1	112	17.8	14.0	23
	75	54	3′58″	49	8.5	1.79	7.2	55	38	11.3	102	19.0	14.9	20
及格	72	53	4′03″	48	8.6	1.76	7.1	53	37	10.1	98	19.8	15.9	19
	69	51	4′08″	47	8.7	1.72	7.0	50	35	8.3	92	20.9	16.7	17
	66	49	4′13″	46	8.8	1.69	6.8	48	33	6.5	86	22.0	17.8	15
	63	46	4′18″	44	8.9	1.63	6.6	44	31	4.1	78	23.5	19.3	13
	60	43	4′23″	42	9.0	1.58	6.4	40	28	1.7	70	25.0	20.8	10
不及格	50	42	4′30″	41	9.1	1.56	6.2	39	27	1.5	66	25.8	21.2	9
	40	41	4′37″	40	9.3	1.53	6.0	38	26	1.3	59	26.9	21.9	8
	30	39	4′44″	39	9.5	1.50	5.7	36	25	1.0	53	28.0	22.5	7
	20	37	4′51″	38	9.8	1.46	5.4	34	23	0.6	44	29.5	23.4	6
	10	35	5′00″	36	10.0	1.42	5.0	32	21	0.2	35	31.0	24.3	4

表 4-7 《国家学生体质健康标准》登记卡

学校 ______________

<table>
<tr><td>姓　名</td><td colspan="6"></td><td colspan="4">性　别</td><td colspan="6"></td><td colspan="4">学　号</td><td colspan="6"></td></tr>
<tr><td>院（系）</td><td colspan="6"></td><td colspan="4">民　族</td><td colspan="6"></td><td colspan="4">出生日期</td><td colspan="6"></td></tr>
<tr><td rowspan="7">单项指标</td><td colspan="6">大一</td><td colspan="6">大二</td><td colspan="6">大三</td><td colspan="6">大四</td><td colspan="2">毕业成绩</td></tr>
<tr><td colspan="2">成绩</td><td colspan="2">得分</td><td colspan="2">等级</td><td colspan="2">成绩</td><td colspan="2">得分</td><td colspan="2">等级</td><td colspan="2">成绩</td><td colspan="2">得分</td><td colspan="2">等级</td><td colspan="2">成绩</td><td colspan="2">得分</td><td colspan="2">等级</td><td>得分</td><td>等级</td></tr>
<tr><td colspan="2"></td><td colspan="2"></td><td colspan="2"></td><td colspan="2"></td><td colspan="2"></td><td colspan="2"></td><td colspan="2"></td><td colspan="2"></td><td colspan="2"></td><td colspan="2"></td><td colspan="2"></td><td colspan="2"></td><td rowspan="11"></td><td rowspan="11"></td></tr>
<tr><td colspan="2"></td><td colspan="2"></td><td colspan="2"></td><td colspan="2"></td><td colspan="2"></td><td colspan="2"></td><td colspan="2"></td><td colspan="2"></td><td colspan="2"></td><td colspan="2"></td><td colspan="2"></td><td colspan="2"></td></tr>
<tr><td colspan="2"></td><td colspan="2"></td><td colspan="2"></td><td colspan="2"></td><td colspan="2"></td><td colspan="2"></td><td colspan="2"></td><td colspan="2"></td><td colspan="2"></td><td colspan="2"></td><td colspan="2"></td><td colspan="2"></td></tr>
<tr><td colspan="2"></td><td colspan="2"></td><td colspan="2"></td><td colspan="2"></td><td colspan="2"></td><td colspan="2"></td><td colspan="2"></td><td colspan="2"></td><td colspan="2"></td><td colspan="2"></td><td colspan="2"></td><td colspan="2"></td></tr>
<tr><td colspan="2"></td><td colspan="2"></td><td colspan="2"></td><td colspan="2"></td><td colspan="2"></td><td colspan="2"></td><td colspan="2"></td><td colspan="2"></td><td colspan="2"></td><td colspan="2"></td><td colspan="2"></td><td colspan="2"></td></tr>
<tr><td>标准分</td><td colspan="6"></td><td colspan="6"></td><td colspan="6"></td><td colspan="6"></td></tr>
<tr><td>加分指标</td><td colspan="3">成绩</td><td colspan="3">附加分</td><td colspan="3">成绩</td><td colspan="3">附加分</td><td colspan="3">成绩</td><td colspan="3">附加分</td><td colspan="3">成绩</td><td colspan="3">附加分</td></tr>
<tr><td></td><td colspan="3"></td><td colspan="3"></td><td colspan="3"></td><td colspan="3"></td><td colspan="3"></td><td colspan="3"></td><td colspan="3"></td><td colspan="3"></td></tr>
<tr><td></td><td colspan="3"></td><td colspan="3"></td><td colspan="3"></td><td colspan="3"></td><td colspan="3"></td><td colspan="3"></td><td colspan="3"></td><td colspan="3"></td></tr>
<tr><td>学年总分</td><td colspan="6"></td><td colspan="6"></td><td colspan="6"></td><td colspan="6"></td></tr>
<tr><td>等级评定</td><td colspan="6"></td><td colspan="6"></td><td colspan="6"></td><td colspan="6"></td></tr>
<tr><td>体育教师签字</td><td colspan="6"></td><td colspan="6"></td><td colspan="6"></td><td colspan="6"></td><td colspan="2"></td></tr>
<tr><td>辅导员签字</td><td colspan="6"></td><td colspan="6"></td><td colspan="6"></td><td colspan="6"></td><td colspan="2"></td></tr>
</table>

注：高等职业学校、高等专科学校参照本样表执行。

表 4-8　免予执行《国家学生体质健康标准》申请表

<table>
<tr><td>姓名</td><td></td><td>性别</td><td></td><td>学号</td><td></td></tr>
<tr><td>班级/
院（系）</td><td></td><td>民族</td><td></td><td>出生日期</td><td></td></tr>
<tr><td>原因</td><td colspan="5">申请人：
年　　月　　日</td></tr>
<tr><td>体育教师签字</td><td></td><td>家长签字</td><td colspan="3"></td></tr>
<tr><td>学校体育
部门意见</td><td colspan="5">学校签章：
年　　月　　日</td></tr>
</table>

注：中等职业学校及普通高等学校的学生，“家长签字”由学生本人签字。

思考题

1. 如何制订运动处方？

2. 合理控制体重的锻炼方式有哪些？

3. 谈谈如何判断体育运动量适不适合某一个人。

4. 国家制定《学生体质测试标准》的意义是什么，结合自己在体质测试中的体会进行说明。

第五章　体育运动的安全与保健

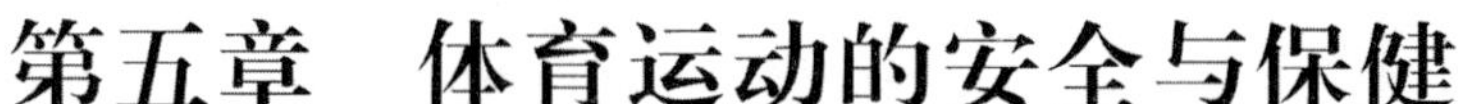

人体的任何“运动”都是在中枢神经系统的支配和各器官、各系统的协调配合下，以骨骼为杠杆、关节为枢纽、肌肉收缩为动力所进行的各种位移运动。在运动过程中，机体将产生一系列具有“双向效应”的适应性变化，可增强体质，但如果运动不当也会危害健康。

第一节　体育运动中常见的生理反应及处理方法

运动生理反应是由于运动，使人体生理活动过程的有序性受到暂时性破坏，从而常常出现的某种生理现象。

一、肌肉酸痛

1. 原因　多数是由于平时缺乏锻炼或运动量过大而引起局部肌纤维及结缔组织的细微损伤，以及造成部分肌纤维的痉挛。

2. 预防与处理　在剧烈运动或体育比赛前，要做好充分的准备活动，运动开始时运动量小些，以后逐渐增加，就是在一个阶段的锻炼中，也要遵循循序渐进的原则。每次锻炼后，要及时做好整理活动，如仍然有酸痛现象，可采取局部按摩、热敷或用松节油擦抹等，以促进肌肉血循环，缓解酸痛。

二、运动中腹痛

1. 原因　多数在耐力跑时产生。主要是准备活动不充分，在开始运动时过于剧烈，内脏器官功能尚未达到竞赛状态，致使脏腑功能失调，引起腹痛。或者在运动前饮食过多，以及腹部受凉等，而引起胃肠痉挛。少数因运动时间过长或过于剧烈，使下腔静脉压力上升，引起血液回流不畅。

2. 预防与处理　做好准备活动，运动负荷要循序渐进，并注意呼吸自然，切忌闭气。如已产生腹痛，可采用减慢跑速，加深呼吸，按摩疼痛部位或弯腰跑一段，疼痛常会减轻或消失。如疼痛仍不减轻，甚至加重，就要停止运动，揉按内关、足三里、大肠俞等穴位，如仍不见效，应送医院做进一步检查和治疗。

三、肌肉痉挛（抽筋）

1. 原因　在体育锻炼中，由于肌肉突然猛力收缩，用力不均匀或收缩与放松不协调，肌肉受到寒冷的强烈刺激，准备活动不充分或因情绪过分紧张等，都会引起肌肉痉挛。

2. 预防与处理　运动前做好准备活动，对容易发生痉挛的部位，事先应做适当按摩。

夏季进行长时间运动时，要注意补充盐分。冬季锻炼时，要注意保暖。游泳下水前，应先用冷水淋浴。游泳时，不要在水中停留时间太长。疲劳和饥饿时，不要进行剧烈运动。对痉挛部位的肌肉做牵引，如腓肠肌痉挛时，立即伸直膝关节，并配合按摩、揉捏、叩打以及点压委中、承山、涌泉等穴位，以促使痉挛缓解和消失。

四、运动性昏厥

运动性昏厥是指在运动过程中，脑部突然血液供给不足，并达到一定程度时，发生一时性知觉丧失的现象。

1. 原因　长时间剧烈运动；突然进入激烈运动状态（如疾跑、冲刺），在极度疲劳状态下继续勉强地锻炼，久蹲后骤然站起，疾跑后急停，空腹状态下锻炼出现低血糖等，都可引起运动性昏厥。其症状表现为面色苍白、手脚发凉、呼吸缓慢、眼睛发黑、失去知觉而昏倒。

2. 预防与处理　平时应经常参加体育锻炼，以增强体质。运动时要控制运动负荷，防止过度疲劳，久蹲后不要突然起立，不要带病参加剧烈运动，疾跑后不要立即停下来，不要在空腹情况下参加剧烈运动。如一旦出现运动性昏厥，应及时将患者平卧，使脚高于头部，并进行由小腿向大腿、心脏方向推摩或拍击，同时用手指点按人中、合谷等穴位。如发生呼吸障碍，即进行人工呼吸。轻微患者同伴可搀扶慢走，并协助做伸展运动和深呼吸即可消除症状。

五、极点和第二次呼吸

极点与第二次呼吸是长跑运动中常见的生理现象，不必疑虑和恐惧，只要不断地进行锻炼和提高训练水平，极点现象是可以延缓和减轻的。

1. 原因　由于剧烈运动，内脏器官的功能存在惰性与肌肉活动需要不相称，下肢回流血量减少，致使氧债不断积累，乳酸堆积，达到一定程度时，就会出现胸闷、呼吸急促、下肢沉重、动作不协调，甚至恶心、呕吐等现象。这就是运动生理学中所称的极点。

2. 预防与处理　平时应加强体育锻炼，不断提高机体对运动的适应能力，这可延缓极点出现的时间，减轻症状。当极点出现后，应适当减小运动负荷，加深呼吸，异常反应可逐渐缓解或消失。随后机能重新得到改善，氧供应增加，运动又重新变得轻松、协调，运动能力又有提高。这种现象称之为第二次呼吸。

六、运动中暑

1. 原因　在高温环境中，长时间进行体育锻炼，易发生中暑。尤其在温度高、通风不良、头部缺乏保护、被烈日直接照射的情况下，最容易发生。中暑早期可由头晕、头痛、呕吐现象，逐步发展为体温升高、皮肤灼热干燥，严重者可出现精神失常、虚脱、抽搐、心律失常、血压下降，甚至昏迷，危及生命。

2. 预防与处理　在高温炎热季节锻炼时，应适当减少运动量和锻炼时间，避免在烈日下长时间锻炼。夏天在室外锻炼时，应戴白色凉帽，穿宽敞薄衣，在室内锻炼时，应保持良好通风并备有低糖含盐的饮料。如一旦出现中暑症状，首先将患者扶送到阴凉通风处休息，同时采取降温消暑手段，如解开衣领、额部冷敷做头部降温，喝些清凉饮料、十滴水，并补充生理盐水或葡萄糖生理盐水等，严重患者，经临时处理后，应迅速送医院进一步治疗。

七、运动性疲劳

1. 原因

（1）运动时机体内能量物质消耗过多。

（2）肌肉活动时释放出来的酸性物质，如乳酸、二氧化碳和丙酮酸等来不及清除，在体内积累过多。

（3）体内各种物质失去平稳，造成机体内环境稳定性失调。

（4）中枢神经系统因高度紧张的精神活动而造成的功能下降。

2. 预防与处理

（1）保证充足的睡眠时间，一般每天不少于 8～9 h，并应安排一定时间的午睡，大运动负荷训练和比赛期间，睡眠时间还可适当增加。

（2）利用逛公园、散步、听音乐、观看演出和参观游览等活动使身心完全得以放松。

（3）进行全身或局部肢体的按摩，有损伤的还可以兼做治疗。

（4）训练后可进行 15～20 min 的温水浴（水温 40℃左右），有条件者，还可进行 10 min 左右的蒸气浴、干燥空气浴或漩涡浴等。

（5）运动以后，应供应充足的热能，补充足够的蛋白质、维生素、无机盐和水。可服用维生素 C、维生素 B_1、维生素 B_6和维生素 E 等。

（6）运用心理调整、自我暗示、放松训练和气功等手段进行心理恢复。

第二节　体育运动中常见损伤的预防与处理

一、运动损伤的原因

1. 思想认识不足　对预防运动损伤的意义认识不足，思想上麻痹大意及缺乏预防知识是运动损伤产生的主要原因。

2. 准备活动不充分　准备活动的目的是进一步提高中枢神经系统的兴奋性，增强各器官系统的功能能力，使人体从相对的静止状态过渡到紧张的活动状态。

3. 技术动作错误　技术动作的错误，违反了人体结构功能的特点及运动时的力学原理而造成损伤，这是初参加运动训练的人或学习新动作时发生损伤的主要原因。

4. 运动负荷量过大　安排运动负荷时，没有充分考虑到锻炼者的生理特点，运动负荷超过了锻炼者可以承受的生理负担量，尤其是局部负担过大，引起微细损伤的积累而发生劳损，这是专项训练中造成运动损伤的主要原因。

5. 身体功能和心理状态不良　在睡眠或休息不好、患病受伤或伤病初愈阶段，以及疲劳时，肌肉力量、动作的准确性和身体的协调性显著下降，警觉性和注意力减退，反应较迟钝。此时参加剧烈运动或练习较难的动作，就可能发生损伤。

6. 不良环境影响　场地不平，有杂物、场地太硬太滑、运动器械破损不牢固、运动鞋和服装不合适等都容易引起损伤。恶劣的气候、光线不足易影响人体正常的发挥，也容易引起运动损伤。

二、运动损伤的预防

（1）树立安全观念，克服麻痹思想，发扬互相帮助、互相保护的风尚。

（2）针对个体特点，合理安排运动量。

（3）做好准备活动。

（4）加强保护、帮助及自我保护能力的培养。

（5）加强医务监督。

（6）注意调整和控制不良情绪。

（7）注意环境和场地设备卫生。

三、常见运动损伤的处理

（一）软组织损伤的处理

软组织损伤是指皮肤、皮下组织（如脂肪）、关节韧带、肌肉、肌腱等软组织的损伤，是体育运动中常见的损伤，也是日常工作和生活中常见的损伤。根据损伤组织是否有创口与外界相通，可分为开放性软组织损伤和闭合性软组织损伤。

1. 开放性软组织损伤　在体育锻炼中，常见的开放性软组织损伤有擦伤、撕裂伤、刺伤和切伤，其特点是有伤口、出血或组织液渗出，容易引起感染。处理开放性软组织损伤的基本原则是先止血后处理伤口。

（1）擦伤。擦伤是指皮肤受到外力急剧摩擦所引起的表面被擦破出血或有组织液的渗出。小面积、伤口较浅的皮肤擦伤可用红药水或紫药水涂抹局部，无须包扎。面部擦伤不要用紫药水，以免愈后留下痕迹。关节周围的擦伤，一般不采用暴露疗法，否则容易干裂而影响活动，一旦发生感染容易损伤关节，处理时可在伤口上涂抹消炎软膏。大面积、伤口较深且留有异物的擦伤，需要较严格的医务处理，应请医生治疗。

（2）撕裂伤、刺伤和切伤。撕裂伤是由钝物撞击所引起的皮肤和软组织裂开的损伤，伤口边缘不整齐，组织损害广泛，严重者还可导致组织坏死。刺伤和切伤是由锐利器物刺入人体所造成的损伤。在撕裂伤中，以头、面部皮肤撕裂较为常见，若撕裂伤口较小，用创可贴黏合即可。若伤口较大则需止血，缝合伤口。凡被不洁物致伤，且创口小而深时，还应注射破伤风抗毒素。

2. 闭合性软组织损伤　闭合性软组织损伤是指关节、韧带、肌肉、肌腱滑囊等软组织的损伤，由于这些损伤无裂口与外界相通，故称为闭合性软组织损伤。根据其发病的缓急，分为急性和慢性损伤两类。

（1）挫伤。挫伤是钝性暴力直接作用于人体某部而引起的急性闭合性损伤。如在足球、篮球运动中运动员相互碰撞或被踢伤，体操、武术运动中人体与器械撞击或被器械击伤等，都可发生局部和深层组织的挫伤。最常见的挫伤部位是大腿和小腿前部；头和躯干部挫伤可合并脑和内脏器官的损伤。

（2）肌肉拉伤。肌肉损伤除由直接外力作用引起的肌肉挫伤外，肌肉拉伤也非常多见，最多见于大腿后侧、内侧和腰背部肌肉。肌肉损伤也可分为急性和慢性（也称为劳损）两类。肌肉急性损伤分为主动用力拉伤和被动用力拉伤。肌肉拉伤后，伤处疼痛、肿胀、压痛、痉挛发硬，做动作或受牵拉时疼痛加重。

（3）关节韧带损伤。关节韧带损伤是常见的软组织损伤，由间接外力使关节发生超常范围的活动而造成。关节韧带损伤的表现主要是受伤部位疼痛、肿胀、有淤血、关节活动受限，严重者有关节不稳或松动。

3. 处理方法

（1）急性闭合性软组织损伤。处置大致分为早、中、后 3 个时期。

早期是指伤后 24～48 h 之内。应在伤后立刻制动、止血、止痛，及时冷敷、加压包扎并抬高伤肢以防止或减轻肿胀。损伤早期禁止用热敷和按摩的方法，以免加重肿胀和出血。

中期是指受伤 24～48 h 以后。治疗方法有理疗、按摩、针灸、药物痛点注射、外贴活血膏或外敷活血、化瘀、生新的中草药等，可选用几种方法进行综合治疗。热疗和按摩在此期的治疗中极为重要，但是，按摩手法应从轻到重，从损伤周围到损伤局部，损伤局部的前几次按摩必须较轻。

后期一般是指受伤 1～2 w 后，此时处理原则是恢复和增强肌肉、关节的功能。治疗方法以按摩、理疗和功能锻炼为主，配合绷带固定及中草药的熏洗治疗。

（2）慢性损伤。慢性损伤可因急性损伤处理不当或运动过早转变而来，或因长期局部负荷过度，由微细损伤的积累引起劳损。处理原则主要是减轻患部肢体负担，改善伤部的血液循环和新陈代谢。处理方法与急性损伤中后期基本相同。

（二）常见其他急性损伤的处理

1. 关节脱位　由于暴力的作用使关节面失去正常的联系，称为关节脱位（脱臼）。关节脱位可分为完全脱位和半脱位，前者是关节面完全脱离原来的位置，后者是关节面部分错位。完全脱位时常伴有关节囊撕裂和关节周围韧带和肌腱的损伤。

（1）原因。运动中发生的关节脱位大多是由于间接外力所致。如摔倒时手撑地，则可引起肘关节脱位或肩关节脱位。

（2）症状。受伤关节剧烈疼痛，并有明显压痛，关节功能丧失，受伤关节不能活动，关节的正常位置发生改变。

（3）处理。伤后应立即用夹板和绷带在脱臼所形成的姿势下固定伤肢，保持伤员安静，尽快送医院处理。关节脱位的整复，应由有整复技术的医生进行，没有整复技术和经验的人不可随意做整复手术，否则会引起严重损伤，并影响以后的功能恢复。

2. 骨折　骨折是骨的完整性受到破坏。骨折是体育运动中比较严重的一种损伤。依据骨是否完全断裂，骨折分为不完全骨折（如裂缝骨折、柳枝骨折等）和完全骨折（骨完全断裂为几块）。

（1）原因。直接暴力，如踢足球时小腿胫骨被踢发生骨折。间接暴力，如从高处摔下时用手撑地，可发生锁骨骨折。肌肉强烈快速收缩造成肱骨内上髁撕脱骨折。

（2）症状。骨折时伤员偶尔可听到骨碎声，骨折后会发生剧烈疼痛、肿胀和皮下瘀血，受伤肢体功能障碍。完全骨折，骨折端会发生移位，重叠而变形，有明显的压痛和震痛感，移动时可产生骨摩擦音。

（3）处理。骨折发生后要尽量限制受伤部位的活动，千万不能牵、拉、扯。若伴有休克时，应先进行处理，即点按人中穴，并进行对口人工呼吸或心脏胸外按摩。伴有伤口出血，应同时实施止血和包扎。骨折后暂勿移动患肢，应用夹板或其他代用品固定伤肢，及时送至医院检查和治疗。待伤势好转后，骨折部位要进行功能性锻炼。

3. 急性腰扭伤　急性腰扭伤主要指腰部肌肉、韧带、筋膜、关节的扭伤。

（1）原因。在搬拉举重物时，负荷超过了人体组织承受能力；突然用力时引起；腰部活动超越了正常的生理范围；突然用力过猛或举重负荷过大，使身体重心不稳；肌肉发生不协调的用力。

（2）症状。腰部有剧烈的疼痛，咳嗽、打喷嚏和活动时疼痛加重，腰部不能活动。

（3）处理。伤后需卧硬板床休息，腰后垫上一小枕头，使肌肉、韧带处于松弛状态。同时配合按摩、针灸、封闭和药物治疗。

4. 肩袖损伤　肩袖损伤是指肩袖肌腱和肩峰下滑囊的创伤性炎症病变。

（1）原因。肩关节反复旋转或超常范围的活动，引起肩袖肌腱和滑囊受到反复牵扯、摩擦和挤压，引起创伤性炎症。在体育运动中，单杠、吊环和高低杠中的“转肩”，投掷标枪、手榴弹和垒球时的出手动作，排球扣杀和发大力球动作，乒乓球的扣杀和提拉动作，蝶泳和自由泳的划水动作，举重抓举时肩的突然背伸动作等，都是引起肩袖损伤的典型机制。

（2）症状。损伤后肩部疼痛，有时可向上臂或颈部放射，有的夜间疼痛加重。肩关节活动受限，动作幅度稍大，疼痛就会加重。

（3）处理。应将上臂外展 30^0 位置固定并休息，配以针灸、理疗、中药外敷和封闭治疗。

5. 脑震荡　脑震荡是指头部受外力作用后，脑的神经细胞和神经纤维因被震荡而引起大脑暂时的机能障碍。

（1）原因。头部受外力打击，如被重球或球棒击打、两名队员头部相撞或摔倒时头部撞击地面，或从高处摔下臀部着地其反作用力亦可传递到头部引起脑震荡。

（2）症状。伤后意识即刻丧失（即昏迷），轻者仅数秒钟，重者可达几分钟或更长时间。昏迷时，肌肉松弛，瞳孔稍大但能对称，神经反射减弱或消失，呼吸表浅，脉搏缓慢。清醒后多有逆行性健忘症，忘记当时受伤情景，并伴有头晕、头痛、恶心和呕吐等症状。

（3）处理。立即让伤员安静平卧，注意保暖。若有昏迷，可指压人中、内关、合谷穴，促其苏醒；呼吸停止者，立即施行人工呼吸。清醒后必须停止训练，进行严密观察。若出现昏迷时间过长或二次昏迷，两瞳孔不对称或变形，耳、鼻、口出血或呕吐剧烈等症状时，表明病情严重，应立即护送医院治疗。

（三）常见慢性损伤的处理

1. 网球肘（肱骨外上髁炎）　因网球运动员易患该症故称网球肘。经常打羽毛球、乒乓球等也易患此症。

（1）原因。主要是由于运动时经常反复伸、屈腕关节，使肌肉附着的肘部肱骨外上髁受到反复牵扯而引起的慢性创伤性炎症。该症没有明显外伤史，而症状因动作的频度和强度在几个月至几年中逐步加重。

（2）症状。肘外侧部逐渐出现疼痛并加重，运动停止后疼痛缓解。病情严重时出现持续疼痛。腕关节、肘关节活动受限，在拧毛巾、反手击球、提拿重物时疼痛加重，手的力量减弱。

（3）处理。症状较轻者可进行局部按摩、理疗、针灸、中药外敷等治疗，并适当减少、限制手腕的用力活动。严重者除上述治疗外，还可进行局部封闭疗法。

2. 髌骨劳损 此伤在篮球、排球、铁饼运动员中发病率较高。

（1）原因。主要是膝关节长期负担过重或反复微细损伤的积累所致，尤其是膝关节处于半蹲位时，此时起跳“发力”或屈伸扭转，髌骨周围腱止部所承受的牵拉张力更大，髌骨关节面间会产生错动、拧扭、撞击和摩擦。

（2）症状。早期或轻型病例，在大运动量训练后感到膝痛和膝软，但休息后症状多可消失。随着病变的进展，疼痛逐渐加重，主要表现为半蹲痛和上下楼梯、骑自行车出现膝关节疼痛。

（3）处理。关节软骨损伤后其本身的再生修复能力极低，至今都是对症处理而无特效的治疗方法。因此，更应重视预防。增强股四头肌的力量是防治髌骨劳损的积极手段。若方法得当，负荷量合适，常可收到一定的治疗效果。理疗、中药外敷、针灸、局部封闭、直流电导入、按摩等方法均可采用。

第三节 体育活动的禁忌证

体育教师在组织体育教学活动时，必须坚持体育课代表的报告制度。只有这样才能及时地了解学生的身体情况，避免在体育课进行过程中出现意外。此外，如果发现学生有下列异常病症时，应按体育活动的禁忌处理，并根据具体情况做出相应的安排。

1. 发热 正常人的体温是由大脑皮质的丘脑下部体温调节中枢控制和管理的。体温调节中枢通过神经、体液因素调节机体的产热和散热过程，保持产热和散热过程的动态平稳。若致热源作用于体温调节中枢或该中枢的功能紊乱使体温超出正常范围，就称为发热。常见的发热原因有感染性发热和非感染性发热。

2. 疼痛 各种因素使机体组织受到损伤都可导致机体产生疼痛的感觉。如头痛、胸痛、腹痛等。

3. 水肿 人体组织间隙有过多的液体积聚称为水肿，可分为全身性与局部性水肿。

4. 皮肤黏膜出血 皮肤黏膜出血是由于机体的止血与凝血机制障碍或由直接外伤造成的皮肤黏膜广泛性或局限性出血，出血常形成红色或暗红色的斑、出血点、紫癜或血肿。

5. 呼吸困难 呼吸困难是呼吸功能不全的表现之一。主观上感到空气不足，客观上表现为呼吸费力，严重时出现鼻翼扇动、发绀、端坐呼吸，辅助呼吸肌参与呼吸活动并有呼吸频率、深度与节律的异常。引起呼吸困难的常见原因有肺脏疾病、呼吸道梗阻、神经肌肉疾病、胸廓活动障碍、膈肌活动受阻、心脏病、中毒、血液病及神经精神因素等。

6. 咳嗽 咳嗽是人体的一种反射性动作，呼吸道内的病理性分泌物和从外界进入呼吸道内的异物可借咳嗽反射的作用排出体外，但是频繁的刺激性咳嗽则影响体育活动或生活与休息。引起咳嗽的常见原因有呼吸道疾病、胸膜疾病、心脏病及中枢性因素等。

7. 咳血 咳血是指喉部以下的呼吸器官出血，经咳嗽动作从口腔排出。咳血应与呕血、口腔、咽、鼻出血相区别。引起咳血的常见原因有支气管疾病、肺部疾病、心血管疾病及其他血液病等。

8. 发绀 发绀又称紫绀，一般是指血液中还原血红蛋白增多，致使皮肤与黏膜呈现青紫色的现象。发绀在皮肤较薄、色素较少和毛细血管丰富的血液循环末梢，如口唇、鼻尖、颊部和甲床等处较为明显。引起发绀的常见原因有中心性发绀（肺性发绀或心性混血性发绀）、周围性发绀及血液中含有异常血红蛋白衍生物等。

9. 心悸　心悸是指自觉心跳或心慌，伴有心前区不适感，心率慢时常感到心脏搏动强烈，心率快时可感到心脏跳动，检查时可发现心律不齐。心悸的发生机理并不十分清楚，一般认为心悸与心脏活动过度、精神因素和注意力集中等因素有关。引起心悸的常见原因有心室肥大，引起心排血量增加的其他病变如贫血、高热、甲状腺功能亢进等，心律失常及心脏神经官能症等。

10. 恶心与呕吐　恶心常为呕吐的前驱感觉，主要表现为上腹部的特殊不适，常伴有头晕、流涎、脉搏缓慢及血压降低等迷走神经兴奋症状。呕吐是指胃内容物或一部分小肠内容物通过食管逆流出口腔的一种复杂的反射动作。频繁的呕吐可引起机体失水，电解质、酸碱平衡紊乱和营养障碍等。呕吐过程可分为恶心、干呕和呕吐 3 个阶段，但有时仅出现恶心或干呕。引起呕吐的常见原因有咽部受刺激，胃、肠、肝、胆等腹腔脏器疾病，心血管疾病、急性传染病等引起的反射性呕吐，中枢神经系统疾病、药物或化学性毒物作用及代谢引起的中枢性呕吐，前庭器官障碍或神经官能症引起的呕吐等。

11. 呕血　呕血是指由于消化道急性出血或某些全身性疾病引起的呕吐血液或血性混合物。引起呕血的常见原因有食管疾病、胃十二指肠疾病、肝胆疾病、胰腺疾病、血液病、急性传染病及尿毒症等。

12. 腹泻　肠黏膜的分泌与吸收障碍、肠蠕动过快致使排便频率增加及稀便，称为腹泻。腹泻的发生与肠黏膜分泌过多、肠蠕动过快、肠吸收面积减小或黏膜吸收障碍及肠腔内渗透压升高有密切关系。引起腹泻的常见原因有急性肠疾病、急性中毒、急性全身感染、变态反应性疾病、内分泌疾病及药物副作用等。

13. 黄疸　黄疸是由于胆红素代谢障碍导致血清中胆红素浓度升高，尤其是巩膜、黏膜和皮肤。引起黄疸的原因有溶血性黄疸、肝细胞性黄疸和阻塞性黄疸。

14. 腹水　积聚于腹腔内的游离液体称为腹水，可分为浆液性、血性、脓性或乳糜性腹水。引起腹水的常见原因有低蛋白血症、水钠潴留、内分泌障碍等全身性因素或门静脉高压、肝静脉阻塞、腹膜炎症、恶性肿瘤、丝虫病等局部性因素等。

15. 血尿　离心沉淀后的尿液在镜检下每高倍视野有两个以上的红细胞称为血尿，严重者尿呈洗肉水色甚至红色。引起血尿的常见原因有泌尿系统疾病、尿路邻近器官疾病、感染、血液病、结缔组织病、心血管病、药物的毒副作用及运动性血尿等。

16. 眩晕　眩晕是对空间定位的一种运动错觉，睁眼时有周围景物旋转、上下晃动或左右晃动的错觉，闭眼时则有自身旋转或晃动的错觉。眩晕常伴有眼球震颤、共济失调以及恶心、呕吐、出汗、心动过缓、血压下降等自主神经功能紊乱表现。前庭系统是人体识别位向的主要结构，而该处病变是产生眩晕的主要原因。眩晕与头晕不同，头晕时感到头昏眼花、头重脚轻或眼前发黑，但无周围景物旋转感。引起眩晕的原因有耳源性眩晕、前庭器疾患、第八颅神经疾患、前庭神经区疾患、眼原性眩晕、躯体疾病、颅内疾病、神经官能症及中毒等。

此外，如果学生具有下列情况者，也应视为体育活动的禁忌证：

（1）早餐或午餐未进食者。空腹状态运动易出现低血糖，或发生其他意外。

（2）身体形态有明显异常或畸形者。如步态异常、骨骼形态异常、关节畸形等。要问清原因后再决定是否可以进行活动。

（3）萎靡不振、情绪极度低落者。可能是病后初愈或正在患病，也可能是心理受到极大刺激所致。

（4）骨折、脱位未解除固定者。此期可进行功能锻炼或矫治体操，但禁止参加正常的体育活动，以免影响组织愈合或造成新的损伤。

（5）身体有原因不明的肿物或恶性肿瘤者。体育活动可能促使肿物生长或破裂造成血行性播散。

（6）女子月经期反应严重者。

思考题

1. 运动中会出现哪些生理现象？应如何处理？
2. 疲劳程度的表现及常用消除疲劳的方法有哪些？

第六章　田径运动

第一节　田径运动概述

田径运动是用高度或远度来计算成绩的田赛和用时间来计算成绩的径赛的合称。现代田径运动包括走、跑、跳跃、投掷等40多个单项以及由跑、跳跃、投掷的部分项目组成的全能运动。

一、田径运动的起源与发展

田径运动起源于人类的生产劳动，是人类在长期的社会生活实践中发展起来的。公元前776年在古希腊奥林匹亚举行的第1届古代奥运会上，跑步运动是唯一的比赛项目。在1896年的首届奥林匹克运动会上，田径项目就占了全部比赛项目的27.9%。田径运动在19世纪末传入我国，首先是在一些基督教青年会和教会学校中开展，深受人们的喜爱。

田径运动是发展人体基本活动能力和提高人体基本素质的手段之一，它在各级学校体育课和《国家体育锻炼标准》中都占有很大比重，经常利用田径项目锻炼身体，能提高人体走、跑、跳跃、投掷等基本活动的能力，促进人体正常的生长发育和各器官的新陈代谢，改善神经系统的调节功能和内脏器官的机能，提高人体健康水平与工作能力。田径运动可以培养人们勇敢、顽强、坚韧、果断的意志品质。

在现代竞技体育大家庭中，田径项目比赛是全球影响力最大的竞技活动之一。这不仅因为田径运动是各项运动的基础，赛事规模大、项目多、运动水平高、竞争激烈，更重要的是它可以让观众真实地感受到运动场上人类生命的无限激情与无尽的活力，现场体验“更快、更高、更强”的体育运动的瞬间精彩与永恒魅力。作为金牌大户的田径比赛因其特有的欣赏价值及轰动效应，将会永远吸引世人的目光。

二、田径运动的特征

1. 田径运动与生活密切相关　田径运动项目中最基本的运动形式走、跑、跳、掷是基本技能。这些自然动作和技能对学习掌握田径运动各项技术有着十分密切的关系，这些自然动作标准规范，有助于正确并且较快地掌握田径运动技术。

2. 田径运动简易单易行　参加田径运动基本不受条件限制。男女老少都可以在户外或者室内等宽敞、安全的地带进行。任何坚固、均质、可以承受运动跑鞋或者钉鞋的地面均可用于田径竞赛。使用简易的场地器材和设备也可举行基础田径运动会。

3. 田径运动可促进身心健康　田径运动中各单项和全能项目，如果不是大型比赛要求，平时锻炼可促进身体健康。

4. 田径运动具有广泛性 田径运动是所有体育运动项目中最大的一个项目，也是任何大型运动会中比赛项目最多、参赛运动员最多的项目。日常生活中，经常参加田径运动的人也最多。因此，田径运动具有广泛的群众基础。

第二节 短 跑

短跑是体育史上最古老的竞赛项目，是田径运动的基础，也是其他运动项目的基础。比赛项目有 60 m 跑、100 m 跑、200 m 跑、400 m 跑。短跑是人体运动器官和内脏器官在大量缺氧的条件下完成的大强度的工作，属于极限强度运动，全程技术一般可分为起跑、起跑后的加速跑、途中跑和终点跑 4 个部分。

一、100 m 跑的技术特点

1. 起跑 它的目的是使两脚有牢固的支撑，形成良好的预备姿势，便于获得较快的起跑速度。田径规则规定，400 m 及 400 m 以下项目，包括接力跑第一棒运动员必须使用起跑器，起跑器的安装角度应根据身高、腿长、力量及习惯而定，应便于用力，身体不过分拘束和紧张。

蹲踞式起跑包括“各就位”“预备”“鸣枪”（或“跑”）3 个连贯动作。

（1）当听到“各就位”口令后，走或慢跑到起跑器前，俯身用两手撑地，两脚依次踏在前后起跑器抵足板上，有力腿放在前面，后膝跪地，两手四指并拢与拇指呈人字形撑在起跑线后沿，两臂伸直与肩同宽或稍宽于肩，身体重心前移，肩约与起跑线平齐或稍后，整个躯干微弓而不紧张，颈部自然放松，两眼看前下方。

（2）听到“预备”口令后，吸一口气，抬起臀部，高度稍高于肩，同时身体重心适当前移，使两肩超出起跑线。这时身体重量主要落在两臂和前腿上，两脚要压紧抵足板。做好“预备”姿势后，注意听枪声。

（3）听到鸣枪或“跑”的口令时，两手迅速推离地面，两臂屈肘有力地前后大幅度摆动，两腿迅速蹬起跑器以很大的前倾姿势把身体推向前方。后腿蹬离起跑器后，很快地以膝领先向前摆出，同时前腿快速有力地蹬伸髋、膝、踝 3 个关节。当前腿蹬离起跑器时，后腿已积极前摆下压着地，完成第一步动作（图 6-1）。

图 6-1

2. 起跑后的加速跑 起跑后立即转入加速跑。加速跑时，应充分利用起跑时获得的初速度，在较短的距离内尽快获得较高的速度。加速跑的距离一般在 20～25 m，用 11～13 步完成。起跑出发后的第一步不宜过大，一般为脚长的 3.5～4 倍，以后逐渐增大。随着跑速的加快，两脚的着地点逐渐靠拢人体中线，形成一条直线。在加速跑时，上下肢协调配合，以迅速获得速度。在开始阶段，上体前倾很大，随着步长和速度的增加，上体逐渐抬起，直到正常姿势转入途中跑（图 6-2）。

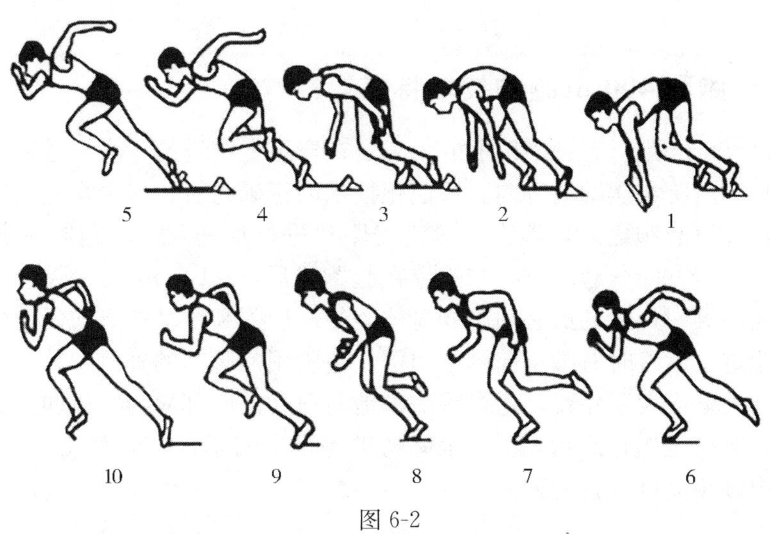

图 6-2

3. 途中跑　途中跑是全程中最长的一段距离，在途中跑时，头部正直，微收下颌，上体基本正直或稍前倾，含胸收腹，两臂以肩关节为轴前后用力摆动。前摆时手稍向内收，手的高度稍超过下颌，并伴随同侧肩前送和异侧肩后引的动作。后摆时，肘关节稍向外。正确的摆臂动作，不仅能保持身体平衡，而且有助于加快两腿动作的频率和增大步幅。在整个途中跑过程中用力与放松协调配合，动作轻松自然，充分发挥肌肉力量（图 6-3）。

图 6-3

4. 终点跑 终点跑是全程的最后一段，包括终点冲刺和撞线两个部分，技术和途中跑基本相同。终点跑应力求在疲劳情况下保持途中跑的正确技术，以最快的速度跑过终点，当运动员躯干触及终点线的垂直面时即跑完全程。到终点最后一步时，上体迅速前倾，用胸部或肩部撞终点线，跑过终点线后再逐渐减慢跑的速度，不要突然停止，以防跌倒受伤。

二、200 m 跑和 400 m 跑的技术特点

200 m 跑和 400 m 跑，有一半以上的距离是在弯道上跑进的，为了适应弯道跑，必须改变跑的身体姿势和后蹬与摆动的方向。弯道跑技术的正确与否，对全程跑的成绩有一定的影响。为了便于在弯道起跑之后，能有一段直线距离进行加速跑，起跑器应安装在跑道的右侧，正对弯道的切点方向。起跑时，左手撑在起跑线后 5～10 cm 处。从直道进入弯道，身体应有意识地向内倾斜，运动员必须改变身体姿势及后蹬和摆动的方向以产生向心力，使自己能沿着弯道跑进。后蹬时右脚用前脚掌内侧，左脚用前脚掌的外侧着地。两臂摆动时，右臂摆动的幅度和力量应大于左臂。弯道跑的蹬地与摆动方向都应与身体向圆心方向的倾斜相适应（图 6-4）。从弯道跑进直道，为了消除弯道跑带来的紧张，应有几步放松的自然跑进，身体逐渐减小内倾角度进入直道跑。

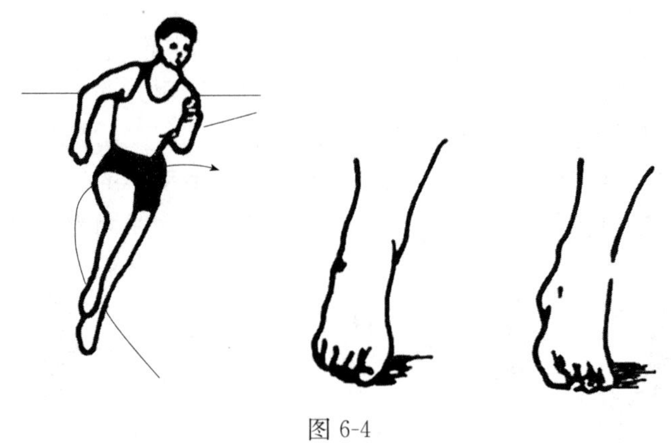

图 6-4

第三节 中 长 跑

中长跑是中距离跑和长距离跑的总称，是发展耐久力的项目。长时间的肌肉活动是这个项目的特点，既要有耐力又要有速度。比赛项目有 800 m 跑、1 500 m 跑、3 000 m 跑、5 000 m跑和 10 000 m 跑等。

一、起跑和起跑后的加速跑

中长跑一般采用半蹲踞式起跑或站立式起跑，长距离跑都采用站立式起跑。站立式起跑：听到“各就位”口令后，先做一两次深呼吸，然后慢跑到起跑线后，两脚前后开立，有力脚在前，脚尖紧靠起跑线后沿，身体重心在前腿上，后脚用前脚掌支撑站立。两腿弯曲，上体前倾，身体保持稳定姿势。前脚的异侧臂在体前，同侧臂在体侧，

也可两臂在体前自然下垂。听到枪声时，两腿用力蹬地，后腿蹬地后迅速前摆，前腿充分蹬直，两臂快速用力摆动配合两腿动作，使身体向前冲出，在短时间内获得较快的速度。

起跑后的加速跑是指从起跑第一步落地到发挥出预计的速度或跑到战术位置的阶段。加速跑时，上体逐渐抬起，迅速有力地摆臂，起跑后要对准跑动方向与弯道的切点，跑成直线，迅速发展速度。当已经发挥个人的速度或进入战术需要的位置时，进入途中跑。

二、途中跑

1. 上体姿势和臂动作　中长跑在途中跑过程中，运动员上体保持稍前倾或正直姿势，身体前倾角度在5°左右。这种姿势可以更好地发挥蹬、摆效果。摆臂动作能保持身体的平衡，能增加腿部蹬地效果，起到调节步长和步频的作用，摆动时，要以肩关节为轴，屈肘发力做前后自然摆动。臂向后摆动时肘关节稍向外，向前摆动时稍向内，不超过中轴线。两臂的摆动与两腿的动作要保持协调一致，摆臂要放松。

2. 途中跑的腿部动作　当摆动腿通过身体垂直部位向前摆动时，支撑腿的各个关节要迅速伸直。后蹬时各关节几乎是同时伸直的，从伸展髋关节开始，当身体重心离垂直面较远时，要迅速有力地伸直膝关节和踝关节，使后蹬的力量和运动方向相符合，推动身体更快地向前移动。蹬地时，腿部肌肉和脚掌的肌肉都要积极参加。

后蹬腿蹬离地面时，人体进入腾空阶段。蹬地腿的小腿应迅速向大腿折叠，形成以大腿为半径的摆动过程。这时应立即放松小腿和大腿后群肌肉，利用腾空时机正确地放松肌肉，节省能量消耗。还应注意跑的节奏性，跑的节奏好，也能推迟疲劳的出现。

3. 终点跑　终点跑是全程跑结束前一段的加速跑。进入最后的直道时，应用尽全力冲刺跑。终点跑的距离应根据比赛项目、个人特点和战术来确定。一般情况下，800 m跑可在最后200～250 m开始冲刺，1 500 m跑可在最后300～400 m进行冲刺，3 000 m以上项目可在最后400～900 m冲刺。在加速跑时，要选好时机，用尽全部力量，以顽强的意志跑向终点。

第四节　接力跑

接力跑项目的起跑都是在弯道开始的，第一棒运动员通常用右手的中指、无名指和小指握住棒的末端，用大拇指和食指分开撑地，接力棒不得触及起跑线和起跑线前的地面（图6-5）。第二、三、四棒运动员采用站立式或一手撑地的半蹲踞式起跑姿势（图6-6）。什么时间起动，依据自身的感觉和判断同伴能力决定的。采用半蹲踞式起跑姿势，并转身目视自己同伴的跑进情况，决定自己跑动时机，这就是接棒队员起跑的特点。传接棒的方法一般有上挑式、下压式和综合两种方法优点的混合式。上挑式接棒的手臂自然向后伸出，掌心向后，虎口张开朝下，传棒人将棒由下向前上方送入接棒人手中（图6-7）。下压式接棒的手臂后伸，掌心向上，虎口张开朝后，拇指向内，其余四指并拢向外，传棒人将棒的前端由上向前下方放入接棒人手中（图6-8）。混合式是第一棒队员传给第二棒时用上挑式，第二棒传给第三棒用下压式，第三棒队员传给第四棒用上挑式。

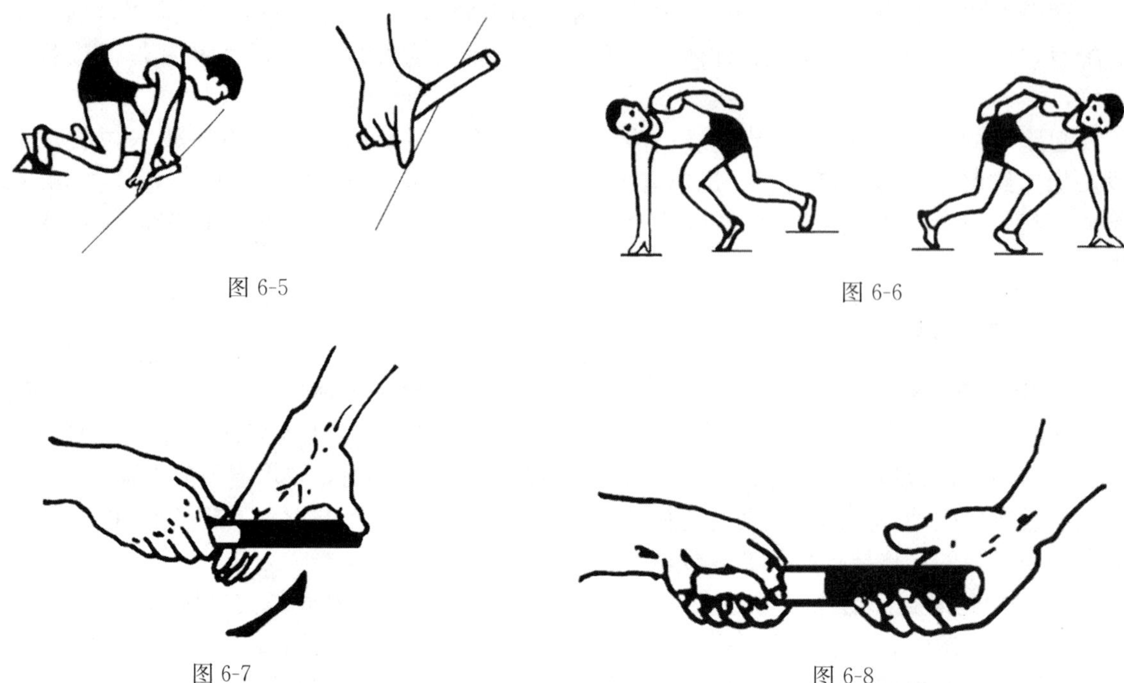
图 6-5

图 6-6

图 6-7

图 6-8

第五节　跨 栏 跑

一、过栏技术

通常把过栏技术称为“跨栏步”技术，是腾空过程的一步。从起跨脚着地起跨开始，到摆动脚过栏后为止，这是跨栏跑中最关键、最重要的技术。它是由起跨、腾空过栏和下栏着地 3 个动作阶段组成。

1. 起跨　起跨是指起跨腿踏上起跨点到起跨腿蹬离地面瞬间支撑过程。在起跨时保持较快的速度和较高的身体重心，这样有利于迅速、顺利地跨越栏架。当起跨脚踏上起跨点时，上体保持一定前倾，摆动腿的大小腿折叠以膝领先，大腿带动小腿向前摆动。同时，起跨腿积极蹬伸，躯干随之前倾，摆动腿一侧臂向前上方摆出，另一臂在体侧，使身体向栏架进攻（图 6-9）。

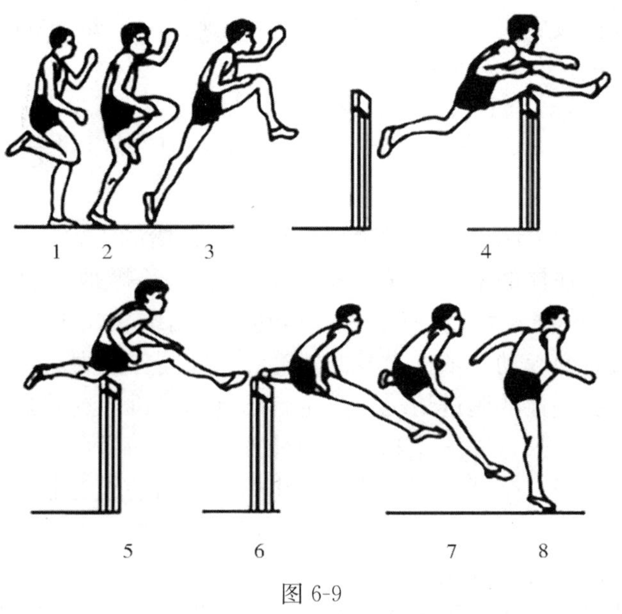

图 6-9

2. 腾空过栏　当起跨腿离地后，摆动腿的小腿迅速前伸，起跨腿膝关节外展，脚勾起积极向上方提拉过栏。

3. 下栏着地　摆动腿过栏后，大腿积极下压，以前脚掌着地，并积极蹬地。起跨腿随着身体重心前移，提拉到身体正前方上体前倾，紧接栏间跑。

二、栏间跑

从摆动腿下栏着地，起跨腿提拉至胸前的瞬间，就进入了栏间跑。栏间跑的第一步主要是保持速度，调整身体姿势，把跨栏时下降的速度补回来。因此应依靠增加步长来提高速度，增加步长靠过栏的摆动腿的固定支撑和起跨腿高抬、前送，带动骨盆前移来实现。栏间跑的第二步是栏间三步中最长的一步，这是由于后蹬有力，摆腿迅速，跑的技术能合理发挥的结果。栏间跑的第三步由于过栏的需要，是上栏以前的一个"短步"，身体重心不能降低或后移。摆动腿积极前摆下压，放脚积极、迅速，保持较高的身体重心，快步向栏架进攻。

三、全程和终点跑

全程跑就是把合理的过栏技术与快速的栏间跑结合起来，保持动作的直线性、节奏性和协调性。总体上看，由于跨栏跑在途中设有 10 个栏架，每个栏间的距离相同这一特点，决定了跨栏跑的途中跑技术关键就是通过提高过栏技术和提高栏间跑步频的办法来提高途中跑的速度。在跨越最后一栏时，下栏动作要更加积极，摆动腿着地后起跨腿前抬与髋齐高即可，迅速转入终点跑。终点跑应加强腿的蹬摆，加大上体前倾，加强摆臂动作，奋力冲向终点，做好冲刺动作。

第六节　跳　　跃

一、背越式跳高

1. 助跑　助跑的步点和助跑线是用走步丈量法丈量的。首先，确定起跳点，起跳点一般在离近侧跳高架的立柱 1 m、离横杆投影点 50～80 cm 处。其次，从起跳点向助跑一侧的方向，沿横杆平行线向前自然走 5 步，再垂直横杆向助跑方向走 6 步，画一个标记点。从这个标记点继续向前走 7 步，就是助跑的起跑点（图 6-10）。

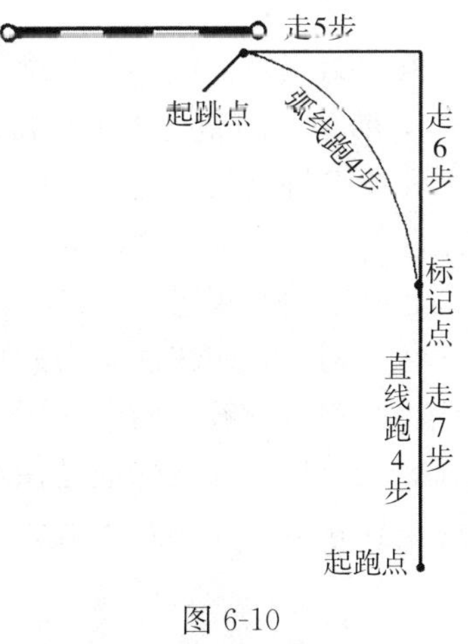

图 6-10

画好助跑线后，要反复练习才能最后确定。练习时直线助跑 4 步，弧线助跑 4 步。助跑的前段是直线加速跑，转入弧线跑时，身体向圆心方向倾斜，重心不能起伏过大。应注意大腿高抬，以膝带动摆动腿同侧髋积极向前迈步。助跑过程要用前脚掌着地，这种助跑方法有利于起跳。

2. 起跳　起跳脚以脚跟外侧先着地，然后迅速地过渡到全脚掌。起跳脚落地时摆动腿蹬离地面开始摆动，同时重心快跟，上体积极前移，使起跳腿缓冲。当身体重心移到支撑点上方时，身体由倾斜迅速转为正直，摆动腿和两臂快速有力地向上摆，同时起跳腿积极蹬伸，完成起跳动作（图 6-11）。

图 6-11

3. 过杆和落地 在起跳动作中，借助于起跳腿蹬伸和摆动腿摆动的力量，在腾空中身体背向横杆。身体向上腾越，肩超过横杆时，仰头、倒肩，顺惯性沿横杆腾越，身体成弓形。待髋部超越横杆后，收腹含胸，用髋发力带动大腿向上，小腿甩动使身体超离横杆，顺势以背部落在海绵垫上（图 6-12）。

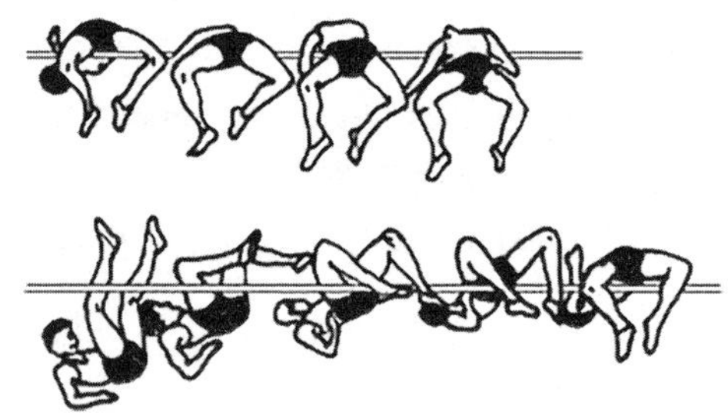

图 6-12

二、跳远

跳远的完整动作是由助跑、起跳、腾空和落地 4 个部分组成。

1. 助跑 助跑是为了获得一定的水平速度和做好起跳的准备。助跑的距离根据运动员水平和技术特点而决定，一般说男子为 28～32 m，女子稍短一些。助跑的动作与短跑的途中跑动作基本相同，用站立式起跑，助跑逐渐加速，节奏感要强，起跳时要达到最快速度。跑到起跳板前几步时，上体稍正直，最后一步要比倒数第二步短些，促进身体重心很快地跟上去，有利于完成快速有力的踏跳。为了使助跑步点准确，应该确定助跑距离和步数，并设标记。助跑时一般用两个标记，第一标记是助跑的起跑处，从第一标记到第二标记的步数一般为 8～12 步；第二标记是在离起跳板 6～8 步处（图 6-13）。也就是助跑的查检线，从第二个标记到起跳板间的距离最好是跑偶步数。助跑应做到快速、准确、平稳、直线、轻松和有节奏。

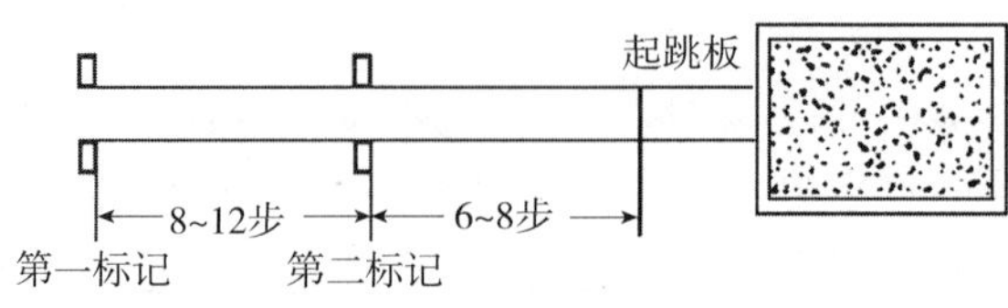

图 6-13

2. 起跳　运动员在快速助跑的情况下，通过起跳获得必要的垂直速度，并尽量保持水平速度使身体腾起。助跑的倒数第二步摆动腿着地时，膝关节迅速前移，加快蹬地速度，使身体快速向起跳板推进，上体保持正直，起跳腿自然地积极前摆。助跑最后一步，起跳腿的大腿前摆时要抬得低些，要积极下压，用全脚掌快速有力地踏板，起跳脚踏在跳板时腿是直的。当整个身体重心落在支撑腿的时候，起跳腿微屈，在身体重心刚移过支撑点上方的一刹那，迅速伸直踝、膝、髋关节，摆动腿积极前摆，两肩带动两臂配合下肢动作向前上方摆动。

3. 腾空　腾空动作是为了维持身体的平衡和落地创造有利的条件。起跳腾空后，摆动腿屈膝前摆，大腿高抬保持水平姿势，起跳腿自然放松在后面，成腾空姿势。腾空姿势一般有蹲踞式、挺身式、走步式 3 种。

（1）蹲踞式跳远比较简单，容易掌握。起跳成腾空步姿势后，上体仍保持正直，摆动腿的大腿继续抬高，两臂向前挥摆，起跳腿开始向前上方提举，逐渐与摆动腿靠拢，形成空中蹲踞姿势。然后两腿向上收，上体前倾。将要落地时，两臂由前向下、向后摆动，同时向前伸出小腿落地（图 6-14）。

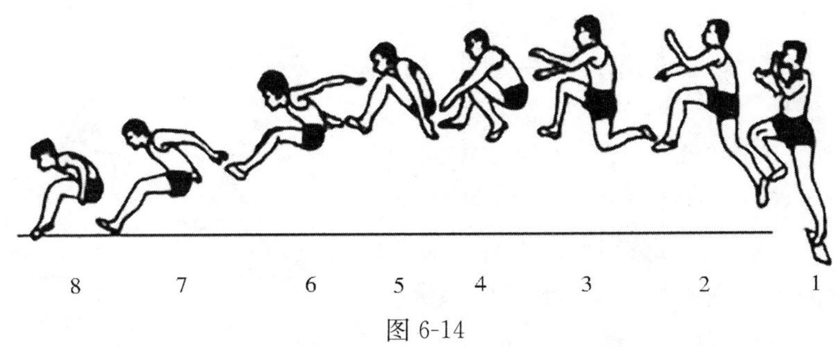

图 6-14

（2）挺身式跳远的空中挺身动作，能使体前肌拉长，有利于收腹举腿和收腿落地，效果比蹲踞式要好些。起跳后，身体保持腾空姿势，处在体前的摆动腿伸展弯曲的膝关节，摆动腿的小腿向前、向下、向后弧形摆动，使髋关节伸展，两臂向下、向后上方摆动，同时，处在身体后面的起跳腿与后摆的摆动腿靠拢，挺胸、伸髋、头稍后倾，充分拉开躯干前面的肌肉，整个身体展开成为充分的挺身姿势。落地前，两臂由后上方向前、向下、向后方摆动，两腿向前摆，收腹举大腿。小腿前伸，上体前倾准备落地（图 6-15）。

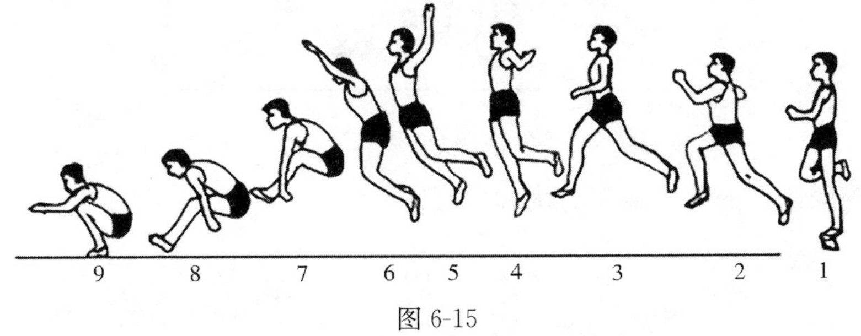

图 6-15

（3）走步式跳远动作比较自然，好像在空中继续走步一样，容易维持腾空时的身体平衡，落地动作的效果也较好，但动作较复杂，要求运动员有很好的身体素质和较高的运动水平。

4. 落地 正确的落地技术，有利于成绩的提高，并能防止伤害事故的发生。落地前，上体不要过于前倾，大腿要向前提举，小腿前伸，准备落地。落地时，膝关节伸直，脚尖勾起，同时两臂向后摆。脚接触沙面时，两腿迅速屈膝，髋部前移，两臂屈肘积极前摆，使身体迅速移过支撑点。

三、三级跳远

三级跳远是由助跑、第一跳（单脚跳）、第二跳（跨步跳）、第三跳（跳跃）和落地 5 个部分组成。

1. 助跑 三级跳远的助跑与跳远的助跑基本相同。

2. 第一跳（单脚跳） 用有力的脚起跳，腾空后再用起跳脚落地，形成单脚跳。三级跳远的第一跳不能像跳远那样往上跳的过高，起跳的蹬地角和腾起角比跳远要小，要尽量加快起跳速度，保持水平速度，并使身体重心迅速向前移动（图 6-16）。

图 6-16

3. 第二跳（跨步跳） 同第一跳的起跳腿起跳，摆动腿跨出落地。第一跳落地后，起跳腿快速有力地蹬地，摆动腿和两臂由身体的垂直部位继续向前上方积极摆动，上体稍前倾，在空中形成腾空步，然后摆动腿大腿继续向上高抬，两臂由前上方成弧形向下、向后侧方摆动，做“刨地式”的落地，为最后一跳创造条件（图 6-17）。

图 6-17

4. 第三跳（跳跃） 经过前两跳后，水平速度已经下降，因此第三跳要充分利用所余的水平速度的同时，尽量增加向上的起跳力量，以获得一个较大的腾空初速度，所以腾起角要大一些。第三跳的起跳动作同前两跳。（图 6-18）。

图 6-18

5. 落地 三级跳远的落地动作与跳远的落地一样。

第七节 投 掷

一、推铅球

1. 握球和持球（以右手为例） 握球时五指自然分开，把球放在食指、中指和无名指的指根上，大拇指和小拇指自然地扶在球的两侧，手腕微屈，防止铅球滑动，便于控制出球方向。手腕和手指力量较强的人，可以把铅球放在第一指骨上，更好地发挥手指对推球时的力量。手指力量较弱的人，可把铅球放在靠近指根处（图 6-19）。握好球后，把球放在肩上锁骨窝处，并贴紧颈部，手稍外转，掌心向前，右臂屈肘并低于肩部，身体肌肉放松（图 6-20）。

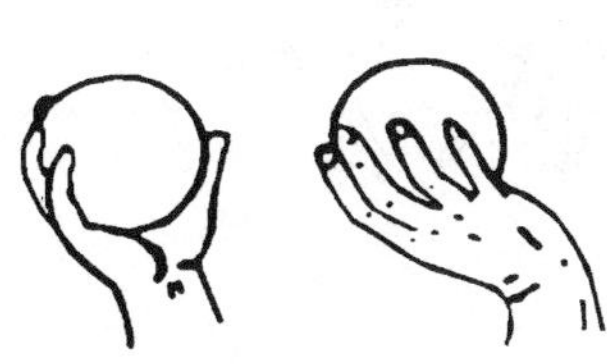

图 6-19

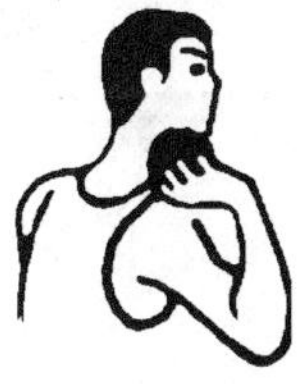

图 6-20

2. 侧向滑步推铅球（以右手为例）

（1）准备姿势。身体应侧对投掷方向，右脚站在投掷圈后沿处，左脚与右脚平行稍后，以足尖或前脚掌着地，重心落在右腿上，准备滑步。

（2）滑步。滑步时左腿侧摆，同时右脚用力蹬地，左腿快收小腿，右脚沿地面滑行至投掷圈圆心附近，左脚掌落在抵趾板内侧。滑步结束进入最后用力阶段。

（3）最后用力。随着右腿蹬转，右髋向左前挺出，带动躯干转向投掷方向，使重心向左腿移动，然后在左肩制动和左脚蹬伸形成的左侧支撑下，右臂快速用力，通过伸臂、屈腕和手指拨球等连贯动作将铅球从肩部推出（图 6-21）。

图 6-21

3. 背向滑步推铅球

（1）准备姿势。持球后，背对投掷方向，站在投掷圈内靠近后沿处。两脚前后开立相距约一脚半长。右脚尖靠近圈内沿，脚跟正对投掷方向。左腿在后并自然弯曲，前脚掌着地或脚尖着地，脚跟提起，持球臂的肘略低于肩或与肩齐平，左臂自然上举稍向内，上体直立放松，体重落在右腿上。

（2）滑步。滑步前先做一两次预摆，待身体平稳后，回收左腿，同时右腿逐渐弯曲。当左腿回收到接近右腿时，臀部稍向后移，使身体重心移离支撑点。当臀部后移时，左腿向投掷方向迅速而有力摆出，右腿用力蹬伸。右腿蹬离地面后，迅速拉收小腿，在拉收小腿的过程中，右脚向内转动，用前脚掌着地，落在圆心附近。这时左脚要积极下落，用前脚掌内侧落在靠近抵趾板处。两脚依次落地的动作要连贯、加速地过渡到最后用力。

（3）最后用力。左脚积极着地的一刹那开始最后用力。在拉收小腿的过程中，右膝和右脚向投掷方向转动，右脚着地后还要不停地蹬转，推动右髋向投掷方向转动，推动上体迅速向投掷方向抬起。身体几乎是左侧对投掷方向，上体向右倾斜，左肩高于右肩，形成推铅球前最有利的姿势。头和胸部转至投掷方向，体重逐渐移至左腿，左臂从上摆至体侧制动，右臂迅速有力地将铅球推出。铅球出手时，手腕稍向内转，充分利用手指力量使铅球从手指离开。铅球出手后，两腿弯曲或交换，降低重心，维持身体平衡（图 6-22）。

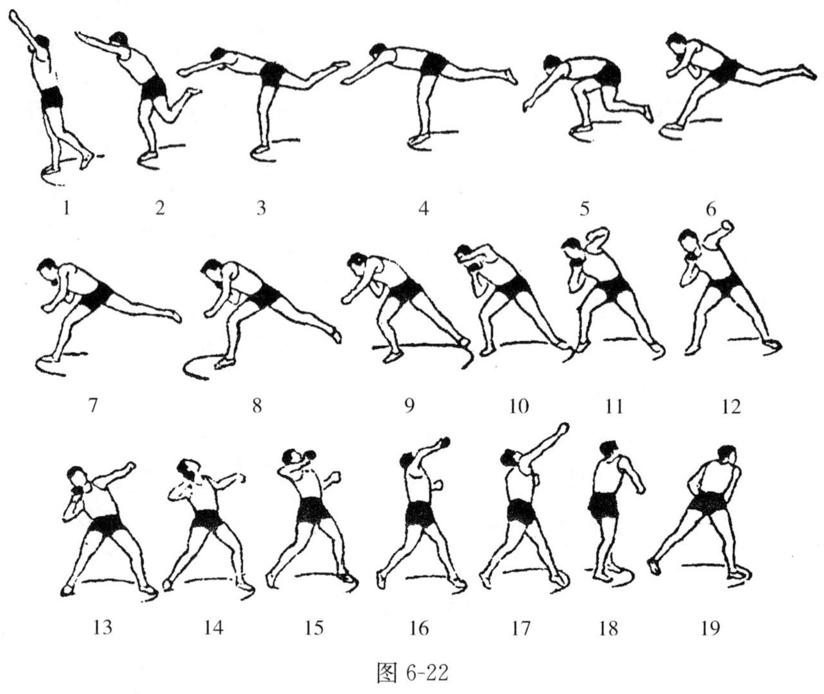

图 6-22

二、掷铁饼

1. 握法 五指自然分开，拇指和手掌平靠铁饼，其他四指自然分开用最末指节扣住铁饼边沿，铁饼的重心在食指和中指之间，手腕微屈，铁饼的上沿靠在前臂上，握好铁饼后投掷臂放松下垂在体侧（图 6-23）。

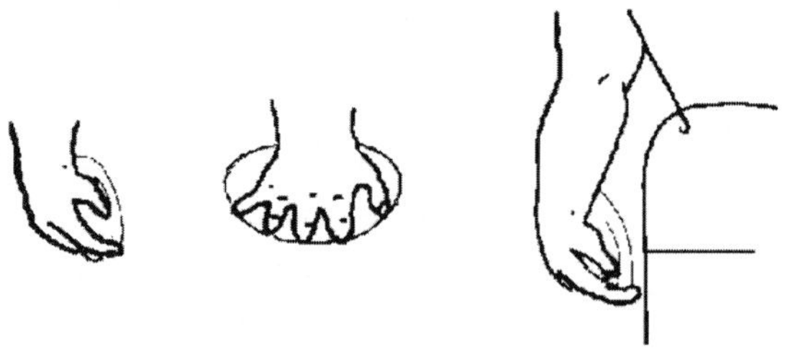

图 6-23

2. 预备姿势和预摆

（1）预备姿势。背对投掷方向，站在圈内靠后内沿处投掷中线的两侧，两脚左右开立稍宽肩，两脚平行或左脚稍后，左脚尖与右脚弓齐平，持饼臂自然放松下垂于体侧，眼平视。

（2）预摆。预摆是为了摆脱身体和铁饼静止状态，以有利姿势进入旋转。预摆分为左向上右向后和体前左右预摆两种方法。这两种方法的预摆，最后都有一个“制动”动作，这个制动点就是旋转动作的开始。常见的预摆方法有左上右后摆饼法（图 6-24）和前后摆饼法（图 6-25）两种。

图 6-24

图 6-25

3. 原地投掷铁饼技术　左肩对准投掷方向，两脚开立，右手握饼，右臂下垂靠近右大腿。预摆 1～3 次，当铁饼摆到右后方，左脚跟落地，右脚立刻用力蹬地，右膝向里转动使身体伸直，上体转向投掷方向，带动右臂向前摆出，当右臂摆至约成侧平举的姿势时，手腕稍向右屈，使铁饼开始旋转，最后使铁饼从食指左面离手向前飞出，饼在空中顺时针旋转。铁饼出手的角度为 30°～35°（图 6-26）。

图 6-26

三、掷标枪

1. 标枪的握法与持枪

（1）握法。常见掷标枪的握法有两种，一种是现代式握法（图 6-27 之 1），另一种是普通式握法（图 6-27 之 2）。

（2）持枪。持枪于右肩上方，稍高于头，枪尖稍低于枪尾。这种方法应用最广泛（图 6-28 之 1）；持枪于右耳旁，枪身与地面平行，肘稍向外展开，肘关节和手腕弯曲的角度比较小（图 6-28之 2）；持枪于头上右侧，枪尖稍向上（图 6-28 之 3）。

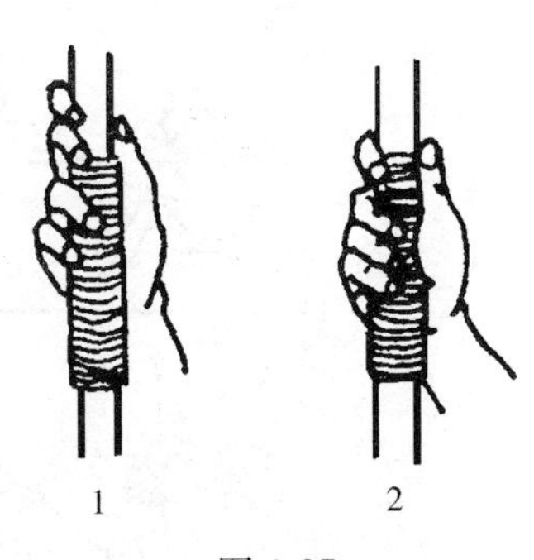

图 6-27

2. 原地投掷标枪技术　左脚在前，右脚在后，面对投掷方向，身体重心在左脚上，右手持枪于右肩上方，枪尖稍向下。然后右手持枪向后引，身体向右转，身体重心后移，左臂侧对投掷方向，右腿弯曲，身体重心落在右腿上，上体向右倾倒，握枪手臂尽量伸直，左臂自然弯曲于胸前。开始投掷动作，投掷者急速伸直两腿，向前移动上体，转体挺胸，臀部向前挺出，右肘向前，右手握枪在肩上方，这时身体成反弓形，上体前侧的肌肉拉紧，然后用力收腹，上体前屈，右臂很快前送，把枪掷出（图 6-29）。当枪掷出后，右脚自然地向前跳出一步，维持平衡。

图 6-28

图 6-29

3. 五步交叉投掷标枪技术

（1）助跑。第一阶段为预跑阶段，15～20 m，第二阶段为投掷步阶段（图 6-30 之 1～15）。

（2）最后用力与缓冲（图 6-30 之 16～24）。标枪出手后，投掷者继续向前运动，为防止犯规及损伤，右脚及时向前跨出 1～2 步，同时身体稍向左转。降低重心，制动身体和维持身体平衡。

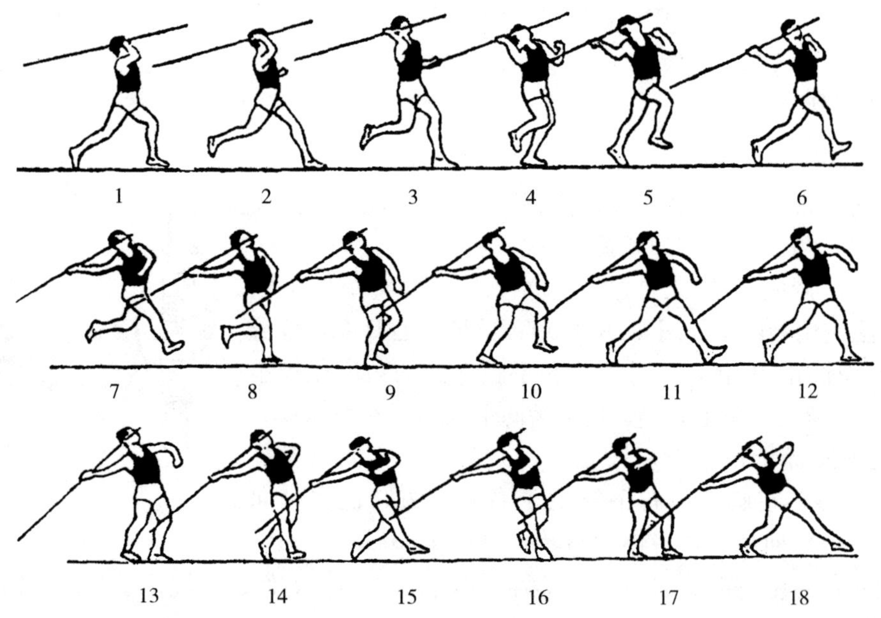

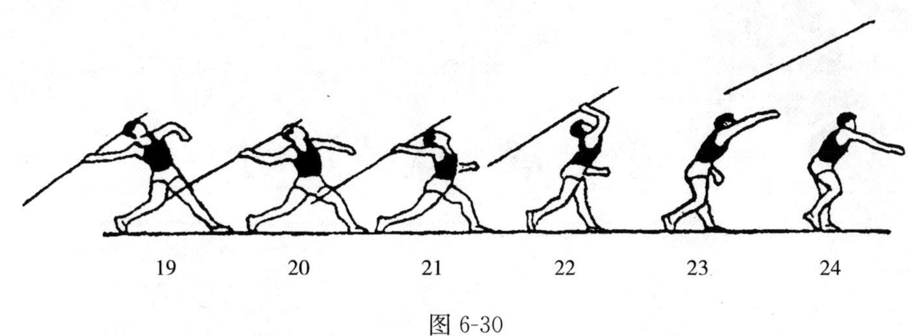

图 6-30

思考题

1. 100 m 跑的技术要点有哪些？
2. 跳远的完整过程是什么？
3. 如何发挥投掷项目的价值，促进自己全面发展？

第七章　篮球运动

第一节　篮球运动概述

一、篮球运动的起源与发展

篮球运动是1891年由美国马萨诸塞州斯普林菲尔德市基督教青年会训练学校体育教师詹姆士·奈史密斯博士根据民间流传的儿童游戏发明的。以后广为流传，逐渐形成了现代的篮球运动。1896年篮球运动传入我国。世界最早的一次大型国际篮球比赛于1917年11月在法国巴黎举行。1932年国际业余篮球联合会（简称国际篮联）成立，1936年男子篮球被列为奥运会正式比赛项目，1976年女子篮球被列为奥运会正式比赛项目。1992年在西班牙举行的第25届奥运会向职业篮球球员敞开了大门，美国梦之队展现了高水平的篮球运动技艺，引起了国际篮球界的关注。世界篮球运动由此向科技化、竞技化、智谋化、职业化、记忆化、凶悍化、多变化、产业化的方向发展，掀起了篮球运动的发展高潮。同时，篮球运动技术动作不断创新，运动员内外攻守区域分位趋向模糊，高空争夺更趋凶悍，竞技艺术更显观赏性。篮球规则对比赛、高空争抢、场地区域及攻守技术、战术合理的运用，乃至全场比赛时间、方式都进行了新的规定。

二、篮球运动的基本规律

1. 集体协同规律　篮球运动是集体协同作战的一项运动，要取得比赛的胜利，必须依靠集体的力量。

2. 凶悍对抗规律　篮球运动的高速对抗，体现在采用合乎规则要求的手段（身体与技术、战术）在地面与空间上制约对手。

3. 攻守平衡规律　篮球比赛是由两个队在规则规定的时间内不断地进行攻守转换完成的。在竞赛过程中，双方在同一时间段里非攻即守，交替转换，一次进攻结束后就是另一次防守的开始，周而复始。

三、篮球运动的基本特点

1. 集体性　篮球运动比赛是以两队成员相互协同攻守对抗的形式进行的竞技过程。只有发挥集体的智慧和技能，发挥团队精神，协同配合，才能达到最佳。

2. 对抗性　篮球运动是一项高强度的激烈对抗的运动。攻与守，限制与反限制，均在凶悍近身的环境下完成，不仅要斗智，还要有充沛的体能和顽强的作风。

3. 综合性　篮球运动包含跑、跳、投等身体活动。篮球运动竞技本身涉及社会学、生物学、军事学、管理学、体育学、教育学、竞技学等多种学科。

第二节 篮球运动基本技术

篮球技术是篮球比赛中，为了达到一定目的的专门动作方法的总称，分为进攻技术与防守技术两部分，包括移动、传球、接球、投篮、运球、持球突破、防守、抢篮板球等技术。

一、移动技术

移动技术是篮球多项技术的基础，其关键是控制身体重心的平衡和变化。现将几种常用的移动方法简述如下：

（一）起动、急停

1. 起动 起动是球员改变静止状态的一种方法。在进攻中突然快速的起动，是摆脱防守的有效手段。防守时迅速地起动是保持抢占有利位置，防住对手的首要环节。

动作要领：起动前两脚开立，腿呈一定的弯曲，上体稍前倾。起动时以后脚或异侧脚的前脚掌短促有力蹬地，同时上体迅速前倾或侧转，向跑动方向移动重心，在最短的距离内把速度发挥出来（图 7-1）。

图 7-1

2. 急停 队员在移动中突然制动脚部动作称急停，可分为跨步急停与跳步急停两种。

跨步急停（两步急停）**及动作要领：**先向前跨出一大步，脚跟着地过渡到全脚掌抵住地面，迅速屈膝上体后仰，第二步着地时，身体侧转，脚尖内旋，用前脚掌内侧蹬撑地面保持身体平衡，重心落在两脚之间。

跳步急停（一步急停）**及动作要领：**在跑动中，用单脚或双脚起跳，上体后仰，两脚同时平行落地，用前脚掌内侧有力撑地，两膝微屈，降低重心，保持身体平衡。

（二）侧身跑

侧身跑是比赛中，队员在移动时，为了更好地观察场上情况而进行的一种跑动方法，多用在快攻和防守快攻时。

动作要领：向前快跑的同时，头部和上体自然地向有球方向扭转，以便观察场上情况。

（三）变向跑

变向跑是球员在跑动中利用方向的变化完成攻守任务的一种方法。

动作要领（以从左向右变向跑为例）：顺步变向跑时，左脚落地制动，屈膝降低身体重心，用前脚掌内侧蹬地，同时扭腰转胯，右脚迅速向右跨步加速。交叉步变向跑时，左脚落地制动，腰胯向右转动，同时，左脚前脚掌内侧蹬地向右跨步，继续加速跑动前进。

（四）滑步

滑步是防守动作的一项重要移动方法。它易于保持身体平衡，可向任何方向移动。可分为侧滑步（横滑步）、前滑步和后滑步。

动作要领（以侧滑步为例）：滑步前，两脚左右开立，两膝微屈，上体稍前倾，手背向两侧张开。向左滑步时，右脚前脚掌内侧蹬地，左脚向左跨出一步，落地的同时，右脚迅速随同滑行，然后依次重复上述动作，眼要注视对手；向右滑步时，动作相反（图 7-2）。

图 7-2

（五）转身

转身是指队员以一脚为中轴脚进行旋转，另一脚蹬地向前（后）跨出，从而改变原来身体方向的一种动作方法。它与急停、跨步、持球突破结合使用，有效摆脱防守，创造传球、投篮的机会。转身分为前转身和后转身。

动作要领：以前转身为例，移动脚向中轴脚脚尖方向跨出，从而改变身体方向的为前转身。转身时，中轴脚前掌用力碾地，移动脚蹬地并迅速跨步，同时转腰转肩并保持身体平衡。

二、接、传球技术

接球技术是篮球比赛中，同队队员相互移动产生的配合，或个人移动创造出战机时，及时获得球和供给球的一种方法。接、传球技术最直接反映队员的观察与判断能力，是进攻队员在场上相互联系和组织进攻的纽带，也是实现战术配合的具体手段。

（一）接球

接球是篮球运动中的主要技术之一，既是获得球的动作，也是抢篮板球和断球的基础。

1. 双手接球　有双手接胸部高度的球、双手接头部高度的球、双手接腰部高度的球、双手接反弹球、双手接地滚球几种。以下介绍最常用的双手接胸部高度的球的方法。

动作要领：接球前，手臂可自然前伸，手指自然分开，两拇指呈八字形，手指向前上方伸出，两手呈半圆形。手指触球同时，随球后引，屈肘缓冲来球的力量，两手握球，保持身体平衡，做好传球、投篮或突破的准备。

2. 单手接球　以右手接球为例。

动作要领：两眼注视来球，右臂微屈，手掌呈勺形，手指自然分开，迎着来球的方向伸出，当手指触球时，手臂顺势向后下引球，另一手立即帮助将球握于胸腹之间。

（二）传球

有双手胸前传球、双手低手传球、双手低手向后传球、双手头上传球、单手肩上传球、单手胸前传球、单手低手传球、单手低手向后传球、单手肩上向后传球、单手背后传球、单手体侧传球和勾手传球等。以下主要介绍两种最常用的传球方法：

1. 双手胸前传球　双手胸前传球是最基本、最常用的传球方法。这种方法快速有力，可在不同的距离中使用，而且便于和投篮突破等动作相结合。

动作要领：双手持球于胸前，两手五指自然分开，两拇指呈八字形（两拇指间的距离随手的大小可变远近），持球的侧后方，手指指根以上部位触球，手心空出，两肘自然下垂，上体稍前倾，两腿自然弯曲地前后站立。传球时，前臂急促地向传球方向伸出，拇指用力下压，食、中指外翻，抖腕拨球将球传出（图 7-3）。

图 7-3

2. 单手肩上传球　这是一种常用的中、远距离传球方法。特别在抢到后场篮板球发动长传快攻时运用较多。

动作要领：持球方法与双手胸前传球相同，两脚平行开立，右手传球时，左脚向传球方向跨出，同时双手将球引到右肩侧上方，右手大臂充分后引，左肩对传球方向，重心落在右脚上。传球时，右脚蹬地，同时转体并迅速向前挥臂，手腕前扣，最后通过食指、中指、无名指的弹拨将球传出（图 7-4）。

图 7-4

三、投篮技术

投篮技术是进攻队员为将球投入篮筐而采用的各种专门动作的总称，也是篮球比赛中的主要进攻技术，是唯一的一种得分手段。

(一)单手肩上投篮

单手肩上投篮是篮球比赛中应用比较广泛的一种投篮球动作。有出手点高、球出手快、便于结合其他技术动作等优点。

动作要领(以右手投篮为例):左手扶球的左侧,右臂屈肘持球于头右侧上方,大臂与肩关节平行,大小臂约呈 90°,肘关节不要外展,两脚前后或左右开立,两膝微屈,重心落在两脚之间。投篮时,下肢蹬地发力,右臂向前上方举球,将要伸直时,手腕前屈,食指、中指用力拨球,通过指端将球投出,身体随之向前上方伸展(图 7-5)。

图 7-5

(二)双手胸前投篮

双手胸前投篮是应用较早的一种投篮方法,虽然出手点低,但易于保持投篮前持球的稳定性,便于和传球突破相结合。远距离投篮适于运用这种投篮方法。女生由于上肢力量较男生弱,比较适合学习这种投篮方法。

动作要领:投篮的准备姿势与双手胸前传球的准备姿势基本一致,投篮前将球置于胸前,目视球篮,两肘关节自然下垂,两脚前后或左右开立,两膝微屈,重心落在两脚之间。投篮时,两脚蹬地,两臂向前上方伸出,两手腕同时外翻,拇指稍用力压球,使球通过拇指、食指、中指指端投出(图 7-6)。

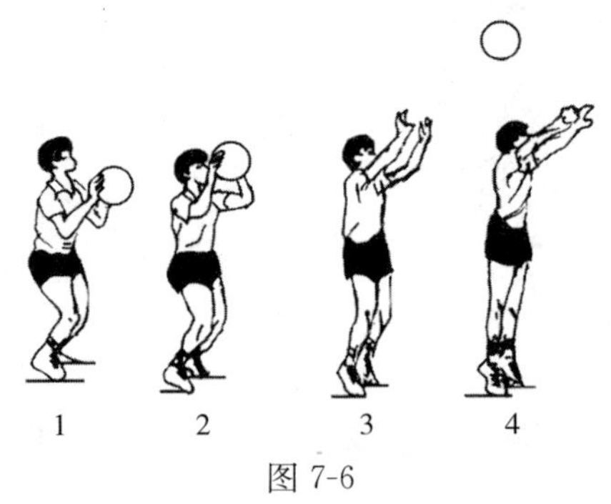

图 7-6

(三)行进间投篮

行进间投篮是进攻或突破防守切入篮下时,最常用的投篮方式,俗称跑篮、“三大步”上篮。以下介绍较常用的两种行进间投篮技术。

1. 行进间单手肩上投篮动作要领 在运球行进或跑动行进中(以右手投篮为例),接球的同时右脚向前跨一大步,落地后,左脚向前跨一小步蹬地跳起,右腿提膝高抬,双手迅速举球于右肩上方。右手托球掌心向上,左手扶球,当身体腾空到最高点时,将球投出(图 7-7)。

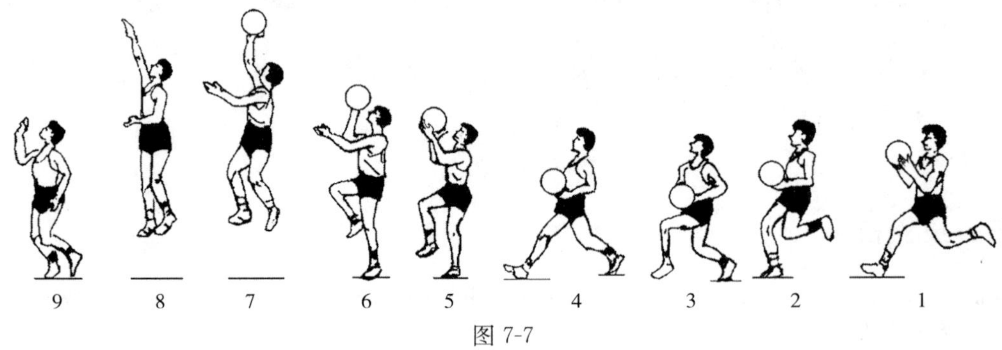

图 7-7

2. 行进间单手低手投篮动作要领　在运球行进或跑动行进中（以右手投篮为例），接球的同时右脚向前跨一大步，落地后，左脚向前跨一小步蹬地跳起，右腿提膝高抬，右手掌心向上托球，并充分向球篮方向伸展，抖腕，食指、中指用力拨球，通过指端将球投出（图 7-8）。

图 7-8

（四）跳起投篮

跳起投篮简称跳投。它具有突然性强、出手点高和不易防守的优点，可在原地、行进中急停或结合转身一起使用。

原地跳起投篮（以右手投篮为例）**动作要领：**准备动作与单手投篮基本一样。起跳时，起跳和举球动作同时完成。垂直起跳时，用腰腹力量保持身体平衡。当身体跳起至最高点或接近最高点时，迅速伸臂，用手腕和手指的合力将球投出（图 7-9）。

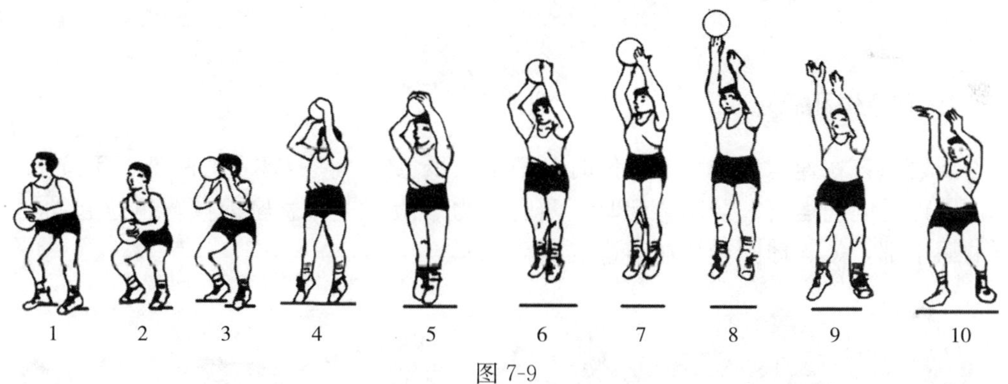

图 7-9

四、运球技术

运球是队员在比赛中携带球移动的唯一方法，也是控制球、支配球、组织战术配合及突破防守的重要手段。盲目地过多运球，则会贻误战机，影响集体作用的发挥，导致被动。

运球技术包括高运球、低运球、运球急停和急起、体前变向换手运球、体前变向运球、背后运球、运球转身、胯下运球等。

（一）高运球

这种运球方法身体重心较高，速度快，便于观察场上情况。

动作要领：运球时，两腿微屈，目平视，以肘关节为轴，前臂自然伸屈，用手腕、手指柔和而有力地按拍球的后上方。球的落点控制在运球手臂同侧脚的外侧前方，使球反弹的高度在腰腹之间，手脚协调配合，使球有节奏地向前运行（图 7-10）。

图 7-10

（二）低运球

当受到对手紧逼防守时，常采用这种运球方法。

动作要领：两腿弯曲，重心下降，上体前倾，用上体和腿保护球的同时用手短促地拍按球，使球从地面向上反弹的高度在膝部以下（图 7-11）。

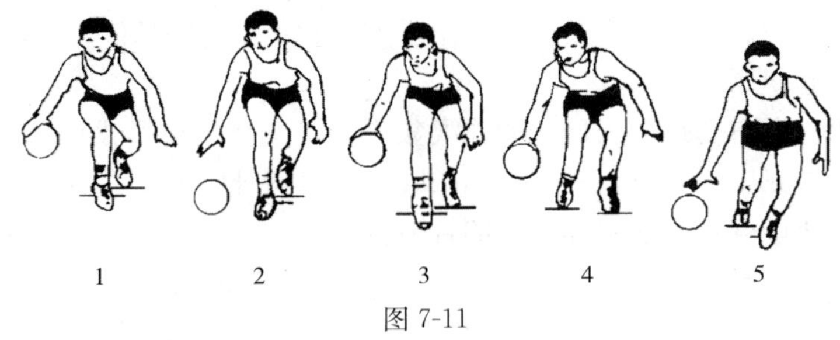

图 7-11

（三）运球急停和急起

动作要领：在快速运球中突然急停时，采用两步急停，使身体重心降低，手按拍球的前上部，使球停止向前运行。运球急起时，两脚用力后蹬，上体急剧前倾，迅速起动，同时，按拍球的后上部，人、球同步快速前进（图 7-12）。

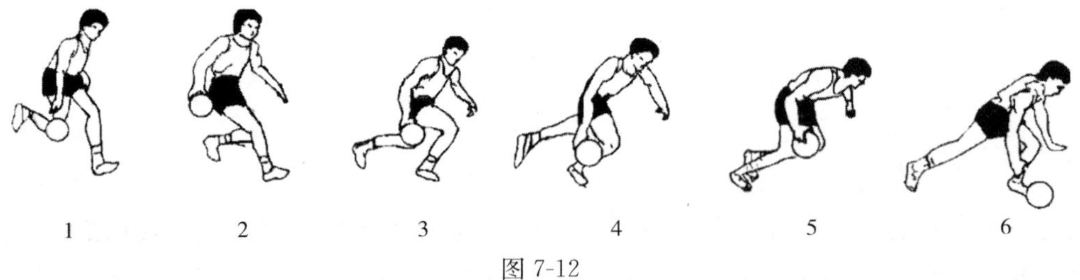

图 7-12

（四）体前变向换手运球（以右手运球为例）

动作要领：运球队员从对手右侧突破时，先向对手左侧做变向运球假动作，然后突然改变方向向右侧运球。变向时，右手拍按球的右后上部，把球从自己的右侧拍按到左侧前方，同时，右脚向左前方跨出，上体左转，用肩保护球，然后换手运球加速前进（图 7-13）。

图 7-13

五、防守技术

防守技术是队员在防守时为了阻挠和破坏对手进攻，达到夺球反攻的目的所采取的各种专门动作方法的总称。

1. 防守无球队员　防守者应与球、被防守者内侧保持三角形站位。防守者到靠近球的区域，面对人侧对球；到远离球的区域，面对球侧对人。

防守姿势：防守者两脚开立，两腿弯曲，身体重心下降，上体稍前倾，积极移动脚步，手臂配合，阻挠对手接球和摆脱。

2. 防守有球队员　防守者应站在对手与球篮之间。根据持球队员的位置，落位时要截击对手，往边线逼防，阻止变向和超越。

防守动作与防守无球队员大体相同，只是注意与对手要保持适当有利距离。离球篮远时，防突破和传球；离球篮近时，除防突破、传球外，还要防投篮，要两臂上举挥摆干扰。

3. 抢球技术　抢球是从进攻队员手中夺取球的方法。抢球时，防守者看准持球者的持球空隙部位，迅速用双手抓住球向后突然拉转，将球抢过来，也可以双手抓住球的同时，双手向前下方转动，将球从持球者手中抢出。

4. 打球技术　打持球：防守者利用突然上步，用单手由上向下或由下向上以快速准确的动作将对方球打掉。打运球：在进攻者运球时，当球刚从地面弹起时，防守者突然上步，用靠近球的手将球迅速打掉。

六、抢篮板球技术

篮板球是获得控制球权的重要来源之一。抢进攻篮板球，不仅可以增加进攻次数和篮下直接得分的机会，而且还可以增强本队投篮的信心，同时减少对方发动快攻的机会。抢防守篮板球，不仅能为发动快攻创造有利条件，而且还能给进攻队员投篮造成心理压力。因此，一个球队抢篮板球的能力，对争取比赛主动和比赛胜利都起着重要作用。下面讲述抢篮板球的技术分析及动作方法。

1. 抢占有利位置　抢占有利位置是抢篮板球技术的关键。无论是抢进攻篮板球还是抢防守篮板球，都应抢占对手与球篮之间的有利位置，力争把对手挡在身后。抢占位置时，应根据对手和投篮队员所处的位置，正确判断篮板球的反弹方向、距离，运用快速的脚步动作，抢占有利的位置。

2. 转身挡人抢位　多用于抢防守篮板球，在防守者靠近对手时运用。当对手投篮后，根据对手移动的方向决定转身的方法，转身后把双手挡在身后并贴、靠对手，挡住其移动路线。如果对手距离较远时，则可先上一步，贴近对手再做转身，把对手挡在身后。

第三节　篮球运动基本战术

基础配合

基础配合是二、三人之间有目的、有组织的攻守合作行动方法。它是组成全队战术的基础，也是培养运动员篮球意识的重要手段。

（一）进攻基础配合

进攻基础配合是指二、三名进攻队员，为了创造攻击机会，合理运用技术而组成的合作方法。

进攻基础配合包括传切、突分、掩护和策应等多种配合方法，现将主要的配合方法介绍如下：

1. 传切配合　传切配合是进攻队员之间利用传球、切入等技术的简单配合。它包括一传一切和空切配合两种。

2. 突分配合　突分配合是持球队员突破后，利用传球与同伴配合的方法。

3. 掩护配合　掩护配合是进攻队员选择正确的位置，借用自己的身体，用合理的技术动作挡住同伴防守者的移动路线，使同伴借以摆脱防守，获得接球攻击或其他进攻机会的一种配合方法。

（二）防守基础配合

防守基础配合是2～3个防守队员利用合理的技术、协调动作破坏进攻的一种方法。防守配合包括挤过、穿过、绕过、交换防守、“关门”、夹击和补防等配合。

1. 挤过配合　挤过配合是破坏掩护配合的方法之一。当对方掩护，防守队员在掩护队员接近自己时，要迅速向前跨出一步，靠近对手，从两个进攻队员之间侧身挤过，继续防守自己的对手。防守掩护的队员应及早提醒同伴并后撤一步，以备补防。

2. 穿过配合　穿过配合也是破坏掩护配合的方法之一。当进攻队员掩护时，防掩护者的队员及时提醒同伴并主动撤后一步，让同伴及时从自己和掩护队员空间穿过，继续防守自己的对手。

3. 绕过配合　绕过配合也是破坏掩护配合的一种方法。当对方掩护时，防掩护者的队员贴近对手，让同伴从自己的身后绕过，继续防守自己的对手。

4. 交换防守配合　交换防守配合也是破坏掩护配合的一种方法。进攻队员利用掩护已经摆脱防守时，防掩护的队员及时发现换防的信号，与同伴互换各自的对手。在适当时候再换防原来的对手

5. “关门”配合　“关门”配合是临近的两个防守队员协同防守突破的配合方法。当进攻队员运球突破时，防守突破的队员向侧后方移动挡住其移动路线，临近突破一侧的防守队员，应及时快速向突破队员的前进方向移动，与防突破的队员靠拢，像扇门一样地关起来，堵住突破者的前进路线。

6. 夹击配合　夹击配合是两个防守队员防守一个进攻队员的一种配合方法。

7. 补防配合　补防配合是两个防守队员之间的一种协同配合方法。当同伴被突破时，临近的防守队员立即放弃自己的对手，去补防那个威胁最大的进攻者，漏人的防守队员则要

及时换防。

第四节　篮球运动竞赛规则简介

篮球比赛即根据篮球运动进行的比赛。篮球比赛的形式多种多样，有较为常见的五人篮球，也有流行的街头三人篮球赛，即三对三的比赛。这里只介绍五人篮球竞赛规则。

一、竞赛场地

1. 场地　球场是一个长方形的坚实平面，无障碍物。对于国际篮联主要的正式比赛（奥林匹克篮球比赛，世界男、女篮球锦标赛，世界男、女青少年篮球锦标赛和世界男子22岁以下年龄组篮球锦标赛，洲际男、女篮球锦标赛等），球场尺寸为：长28 m，宽15 m，球场的丈量从界线的内沿量起。对于所有其他比赛，有权批准符合下列尺寸范围内的现有球场：长度减少4 m，宽度减少2 m，只要其变动互相成比例。

2. 界线　球场必须有明显的界线，界线外至少2 m以内不得有任何障碍物。长边的界线称边线，短边的界线称端线。线宽均为0.05 m。

3. 中圈　中圈要画在球场的中央，半径为1.80 m，从圆周的外沿丈量。

4. 中线　从边线的中点画一平行于端线的横线称中线；中线要向两侧边线各延长0.15 m。对方篮球、篮板的界内部分以及对方篮球后面的端线、边线和距对方篮球最近的中线边缘围成的场区构成了某队的前场。球场的另一部分，包括中线和本方场区，包括篮板的界内部分是该队的后场。

5. 3分投篮区　3分投篮区是由场上以篮筐投影点为圆心，以6.25 m为半径的两条拱形线限制出的地面区域。

二、比赛通则

1. 比赛时间

（1）比赛分成两个半时，每半时20 min。

（2）分4节，每节10 min；第1、2节、第3、4节中间的休息时间分别为2 min。

（3）两半时中间休息10 min或15 min。

2. 比赛的胜负　在比赛时间内得分较多的一队为胜队。

3. 比赛开始　比赛要在中圈内跳球开始，当主裁判持球步入中圈执行跳球时，比赛正式开始。如某队在场上准备比赛的队员不满5名，则比赛不能开始。所有比赛的下半时，双方队要交换球篮。

三、违例

比赛中发生的违例有球出界、带球走、非法运球、携带球、球回后场、故意角球、拳击球和掷界外球；时间（3 s、5 s、8 s、10 s、24 s）上违例；罚球时违例。

四、犯规

犯规是违反规则的行为，含有与对方队员的身体接触或违反体育道德的举止。对犯规队员要进行登记，随后按规则的有关条款进行处罚。

侵人犯规，是在活球和死球时涉及与对方队员接触的队员犯规，队员不准通过伸展臂、肩、髋、膝、脚或弯曲身体成不正常姿势以阻挡、拉、推、撞、绊等动作来阻碍对方行进，也不准使用任何粗野动作。侵人犯规的情况有阻挡、撞人、从背后非法防守、用手拦阻、拉人、非法用手、推人、非法掩护等。

1. 阻挡 阻挡是阻止对方队员行进的身体接触。

2. 撞人 撞人是持球或不持球的队员推动或移动到对方队员躯干上的身体接触。

3. 从背后非法防守 从背后非法防守是防守队员从对方队员的背后与其发生的身体接触。

4. 用手拦阻 用手拦阻是防守队员在防守状态中用手接触对方队员，或是阻碍其行动或帮助他来防守对手。

5. 拉人 拉人是干扰对方队员移动自由而发生的身体接触。

6. 非法用手 非法用手发生在队员试图用手抢球时，接触了对方队员。如果仅仅接触了对方队员持球的手，则被认为是附带的接触。

7. 推人 推人是用身体的任何部位强行移动或试图移动已经或没有控制球的对方队员时发生的身体接触。

8. 非法掩护 非法掩护是试图非法拖延或阻止非控制球的对手到达希望到达的场上位置。

侵人犯规罚则：在所有情况下都要登记犯规队员 1 次侵人犯规。

思考题

1. 什么是篮球运动的接、传球技术？
2. 什么是篮球运动的防守技术？

学习资源（视频）

前转身

前滑步

胯下运球

空切配合

交叉步突破

后转身突破

后转身

后撤步

横断球

行进间勾手投篮

行进间反手投篮

行进间单手肩上投篮

行进间单手低手投篮

高运球

盖帽

低运球

单手胸前传球

单手体侧传球

单手抢篮板球

单手接球

单手肩上投篮

单手肩上传球

打运球队员的球

打行进间投篮队员手中的球

打持球队员手中的球

策应配合

侧掩护配合

侧滑步

背后运球

纵断球

运球转身

运球急停跳起投篮

运球急停急进

原地跳起单手肩上投篮

体前变向换手运球

顺步突破

双手胸前投篮

双手胸前传球

双手抢篮板球

双手接头部高度的球

双手接低于腰部的球

抢　球

前转身突破

第八章　足球运动

第一节　足球运动概述

足球是以脚为主支配球，并把球射入对手球门的集体性、对抗性、技能性较强的一项球类运动。它是世界上开展最广泛、国际交往最频繁、影响力最大的竞技运动项目。

古代的足球运动起源于中国。早在战国时期，我国就有了足球运动——蹴鞠。唐代时，蹴鞠运动最为盛行，比赛形式多种多样。而到了宋代，蹴鞠运动逐渐衰退。现代足球起源于英国，1863 年，在伦敦成立了第一个足球运动组织——英格兰足球协会，标志着现代足球运动的形成。1864 年，英国剑桥大学为了适应本国各学校比赛而综合制定了一个简单的规则，当时称之为剑桥大学规则，这也是世界足球史上第一部较为统一的足球规则。1885 年，英格兰首创了职业足球俱乐部，并合法化。此后，职业足球俱乐部在奥地利、西班牙、意大利、匈牙利等国家纷纷成立并合法化。1904 年 5 月 21 日在法国巴黎，法国、瑞士、瑞典、比利时、西班牙、荷兰、丹麦等国的有关人士聚集一堂，发起成立了国际性足球组织——国际足球联合会（FIFA），从此促进了现代足球运动的蓬勃发展。

1928 年，国际足球联合会在荷兰首都阿姆斯特丹举行会议，决定每 4 年举行一届世界杯足球赛，并规定每届比赛与奥运会相间进行。1930 年第 1 届世界杯足球赛在乌拉圭首都蒙得维的亚举行，到 2018 年共举行了 21 届。因第二次世界大战，世界杯足球赛中断了 12 年，直到 1950 年才恢复举行第 4 届比赛。另外，除世界杯足球赛和奥运会足球比赛外，各大洲都举行区域性的国际比赛，如亚洲杯足球赛、亚洲运动会足球赛、亚洲青年足球赛等，可见足球运动是一项深受各国人民喜爱的运动。

我国的现代足球运动是 19 世纪末和 20 世纪初发展起来的。1908 年，我国成立了第一个足球运动组织——南华足球会。1936 年和 1948 年，我国足球队参加了第 11 届和第 14 届奥运会足球比赛。1955 年中国足球协会成立。从 1956 年起，我国足球运动实行甲、乙级联赛制度，同时，还实行运动员、裁判员等级制度。直到 1993 年，我国的足球竞赛体制才开始改革，实行职业联赛，原有足球队进行了职业俱乐部的重组。2002 年，第 17 届世界杯足球比赛中，中国男子足球队第一次历史性地取得了决赛资格。随着男子足球运动的发展，女子足球运动也逐渐发展起来。我国女子足球队于 1996 年获得第 26 届奥运会女足亚军，1999 年获得第 3 届世界杯女足亚军。

第二节　足球运动基本技术

足球运动技术是运动员在足球比赛中所采用的合理行动和动作方法的总称，包括无球技术和有球技术两部分。无球技术分为起动、快冲、跳跃、急停、转身和假动作。有球运动分为颠球、踢球、接球、顶球、运球与运球过人、抢截球、掷界外球、射门等。

一、颠球

颠球是指队员用身体的各个有效部位连续地触击球，并加以控制尽量使球不落地的技术动作。其作用是使队员具有良好的传、运、控球的能力，同时也是熟悉球性的练习方法。颠球技术包括脚背正面、内侧、外侧和大腿及头胸等部位的颠球。

（一）脚背正面颠球

动作要领：支撑脚微屈，颠球腿的膝、踝及大小腿适当放松，用脚背正面触及球的中下部（图 8-1）。

图 8-1

（二）脚背内侧颠球

动作要领：支撑腿微屈，颠球腿屈膝盘腿，脚踝内翻，膝、踝适当放松，用脚弓击球的中下部（图 8-2）。

（三）大腿颠球

动作要领：支撑腿微屈，颠球腿屈膝，大腿向上摆动，用大腿的中部击球的中下部（图 8-3）。

图 8-2

图 8-3

二、踢球

踢球是指用脚的不同部位将球击向预定的目标，踢球的方法主要有脚内侧踢球、脚背正面踢球、脚背内侧踢球和脚背外侧踢球。踢球技术一般包括助跑、支撑脚站位、摆腿、击球、随前五个步骤。

（一）脚内侧踢球

动作要领：踢定位球时，正面直线助跑，最后一步稍大，支撑脚踏在球的侧方 10～15 cm处，足尖正对出球方向，膝关节微屈。与此同时摆动腿以髋关节为轴，大腿带动小腿由后向前摆动，在前摆过程中髋关节、膝关节外展，足尖翘起，脚掌与地面平行，用脚内侧（足弓部位）击球的后中部。在击球的刹那间身体稍前倾，踝关节紧张，足跟前送，两臂配合协调摆动，将球击向预定目标（图 8-4）。

图 8-4

（二）脚背正面踢球

动作要领： 踢定位球时，直线助跑，最后一步稍大，支撑脚积极地以脚跟先着地，踏在球的侧后方 10～15 cm 处，膝关节微屈，足尖正对出球方向，摆动腿以膝关节为轴，大腿带动小腿屈腿积极向前摆动，当膝盖摆至接近球的后上方时，小腿做爆发式的前摆，使膝盖处在球的正上方时用脚背正面击球的后中部。击球时脚面绷直，踝关节紧张，上体稍前倾，两臂配合协调摆动（图 8-5）。

图 8-5

（三）脚背内侧踢球

动作要领： 踢定位球时，斜线助跑，助跑方向与出球方向约成 45°角。支撑脚外侧积极着地，踏在球的侧后方 25～30 cm 处，膝关节微屈，足尖指向出球方向，身体稍向支撑脚一侧倾斜并转向出球方向，大腿带动小腿积极前摆，当膝盖摆到接近球内侧垂直方向时小腿加速前摆。同时足尖稍外转，脚面绷直，脚趾扣紧，足尖指向斜下方，以脚背内侧击球的后中部。踢球后，踢球腿随球继续前摆，两臂随踢球动作自然摆动，因助跑方向、支撑腿立足选位灵活性较大，出球的变化幅度也较大，常用于中远距离传球，以及弧线球、过顶球和转身踢球（图 8-6）。

图 8-6

（四）脚背外侧踢球

动作要领： 踢定位球时，正面直线助跑，最后一步稍大，支撑脚积极地以脚跟着地，踏在球的侧后方 10～15 cm 处，膝关节微屈，足尖正对出球方向，摆动腿以髋关节为轴，大腿带动小腿屈膝积极向前摆动，当膝盖摆到接近球的垂直上方时，小腿加速前摆，同时足尖内转，脚面绷直，脚趾扣紧，足尖指向斜下方，用脚背外侧击球的后中部。踢球后，踢球腿随球向前继续摆动，两臂配合踢球动作协调摆动。由于脚踝灵活性大，摆动腿方向变化多，因此隐蔽性强，对方不易判断。常用于踢各种距离的弧线球、过顶球和弹拨球等。

三、接球

接球是指有目的地用身体的合理部位将运行中的球接在所控制的范围之内。常用的接球方法有脚内侧接球、脚底接球、脚背正面接球、脚背外侧接球和胸部接球。

（一）脚内侧接球

动作要领：接地滚球时，身体正对来球方向，支撑脚的脚尖与来球方向一致，膝微屈。接球腿提起屈膝外转并前迎，足尖稍翘起，使足内侧对准来球，当脚与球接触前的刹那开始后撤，以缓冲来球的力量，把球接在便于衔接下一个动作的控制范围内。

接反弹球时，支撑脚跨步落在落球点的侧前方，膝关节微屈，上体稍前倾并转向接球方向。接球脚提起，踝关节放松，脚内侧对准球的反弹方向，当球刚弹离地面时，用脚内侧推压球的中上部，将球接在便于衔接下一个动作的控制范围内（图 8-7）。

图 8-7

（二）脚底接球

动作要领：接地滚球时，身体面对来球方向，当球接近体前，支撑脚踏在球的侧后方，足尖正对来球，膝关节微屈，接球脚抬起，膝弯曲，脚跟离地低于球，脚尖翘起高于球，当球刚刚接触脚掌时，脚掌轻轻下压球的中上部，将球接于脚下。

接反弹球时，支撑脚踏在球落点的侧后方，膝关节微屈维持身体平衡。接球腿膝关节弯曲，足尖翘起，前脚掌对准球的反弹方向，当球弹离地面的一刹那，用接球脚的前脚掌触球的后上部并下压，将球接在脚下（图 8-8）。

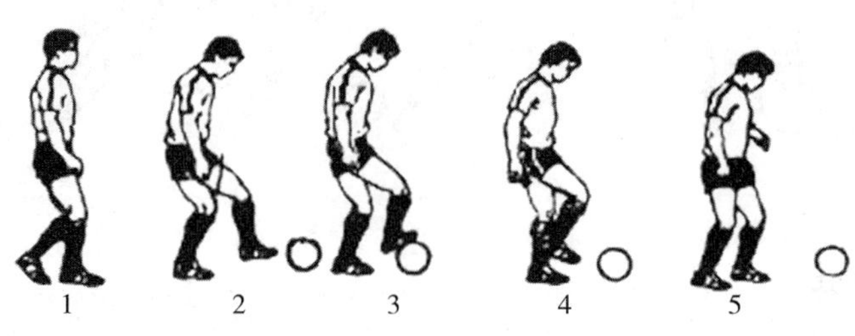

图 8-8

（三）脚背正面接球

动作要领：接球前，身体面对来球，支撑腿微屈维持身体平衡。接球腿屈膝抬起，小腿前伸主动迎球，用脚背正面接触球的底部。当脚背触球前的一刹那，小腿下撤以缓冲来球力量，同时膝关节和踝关节放松，将球接于体前适当的位置。

（四）脚背外侧接球

动作要领：接地滚球时，接球脚稍提起，膝关节和脚内转，用脚背外侧对准来球，在支撑脚的前侧方接触球的侧后方，脚与球接触的刹那向外侧轻拨，将球停在侧方或侧前方。

接反弹球时，面对来球，支撑腿的膝关节微屈，接球脚在支撑脚前方稍提起，脚内翻，使小腿与地面成一定角度，踝关节放松，当球刚反弹起地面时，用脚背外侧触球的侧上部，将球接于体侧。

（五）胸部接球

动作要领：挺胸接球时，身体正对来球，两脚前后开立，两膝弯曲，上体后仰，重心落在两腿之间，两臂自然张开，微收下颌，当球运行到胸部接触的刹那间，两脚蹬地胸部上挺，憋气，使球触胸后向前上方弹起，改变运行方向然后落于体前（图 8-9）。收胸接球时，身体正对来球，两脚前后开立，两臂自然张开，重心前移，挺胸迎球，当球运行至胸部接触前的刹那，重心迅速后移，收胸、收腹以缓冲来球力量，将球停于体前（图 8-10）。

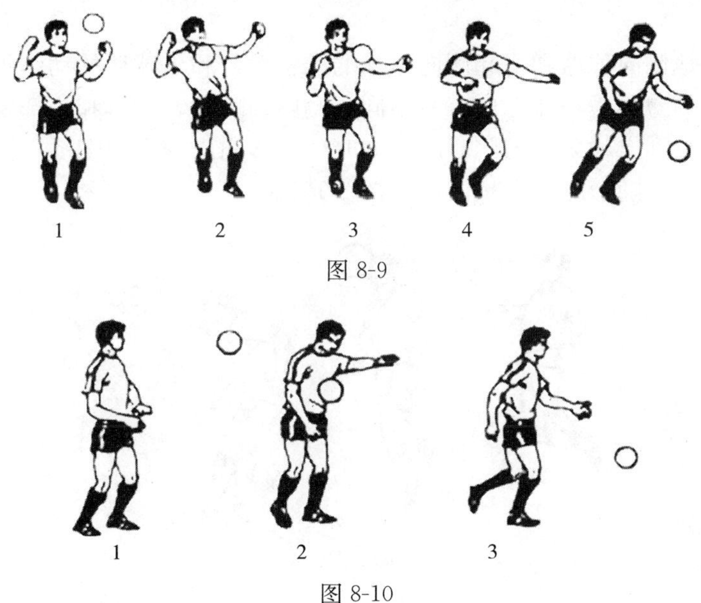

图 8-9

图 8-10

四、顶球

顶球是足球技术中不可缺少的一项技术，它是争空间、抢时间、取得空中优势的有效手段，顶球是有目的地运用头的前额部位直接处理空中球的基本技术。顶球的准确性取决于头触球的部位和用力方向，而出球力量的大小，则取决于来球的力量、顶球的时间、头触球的部位以及全身的协调用力。

（一）原地正向顶球

动作要领：身体正对来球，两脚前后开立，膝关节微屈，上体后仰，两臂自然张开，重心落在后腿上。当球运行到身体垂直部位前的瞬间，两腿蹬地，上体前摆，用前额正面顶球的后中部，触球时，颈部紧张用力，收下颌，顶出球后，上体前摆（图 8-11）。

图 8-11

（二）跳起正向顶球

动作要领：跳起顶球时应注意判断好球的运动路线。助跑后双脚或单脚起跳，身体在空中成反弓，当身体上升到最高点，球运行到身体的垂直位置时，收腹使上体前摆，用前额正面将球顶出。随后两脚落地屈踝、屈膝缓冲。

（三）侧向顶球

动作要领：原地侧向顶球和跳起侧向顶球的准备动作和出球后的动作与正向原地和跳起顶球的动作是一样的，只是身体动作有所不同。侧向顶球时，上体和头部要稍向出球的相反方向侧屈，当球运行到出球方向同侧肩的上方时，上体向出球方向摆动，用前额的正面顶球的后中部，将球顶出，随后身体自然摆动（图 8-12）。

图 8-12

五、运球与运球过人

运球与运球过人是指运动员有目的地用脚的各个部位连续推拨球，使球处于自己控制范围内的触球动作。它是运动员个人控球能力和个人进攻能力的体现，也是实施集体战术的基础之一。特别是运球过人技术增添了比赛的魅力，丰富了战术的内容，发挥个人的技能。在比赛中，我们要鼓励运动员勇于逼近对手运球过人的行动。

（一）脚背内侧运球

动作要领：运球时，跑动的步幅要小，身体自然放松，膝关节微屈，重心降低，触球脚脚跟提起，脚尖稍向外展，膝关节稍向外转，触球时，触球脚前伸用脚背内侧推拨球，随后前脚掌着地，自然跑动。

（二）脚背外侧运球

动作要领：运球时，跑动的步幅要小，身体自然放松，膝关节微屈，重心降低，触球脚脚跟提起，脚尖稍向内扣，膝关节稍内转，触球时，触球脚前伸用脚背外侧推拨球，随后前脚掌着地，自然跑动。

（三）脚背正面运球

动作要领：运球时，支撑脚保持在球的侧后方，运球脚抬起时，脚跟提起，足尖稍内转，迈步前落地，用脚背外侧推拨球，向前跑动时身体自然放松，上体稍前倾，两臂自然摆动（图 8-13）。

图 8-13

六、抢截球

抢截球是积极防守中的一种有效手段，其目的是将对手控制的球抢夺过来转守为攻。抢截球是占据有利位置，封堵球的去路或阻挠对手自由的运动，是运用身体的不同部位和所做的合理动作，以减慢对方推进速度，把对手控制的球夺过来或者破坏掉的一项基本技术。

（一）正面跨步抢球

动作要领：抢球前迅速靠近对方，做好抢球的准备，两脚前后开立，两膝微屈，重心下降，体稍前倾，面向对手，在对手运球脚触球后即将着地或者刚着地时，支撑脚立即用力后蹬，抢球脚疾步跨出，膝关节弯曲，踝关节保持紧张，脚内侧正对球，触球后用力提拉，使球从对方脚背滚过，同时身体重心迅速跟上，把球控制好，若离球稍远抢不到球时，可用脚尖捅抢（图 8-14）。

图 8-14

（二）正面倒地铲球

动作要领：两脚前后开立，两膝弯曲，身体重心下降放在两脚间，面向对手，在对方运球脚触球后即将着地或刚着地时，一脚立即用力后蹬，另一脚沿地面向前滑铲，同时上体侧转后仰倒地，蹬地面成弧形扫踢球将球留下或破坏掉，铲球后屈肘用手扶地或接着侧滚。

（三）侧面抢球

动作要领：与运球者平行跑动，待对方远离自己身体一侧的脚落地时，利用合理冲撞动作使其失去平衡而离开球，乘机将球控制起来，在冲撞时要降低身体重心，靠近对方一侧的手臂要紧贴身体。

（四）侧后铲球

动作要领：同侧脚铲球时，在运球者侧后跑动，当对方拨出球的一刹那，后脚用力蹬成跨步，上体后仰，前脚以脚外侧沿地面向外侧滑出，用脚背或脚尖将球踢出或捅出，接着小腿外侧，大腿外侧和臂部依次着地（图 8-15）。

图 8-15

（五）截球

动作要领：截球是指比赛中两名队员传球时，对方队员使用踢球、顶球、铲球或停球等技术动作把球断下来或破坏掉。它根据临场需要选择使用某种动作，对于对方的传球射门等截球时，需要用踢球、顶球或铲球等动作来完成，而对于使球处于自己控制之下的截球，则需要用接球动作来完成。

七、掷界外球

掷界外球是指比赛中，当球的整体从地面或空中越过边线，比赛成死球的情况下，按规则需要用手掷球来恢复比赛的方法。同时它又是一次很好地组织进攻的机会，尤其在对方罚球区附近掷界外球，其威胁更大。若不能很好地掌握这项技术，在掷球时因错误动作而造成违例，便失去一次绝好的进攻机会。因此运动员必须熟练掌握掷界外球技术。

（一）原地掷界外球

动作要领：面对出球方向，两脚前后或左右开立，两膝微屈，上体后仰成背弓，重心移到后脚上（左右开立时，重心在两脚间），两手自然张开拇指相对，持球侧后部，屈肘将球举至头后，掷球时后脚（或两脚）用力蹬地，迅速转体、收腹、挥臂，当球摆至头上时用力甩腕，将球掷入场内。在掷球过程中，后脚可沿地面滑动，但两脚均不得离地（图 8-16）。

图 8-16

（二）助跑掷界外球

动作要领：助跑要自然协调，速度快慢由掷球远近而定，助跑时两手持球于胸前，在迈出最后一步时，上体后仰成背弓，同时将球举至头后，掷球时用力蹬地，迅速摆体，收腹、挥臂，当球摆至头上方时，用力屈膝，用甩腕和手指的力量将球抛出。

八、射门

射门是指进攻到对方门前时，运用不同脚法（或头顶法）将球踢（或顶）向对方的大门。射门是得分的主要手段，而破门则是比赛的最后目的。但是，射门常常是在与对手激烈的竞争中进行，需要摆脱对方的阻截、冲撞甚至一些不符合规则的粗野动作，这就要求进攻者技术全面、动作快速、真假结合、起脚突然、准确有力和具有良好的射门意识，这样才能抓住战机、破门得分。

第三节　足球运动基本战术

足球运动战术分为进攻战术和防守战术两大类，在这两大类战术中又可分为个人战术、局部战术、全队战术和定位球战术等。

一、足球运动进攻战术

（一）个人进攻战术

1. 摆脱与跑位　每当队员得球，都要发动进攻，同队队员要迅速摆脱对手，或制造宽度造成空当，给有球同伴创造传球路线，以更好地进攻。摆脱对手紧逼，可采用突然启动、急停、突然变向、变速和假动作等，跑位就是有目的地跑向有利位置或空当。

2. 传球　传球是配合的基础，是完成战术配合创造射门机会的主要手段。选择目标，把握时机，控制力量与方向是传好球的重要环节。

3. 运球过人　运球过人是进攻战术中一种重要的个人战术。运球过人是调动、扰乱对方防线，造成以多打少，觅得传球空当，突破密集防守，获得射门机会的有效手段。

4. 射门　射门是一切战术配合的最终目的。射门要准确、突然、有力，其中准确是关键。

（二）局部进攻战术

局部进攻战术主要是采用“二过一”的方法突然突破对方的防守。“二过一”又可以分为斜传直插、直传斜插、踢墙、反切、交叉五种方式。并且在“二过一”的基础上还可以做到三打一、二打二、三打二、四打二等局部进攻。这些方法就是要通过两三个以上的队员的传切配合以达到局部突破对方防守的目的。

（三）全队进攻战术

全队进攻战术由个人进攻战术及局部进攻战术组成。全队进攻战术的具体打法千变万化，大致可将其归纳为两类，即边路进攻和中路进攻。一次完整的进攻都由发动、发展和结束三个阶段组成。

1. 边路进攻　边路进攻是指在对方半场侧面地区发起的进攻，主要包括边锋或边前卫在边路利用个人技术突破传中或突破里切的进攻方式、边锋与中锋或前卫用“二过一”突破传中或里切传给插上接应者的进攻方式和采用边路斜线传中的进攻方式。

2. 中路进攻　中路进攻是在对方半场中间地带发起的进攻，中路进攻的主要方式有回传反切配合进攻和传切插上配合进攻。

（四）定位球进攻战术

有时一场比赛的胜负往往决定于定位球战术使用得当与否。定位球可分为角球、任意球、中圈开球、掷界外球、球门球、点球等。

1. 角球进攻战术　直接长传至门前，同伴头顶攻门或配合射门，或短传配合射门。

2. 任意球进攻战术　在中、后场的任意球，一般要求传球队员快速准确的传球，以便迅速将攻势推进至前场。采取的方法有直接射门和传接配合射门。

3. 中圈开球进攻战术　利用对方比赛刚开始思想不集中、队员站位不好、出现明显空隙时，采用长传突袭，使对方措手不及。也可利用开球进行控制球，通过传球配合寻找进攻机会。

4. 掷界外球进攻战术　由接球队员直接回传给掷球队员，掷球队员组织进攻，或跑动摆脱拉出空当。

二、足球运动防守战术

（一）个人防守战术

个人在防守中，首先，要选好防守的位置，选位的原则是，将自己置于对手和本方球门中心的连线上，其次，就是人盯人。如果对方为有球或有威胁时，应采用紧逼盯人的方法；如果对方无球或无威胁时，应采用松动盯人的方法。

（二）局部防守战术

在比赛中，局部地区相临近的几个防守队员相互协作的防守配合，通过防守队员彼此之间的相互补位，交换防守，可以有效地遏制或破坏对方的进攻，从被动局面转化为有利局面。

（三）全队防守技术

1. 盯人防守　盯人防守是指除拖后中卫和守门员外，场上其他人每人盯死一个对手，不给其时间、区域得球的自由防守方法。

2. 区域防守　区域防守是指每个防守队员负责自己固定的防守区域，在此区域内盯住对手。

3. 混合防守　混合防守是指盯人防守与区域防守相结合的防守方法。全队防守重点是集体配合得是否及时、准确、协调和安全等。

三、足球比赛阵形

比赛场上队员位置的排列形式和职责分工称为比赛阵形。队员的排列层次分为后卫线、前卫线和前锋线。守门员的职责固定，不计在内。

随着足球运动技术，战术的发展以及规则的调整，比赛阵形也在不断演变，目前主要采用“4-3-3”“4-4-2”“5-3-2”阵形。

(1)“4-3-3”式阵形。由 4 个后卫、3 个前卫和 3 个前锋组成。

(2)“4-4-2”式阵形。该阵形是由“4-3-3”式阵形变化来的，它是将 1 名前锋撤到中场，以 2 名前锋突前而形成的。

(3)“5-3-2”式阵形。“5-3-2”式阵形是由“4-4-2”式阵形变化来的，它是 1 名前卫回撤到后卫线成为盯人中卫而形成。

第四节　足球运动竞赛规则简介

（一）比赛场地

足球比赛场地必须是长方形场地，在场地中设有宽度不超过 12 cm 的各种标准线，正式国际比赛场地长 100～110 m，宽 64～75 m。球门两柱内沿相距 7.32 m，横木下沿距地面 2.44 m。球门柱宽不超过 12 cm。球场由中线将场地分为两个半场，以中心为圆心、9.15 m 为半径在中场划出中圈；每个半场有一个球门区、罚球区、罚球弧、点球点；点球点距端线 11 m；场地四角有四个角球区。

（二）比赛用球

比赛用球的球体要圆，球的周长为 68～70 cm，质量为 410～450 g，充气后压力为 600～1 100 kPa。比赛用球至少应准备两个，如果在比赛中球爆破或漏气，比赛应暂停，待换新球后，在暂停时球所在地点用坠球方法恢复比赛。

（三）队员人数、装备

每队上场队员不得超过 11 人，其中必须有 1 人为守门员。在比赛开始或比赛进行中如果某队队员不足 7 人时，比赛不能进行。

每队队员服装必须颜色一致，守门员服装颜色应与其他队员有明显不同。正式比赛必须戴护腿板，穿足球鞋。

（四）比赛时间

正式比赛时间为 90 min，分为上、下半时，各 45 min，中间休息不超过 15 min。如果竞赛规程规定要决出胜负的比赛，90min 踢成平局，要加时 30 min。在加时赛前休息 10 min，并重新选择场地，决胜期时间仍分上、下各 15 min，中间换场不休息。决胜期的比赛，先进球的一方胜，比赛结束。如双方都未进球，要以罚点球决出胜负。

（五）死球

（1）当球的整体从地面或空中全部越出边线或端线，为球出界，即为死球。

（2）比赛进行中裁判员鸣哨即为死球。

（六）计分方法

球的整体从两门柱中间，横木下面由空中或地上越过球门线外沿的垂直面，为胜一球。

（七）任意球

（1）任意球分为直接和间接两种。直接任意球俗称“一脚球”，直接射门得分有效。在比赛中队员凡违反有关规定时，在队员犯规地点执行。如在本方的罚球区内违反，则被罚点球。间接任意球俗称“两脚球”，直接射门得分无效。在比赛中主罚间接任意球时，球踢出后只要触及其他任何队员再入球门就算胜一球。

（2）处罚任意球时，被罚队队员必须退出距罚球地点 9.15 m 范围以外。

（八）罚点球

（1）执行罚点球时，在球被踢出前，守门员的两脚必须站在球门线上，不得移动。否则，球未踢进，则重罚。

（2）罚点球时，双方队员都应站在禁区和罚球弧外，裁判员鸣哨后，主罚队员方可射门。

（九）掷界外球

（1）球越出边线时，由出界前最后触及球队员的对方在球出界处掷界外球。掷界外球时，可以将球掷向场内的任何方向。

（2）掷界外球的方法是，用双手持球于头的后方，面向场内，从头后经头顶用一个完整的动作将球掷入场内。掷球时，不可间断为两个动作，两手力量要平均。不是任球自由下落，要有把球掷出的动作。

（3）掷球时，任何一脚不得全部离地，但允许在地上滑动。

（十）球门球

（1）队员将球踢出对方端线，由对方踢球门球。

（2）踢球门球时，必须直接把球踢出罚球区，才算进入比赛。

（3）踢球门球直接射入对方球门不算得分。

（十一）角球

当球被防守队员踢出本方端线，由对方踢角球。踢角球时，不得移动旗杆，必须将球放在角区内执行，对方队员应距球 9.15m 以外，踢角球时可直接射门得分。

（十二）越位

越位是指越过球的位置，当进攻队员较球更接近对方端线时，他便处于越位位置（在本方半场内或至少有对方队员两名较其更接近于对方端线除外）。

（1）队员处于越位位置后，当同队队员踢或触及球的一瞬间，裁判员认为队员有下列情形时应判罚越位犯规：

①正在干扰比赛和干扰对方；

②正企图从越位位置获得利益。

（2）当队员仅仅是处在越位位置或直接任意球、门球、角球、界外球或裁判员的坠球时，不应被判越位。

（3）队员被判罚越位后，应由对方队员在越位地点罚间接任意球继续比赛。

思考题

1. 简述足球运动的进攻战术有哪些？
2. 简述足球运动的竞赛规则有哪些？

学习资源（视频）

助跑单脚起跳前额正面顶球

直传斜插二过一

运球时的常用动作

运球过人假动作

原地掷界外球

原地跳起前额正面顶球

原地前额正面顶球

鱼跃头顶球

原地前额侧面顶球

斜传直插二过一

挺胸停球

脚内侧停反弹球

脚内侧停地滚球

脚内侧踢球

脚内侧颠球

脚底停反弹球

脚背正面运球

脚背正面踢球

脚背正面颠球

脚背外侧停球

脚背外侧踢球

脚背内侧踢球

交叉掩护配合

回传反切二过一

大腿停球

大腿颠球

传切配合

第九章　排球运动

第一节　排球运动概述

一、排球运动的起源和发展

排球运动首先从美洲流行起来，1900—1917 年才慢慢传入亚洲和欧洲。排球运动几经演变，先后改为 16 人制、12 人制、9 人制，最后定为 6 人制。

排球运动是由美国马萨诸塞州霍利约克城的基督教青年会干事威廉·摩根于 1895 年发明的一项球类游戏演变而来的。首次排球比赛于 1896 年在美国斯普林费尔特体育专科学校举行。目前世界性排球比赛有世界排球锦标赛、世界杯排球赛和奥运会排球赛。

我国的排球运动始于 1905 年，当时广州、香港的一些学校最先有了排球运动，以后逐渐发展到上海、天津、福建、江西和其他地区。最早的排球比赛每队上场 16 人，前后站成 4 排；1923 年改为 3 排 12 人；1927 年改为 3 排 9 人。从 1913 年起，我国男子排球队开始参加历届远东运动会的排球比赛。我国女子排球运动始于 1920 年。

中华人民共和国成立以后，我国的排球运动迅速发展。1962 年，我国男、女排球队在世界排球锦标赛上，均获第 9 名。1981 年，我国女排以全胜成绩夺得第 3 届世界杯排球赛的冠军，打响了三大球“冲出亚洲，走向世界”的第一炮。我国男排在第 4 届世界杯排球赛中也取得第 5 名的成绩。我国女排自 1981 年起，连续在世界杯排球赛、世界排球锦标赛和奥运会排球赛中获得 5 次冠军，被誉为“五连冠”并又在 2003 年世界杯排球赛、2004 年奥运会排球赛、2015 年世界杯排球赛、2016 年奥运会排球赛上，四度夺冠，共九度成为世界冠军。

二、排球运动的特点

1. 广泛性和群众性　由于排球运动的场地可变性较强，可以在地板上、草地上、雪地里、沙地上甚至水中进行，同时参加的人数可多可少，不同年龄、不同性别、不同训练程度和水平的人都可以参加，因而体现出了该运动的广泛性、群众性的特点。

2. 激烈的对抗性和安全性　排球比赛中双方的攻防转换始终是在激烈的对抗中进行的，特别是在每球得分制的新规则下，失球即失分。现代排球的对抗从发球时开始，传、扣、防每一环节都充满激烈的竞争，因而排球运动体现出激烈的竞争性。但排球运动的这种激烈对抗，有别于其他具有身体直接接触的运动。即使在激烈的对抗中，运动员也是安全的，体现出高度的安全性，故称排球运动是一种激烈而又文雅的运动。

三、当前排球运动的形式

1. 6 人制排球　世界排球锦标赛、世界杯排球赛、奥运会排球赛等均已将 6 人制排球列为传统的每 2 年或 4 年举行一次的比赛项目。

2. 沙滩排球　20 世纪 20 年代在法国南部地中海沿岸的度假胜地，兴起沙滩上玩排球的娱乐活动。由于从事该项活动的人越来越多又受到商家的重视，逐渐由娱乐活动变成一项新兴的竞技体育项目。1996 年沙滩排球作为排球运动的一个正式比赛项目列入了亚特兰大奥运会。

3. 软式排球　软式排球是 20 世纪 80 年代在日本首先开展起来的。由于它使用的球重量轻、质地软、气压小、反弹力低，所以球速慢、难度小，增加了该项运动的趣味性，适合青少年和中老年参与。它融娱乐性与竞技性于一体，是一项极有发展前景的群众性体育项目。现已有高校把该项目作为专项课进行教学实践。全国大学生排球联合会每年也举办一次大学生软式排球比赛。

4. 坐式排球　坐式排球是专为双下肢残疾的人设计的一种坐地面打的排球活动。2004 年，在希腊雅典举行的第 12 届残疾人奥林匹克运动会（简称残奥会）上，首次将女子坐式排球列为正式比赛项目。

5. 气排球　气排球是我国土生土长的一项群众性排球活动。1984 年，呼和浩特铁路局济宁分局为了开展老年人体育活动首创，后来得到中国火车头体育协会的大力支持，先后在浙江、福建、上海、江苏、湖南、广西、重庆等地得到了很好的推广。比赛通常采用 4～5 人制。气排球现已作为中国老年人体育协会的五大竞技项目之一。

6. 其他　其他包括雪地排球、水中排球、泥地排球、羽毛排球、墙外排球等。

第二节　排球运动基本技术

一、准备姿势和移动

1. 准备姿势

（1）脚。左右分开，距离大于肩宽（图 9-1）。脚尖向前并稍向内，双脚稍前后错开，一般有力的脚放在后面，也可根据身临球场的不同位置决定哪只脚在前，脚跟适当离地。

（2）膝关节。弯曲至便于用力的角度，一般以 135°为宜（图 9-2）。

图 9-1

图 9-2

（3）手。双手置于腹前或左右，自然放松，肘关节成 90°，使之可以用最快的速度做任何反应动作。

（4）身体。身体略前倾，全身肌肉放松，切忌身体肌肉紧张僵硬，造成动作反应迟钝。

（5）身体重心。身体重心的投影点在两脚间的支撑面偏前的地方，身体处于微动中，重心微微移动，便于以最快的速度对球场的需要做出相应的反应。

2. 移动

（1）跨步。当来球较低，离身体 2m 左右时，采用跨步移动。采用跨步移动时，如向前移动，则后脚用力蹬地，前脚向前跨出一大步，膝部弯曲，上体前倾，身体重心移至前腿上（图 9-3）。跨步可以向前、向斜前或向侧方。

（2）交叉步。当来球在体侧约 3m 时，可采用交叉步移动。采用向右侧交叉步移动时，上体稍向右转，左脚从右脚前面向右交叉迈出一步，然后右脚再向右跨出一大步，同时身体转向来球方向，保持击球前的姿势（图 9-4）。

图 9-3　　　　图 9-4

二、发球

发球的技术动作（均以右手发球为例）如下：

1. 正面下手发球　这种发球动作简单易学。面对场内便于观察对方，容易发得准，但球速慢、力量小、攻击性不强，适用于初学者（图 9-5）。

图 9-5

（1）准备姿势。发球队员面对球网，两脚前后开立。左脚在前，两膝微屈，上体稍前倾，重心偏落在右脚上，左手持球于腹前。

（2）抛球。左手将球向体前右侧轻轻抛起，球的高度约为 20 cm。在抛球之前，右臂伸直，以肩为轴向后摆动。

（3）击球。借右脚蹬地力量，身体重心随着右手向前摆动击球而移至左脚上，在腹前以全手掌击球的后下方。手触球时，手指和手腕要张紧，手成勺形与球吻合。击球后，身体重心前移，迅速进入比赛场地。

2. 侧面下手发球　这种发球，可借助于转体力量带动手臂挥动击球，较省力，但攻击性不强（图 9-6）。

（1）准备姿势。发球前，左肩对网，两脚左右开立，与肩同宽。两膝微屈，上体稍前倾，重心落在两脚之间（或稍偏右脚），左手持球于腹前。

图 9-6

(2) 抛球。左手将球平稳抛送于胸前，距身体约一臂远，离手高约 30 cm。

(3) 击球。在抛球的同时，右臂摆至右侧后下方。接着利用右脚蹬地向左转体的力量，带动右臂向前上方摆动，在腹前用全手掌击球的右下方。要注意控制击球出手的角度和路线。击球后，随击球动作立即入场。

3. 正面上手发球 这种发球需要发球者面对球网站立，便于观察对方，发球的准确性大，易于控制落点，并能充分利用转体、收腹动作带动手臂加速挥动，以及运用手腕的推压动作，加大力量和速度（图 9-7）。

图 9-7

(1) 准备姿势。面对球网，两脚自然开立，左脚在前，左手持球于体前。

(2) 抛球。用抬臂和手掌的平托上送，将球平稳地垂直抛于右肩的前上方，高度适中。

(3) 挥臂击球。在左手抛球的同时，右臂抬起，上体稍向右侧转动。击球时，利用蹬地，使上体向左转动，同时收腹，带动手臂挥动。在右肩上方伸直手臂的最高点，用全掌击球的中下部。击球时，手指自然张开与球吻合。手腕要迅速主动做推压动作，使击出的球成上旋飞行。击球后，随着重心前移，迅速进场比赛。

三、传球

传球是排球运动的基本技术之一，是组织战术的基础，主要用于衔接防守和进攻。传球的种类很多，按其动作可分为正面传、背传和侧传；按传球方式可分为原地传（不跳）和跳传。此外，还有双手传和单手传之分。下面介绍双手正面传球。

双手正面传球这是传球中最基本的传球方法，它控制球面积大，手和全身动作容易协调配合，传球的准确性和稳定性也较高，是掌握其他各种传球方法的基础（图 9-8）。

(1) 准备姿势。判断好来球的方向和落点后，应迅速移动到接球位置。身体对准来球，做好传球准备姿势。一般以稍蹲式为最佳。双手自然抬起，放松至于脸前。

(2) 迎球。当来球接近额前时，开始蹬地，伸膝，伸臂，两手微张，从脸前上方迎球。

（3）击球。击球点在额前上方约一球远的距离。这样既便于观察来球，又可控制传球方向。

（4）手型。正确的手型是两手成半球形，手腕稍后仰。拇指相对成八字形，或平行相对成一字形（多用于背传或低于面部以下的球）。十指要全能与球体吻合。触球一般触在球体后下方（图 9-9）。

图 9-8　　　　图 9-9

（5）用力。传球动作是由伸臂力量、手指手腕的弹力、伸腿蹬地的力量、主动屈指屈腕的力量以及球的弹力等多种力量合成的。正面传球主要靠伸臂的力量，配合蹬地的力量，通过球压在手上使手指手腕所产生的反弹力将球传出。

四、垫球

垫球是排球的基本技术之一，是用手臂从球的下部，利用来球的反弹力向上击球的技术动作。

1. 正面双手垫球　正面对准来球方向，双手在腹前垫击即正面双手垫球。它是垫球中最基本的垫球方法，是各项垫球技术的基础，适合于接各种球（图 9-10）。

图 9-10

（1）准备姿势。看清来球方向，迅速移动到球的落点上，对正来球，成半蹲姿势站立。

（2）手型。当球接近腹前时，两手掌根紧靠，两手手指重叠后合掌互握。两拇指平行（图 9-11）或者两手腕部紧靠，两手自然放松（图 9-12），手腕下压，两臂外翻形成一个平面。

（3）击球。当来球到腹前一臂距离时，两臂夹紧前伸，插到球下，向前上方蹬地抬臂，迎击来球，垫击球的后下部。身体重心随击球动作前移。

（4）击球点。应保持在腹前击球，便于控制用力大小，调整手臂角度，控制垫球方向和落点。

图 9-11

图 9-12

（5）垫击部位。触球时，用前臂腕关节以上 10 cm 左右桡骨内侧平面为宜。如触球部位过高，两臂间隙大而不好控制球；触球部位低，垫在腕部，球则不稳。

（6）手臂角度。要根据来球的角度和要求垫出的方向，调整手臂与地面的角度和左右转动手臂平面，来控制垫球方向。

2. 体侧垫球 来球飞向体侧，队员来不及移动对正来球时，可用双臂在体侧垫击。体侧垫球可以扩大控制范围，但不易控制垫球方向，故在来得及移动的情况下，尽量采用正面垫球。当球向右侧飞来，则左脚前脚掌内侧蹬地，右脚向右侧跨出一步，重心随即移至右脚上。右膝弯曲，同时两臂夹紧向右侧伸出。左肩微向下倾斜，用向左转腰和收腹的动作，配合两臂自右后方向前截住球飞行的路线，用两前臂垫击来球的后下部（图 9-13）。切忌随球向右摆臂击球，这样会使球飞向侧方。

3. 背垫球 背对垫出方向，从身前向背后垫球即背垫球。当球飞得很远，队员在奔跑中无法进行正面垫击或传球时，多采用背垫球（图 9-14）。背垫球技术的关键是要判断好球的飞行方向，迅速移动到球的落点上，背对出球方向，两臂夹紧伸直。击球时头部后仰，挺胸，展腹，后仰，直臂向后上方摆动抬送。

图 9-13

图 9-14

五、扣球

扣球是排球的基本技术之一，是得分的重要手段，也是进攻中最积极有效的武器。扣球的方法很多，按其技术，可分为正面扣球、调整扣球、勾手扣球、扣快球和自我掩护扣球等。这里只介绍正面扣球。

正面扣球是扣球中最常用的基本技术。由于面对球网，便于观察，因而准确性较高。正面扣球挥臂灵活，能根据对方防守情况，随时改变扣球的路线和力量。便于控制球的落点，因而进攻效果较好（图 9-15）。

图 9-15

（1）准备姿势。一般站在离网 3 m 左右远，两臂自然下垂，稍蹲。脚步不要站死，注视二传队员的动作，随时做好向各个方向助跑起跳的准备。

（2）助跑。目的是选择适当的起跳地点，并利用其速度增加弹跳高度。由于二传球的高度、速度是不定的，因而助跑时要注视来球，步伐要灵活，调整能力要强。助跑的步数要根据球的远近和个人习惯，可以采用一步、两步、三步或多步法。

（3）起跳。起跳的目的有，一是获得高度；二是掌握扣球的时机和选择最佳的击球位置。

在助跑跨出最后一步的同时，两臂绕体侧向后引，左脚在并上踏地制动的过程中，两臂自后积极向前摆动，随着双腿蹬地向上起跳，两臂也配合起跳，有力地向上摆动。在助跑制动之后，向上摆臂的同时，两腿猛力蹬地向上起跳。

（4）空中击球。击球是扣球的关键。空中击球动作的好坏直接影响扣球的质量。起跳后，要挺胸展腹，上体稍向右转，右臂向后上方抬起，身体成反躬形。挥臂时，以迅速转体，收腹动作发力，依次带动肩、肘、腕各部关节成鞭甩动作向前上方挥动，使全身的协调用力集中于手上，以加大击球力量。击球时，五指微张成勺形，以全手掌包满球，掌心为击球中心，击球的后中部。同时主动用力屈腕、屈指推压，使扣出的球加速上旋。击球点在起跳的最高点和手臂伸直最高点的前上方。

（5）落地。落地时应尽量争取双脚同时着地，随势屈膝，收腹，缓冲下落力量，并立即做好下一个准备动作。

六、拦网

拦网分为单人拦网和集体拦网两种。两者对个人的技术要求是相同的，只是集体拦网需要注意相互间的协作与配合。

单人拦网是集体拦网的基础。其动作结构包括：准备姿势、移动起跳、空中拦击和落地五个相互衔接的部分（图 9-16）。

（1）准备姿势。目的是便于起跳和迅速向两侧移动。队员面对球网，两脚平行开立，约

图 9-16

与肩同宽，距网 30～40 cm。两膝稍屈，两臂在胸前自然屈肘。

（2）移动。为了及时对正扣球，可根据各种情况采用并步、交叉部、滑步、跑步等移动步法。移动后，必须做好制动动作。最后移动两脚着地时，脚尖要尽量转向网。保持垂直向上起跳，避免触网或过中线犯规。

（3）起跳。原地起跳时，重心降低，两膝弯曲，用力蹬地，使身体垂直起跳。

（4）空中拦击。起跳时，两手从额前贴近并平行球网，向网上沿的前上方伸出。两臂伸直，两肩尽量上提，两肩保持平行。拦网时两臂尽力过网，伸向对方上空。两手接近球，并自然张开，屈指、屈腕成勺形。当手触球时，两手要突然张紧，手腕用力下压，盖住球的前上方。手腕要主动用力盖帽捂球，使球反弹角度小，对方不易防守。

选择拦网的时间与部位。拦网起跳时间必须掌握好，这是拦网成功与否的决定因素。可根据对方二传球的高低、远近、快慢以及扣球队员起跳时间和动作的特点来综合判断。

（5）落地。如已将球拦回，则可面对对方，屈膝缓冲，双脚落地。如未拦到球，则在下落时就要随球转头面向后场，准备接应来球或做下一个准备动作。

第三节　排球运动基本战术

排球战术是队员在比赛中根据排球规则、排球运动规律，以及双方的具体情况和临场的发展变化，采取的有目的、有预见性的行动和技术配合。

一、阵容配备

阵容配备是合理的适用本队队员的一种组织手段，其目的在于把全队的力量组织起来，最大限度地发挥每一个队员的特长和作用。

阵容配备主要有“4-2”和“5-1”配备两种。

1.“4-2”配备（图 9-17）　安排 4 个进攻队员和 2 个二传队员，4 个进攻队员中又分为 2 个主攻、2 个副攻，他们都站在对角位置上。这样前后排都能保持 1 个二传队员和 2 个进攻队员，便于组织多种进攻战术，这种配备在一般水平的球队中采用较多。

2.“5-1”配备（图 9-18）　安排 5 个进攻队员和 1 个二传队员，其目的是加强拦网和进攻力量，如全队队员扣球、传球和防反技术较全面时，这种配备采用较多。

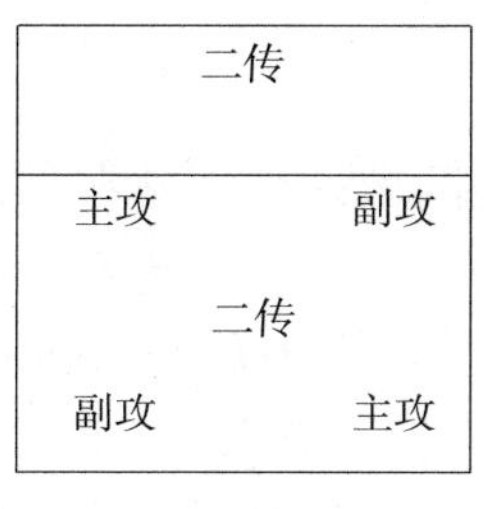

图 9-17

图 9-18

二、进攻战术

1.“中一二”进攻战术（图 9-19）　3 号位队员任二传手将球传给 2、4 号位队员进攻。这种进攻配合分工明确、战术简单、易组织，是最基本的进攻战术，适宜初学者。

2.“边一二”进攻战术（图 9-20）　接发球时，把球传给前排 2 号位队员，由他传给 3、4 号位队员扣球，这种进攻配合就是“边一二”进攻战术。

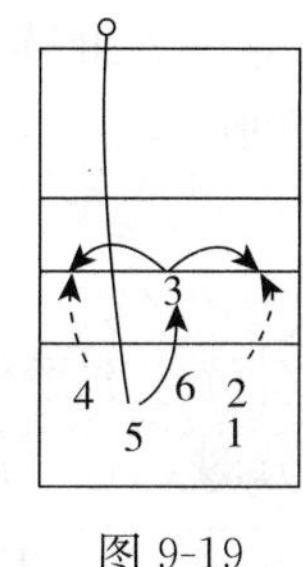

图 9-19

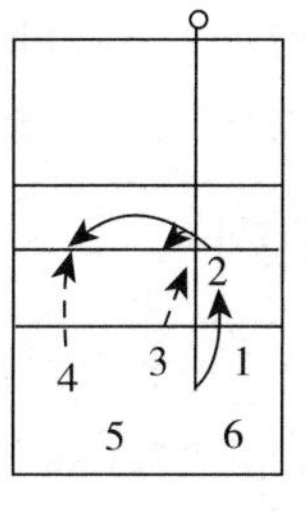

图 9-20

三、防守战术

1. 单人拦网的防守战术　在对方扣球力量小、路线变化小时采用。其他队员呈扇形队形进行保护，中间一位队员负责防对方吊球。

2. 双人拦网的防守战术　在对方进攻较强、路线较多，为了加强本方防守反攻的情况下采用。其他队员采用“心”跟进或边跟进队形进行防守。

第四节　排球运动竞赛规则简介

一、场地要求

（1）比赛场地长 18 m，宽 9 m，两边的长线为边线，两边的短线为端线；球场四周至少在 2 m 内不得有障碍物，把 18 m 球场分成均等的两个区，中间画一条线称中线，在离中线 3 m 的两个区各有一条平行线为限制线（或称 3 m 线），在两边端线全长各画有 9 m 距离的发球区。

（2）球网长 9.5 m，宽 1 m，在 9 m 处球网的两边各有两条标志带和两根标志杆，杆长 1.8 m。

（3）球网高度，女子为 2.24 m，男子为 2.43 m。

二、比赛规则

（1）在每场比赛开始时，双方上场队员各 6 名，按规定区域站位，站在靠近网前从右到左依次为 2、3、4 号位前排队员；站在后排从右到左为 1、6、5 号位。比赛开始前，教练将上场队员号码表交记录台登记，由第二裁判检查站位次序。当第一裁判鸣笛开始后，不得更改。

（2）比赛采用每球得分制，比赛开始先由发球队的 1 号位队员在发球区发球，如果发球直接落在对方场地上或接球方失误，则发球方得 1 分继续发球。如发球失误就失去发球权并失 1 分，由对方 2 号位队员发球，并依次按顺时针方向轮转发球。

（3）在比赛过程中，球不准落地，每队最多允许 3 次击球（拦网除外），将球击到对方场地，同时每个队员不准连续触球 2 次（拦网除外）。

（4）正规比赛每场为五局三胜制，全场采用每球得分制，前四局某队先得 25 分为胜一局，如遇双方均得 24 分时，需有一方多得 2 分才算胜一局。若双方在各胜两局时，则第五局为决胜局，必须重新选择场地或发球权。在第五局中，任何一方先得 8 分时，两队应交换场地，在交换场地后，双方队员不得任意交换位置，并仍由原发球一方继续发球。在第五局比赛中，一方只需达到 15 分，或在此基础上比对方高出 2 分即获胜。

三、其他规则

1. 暂停 只有在死球时，经教练员或场上队长请求后，裁判员才准予暂停。每局比赛每队可以有 1 次自由暂停，另外为每局比赛的比分到 8 分和 16 分时，有 2 次暂停。决胜局每队各有 2 次自由暂停的机会。教练员可以在不影响正常比赛的情况下进行指导。

2. 换人

（1）只有在死球时，经教练员或场上队长请求后，裁判员才准予换人。在裁判员的准予下，当 1 名队员离开场地后，替补的 1 名队员才能进场接替其位置。

（2）每局比赛，每队最多可换 6 人次。这 6 人次可同时替换，也可分开替换。

（3）每局开始，上场队员只能退出比赛 1 次，在同 1 局中，同 1 人若再次上场比赛，只能回到原来轮次的位置上。

（4）替补队员每局只能上场比赛 1 次。替补队员可以替换任何 1 位队员。但在同 1 局中，他只能由被他换下的队员来替换。

（5）自由防守人不受正常换人的限制，但不能影响比赛的顺利进行。

3. 过中线犯规 比赛进行中，队员身体的任何部分都不允许越过中线接触对方场区，但队员的 1 只或 2 只脚在接触对方场区的同时，脚的一部分还接触中线或置于中线上空，不判为犯规。

4. 进攻性击球 队员直接向对方击球，即为进攻性击球。后排队员进攻性击球时，队员的起跳脚不得踏及或超过限制线（3 m 线），也不能踏及或超过限制线的延长线。进攻性击球后，允许队员落在前场区内。

5. 持球 队员没有将球清晰地击出，或接触球时有较长的停留。

6. 连击 1 名队员不得连续触球 2 次（拦网除外）。

7. 对位置错误的判断（限在发球时） 队员在场上的位置，应根据脚的着地部位来确定：每一名前排队员一只脚的某部分，必须比同列后排队员的双脚距离中线更近；每一名左、右边的队员（前排或后排）一只脚的某部分需比同排队员的双脚距离同侧边线更近。

8. 拦网犯规　一名或更多的前排队员（拦网队员），在靠近球网处阻拦对方来球时，球可以触及身体任何部位，只要不妨碍对方击球，可以将手或手臂伸过球网。但下列情况则判为犯规：

（1）在标志杆外的对方空间进行拦网并触球。

（2）对方击球前或击球时，在对方场区空间内妨碍对方。

（3）后排队员参加拦网并起到拦网作用。

思考题

1. 简述排球运动的特点有哪些？
2. 简述排球运动的场地要求有哪些？

学习资源（视频）

勾手发飘球

二传吊球

二步助跑步法

单脚起跳扣球

侧面下手发球

侧面传球

背向双手垫球

背面传球

背飞

3号位扣梯次

2号位扣梯次

“前交叉”进攻战术

“后交叉”进攻战术

“短平快掩护拉开”进攻战术

重叠进攻战术

“中一二”进攻战术

正面下手发球
正面双手垫球
正面上手发球
正面上手发飘球
正面扣球
正面传球
鱼跃垫球
掩护夹塞战术
位置差扣球
跳起单手二传
跳起传球
跳发球
体侧双手垫球
时间差扣球
前飞
拦网
拉三
跨步垫球
扣近体快球
扣短平快球
扣背平快球
扣背快球
集体拦网
横滚翻垫球

第十章　乒乓球运动

第一节　乒乓球运动概述

乒乓球运动诞生于英国，因击球和球台时发出“乒乓”的声音而得名。1926 年 12 月，在英国伦敦成立了国际乒乓球联合会，通过了乒乓球比赛规则草案，同时举行了国际乒乓球邀请赛，后被追认为第 1 届世界乒乓球锦标赛。1988 年，乒乓球被列入奥运会的正式比赛项目，大大推动了世界乒乓球运动的进一步发展。

乒乓球被誉为我国的“国球”。20 世纪 50 年代，中国开始登上世界乒坛。从 1952 年第 25 届世界乒乓球锦标赛容国团为中国夺得第一块金牌至今，中国乒乓球队一直雄居世界乒坛前列，战绩辉煌，英雄辈出，逐渐形成和创造了以“快、准、狠、变”为技术风格的独特的直拍近台快攻打法，位于世界乒坛的最前列。20 世纪 70 年代以来，我国近台快攻打法也有一定的提高和发展，如创新了正、反手高抛发球，发展了推挡技术中的加力推、减力推和推挤弧圈球，增加了正手快拉小弧圈、正手快带弧圈球等新技术，这些新技术在历届世界锦标赛中显示了一定的威力。

第二节　乒乓球运动基本技术

基本技术内容讲解全部以右手为例，左手则相反。

一、基本站位与基本姿势

运动员的基本站位根据选手的不同打法，其基本站位也各不相同。如左推右攻打法在近台、球台左 1/3 处；直拍近台两面攻打法在近台、球台端线中间略偏左处。弧圈球打法应离台 70～100 cm，直拍弧圈球打法在离球台端线偏左 1/3 处，横拍弧圈打法则在稍中间位置。对手是左手握拍，站位应稍向中间移位。对手是弧圈球打法，应稍退后。双方均是削球打法时，基本站位应靠前。本方是近台快攻打法，对方是削球打法时，基本站位应稍向后退一些。

基本姿势为两脚左右开立，约与肩同宽，两膝自然弯曲，稍内收并内旋，前脚掌内侧着地、提踵，重心置于两脚之间。稍含胸收腹，两眼注视来球，执拍手和非执拍手均应自然弯曲置身体前侧方，保持相对的平衡状态（图 10-1）。

图 10-1

二、握拍法

1. 直拍握法 拇指、食指自然弯曲，以拇指第 1 关节和食指第 2 关节压住球拍的两肩，两指间距约一指宽。中指、无名指、小指自然弯曲斜形重叠，以中指第 1 关节偏左侧部托于球拍背面上 1/3 处，或中指、无名指微屈，同时压住拍面（图 10-2）。

2. 横拍握法 虎口压住球拍右上肩，拇指和食指自然弯曲分别握在拍身前、后两面。中指、无名指、小指弯曲握住拍柄（图 10-3）。

图 10-2

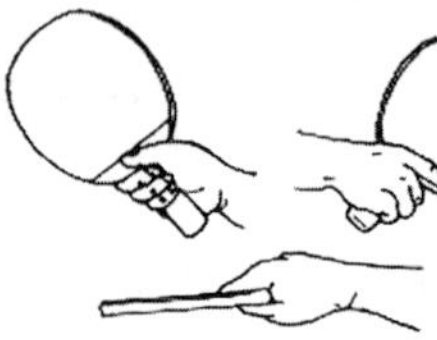

图 10-3

三、步法

1. 步法 步法是指运动员为选择合适的击球位置所采用的脚步移动方法。乒乓球步法包括跳步、单步、跨步、并步、交叉步和小碎步等。

2. 练习方法

（1）看教师手势，练习者快速变换前、后、左、右移动，要求重心保持在同一水平面上。

（2）采用多球训练法。一组球的单个步法或多种步法组合练习，可逐渐加大供球速度和难度。

（3）观看优秀运动员技、战术录像。观看步法移动时重心的位置、重心的移动、步法的衔接与运用。

（4）规定步法的次数或组数练习，或规定时间的步法练习。

四、发球技术

在乒乓球比赛中，发球是力争先发制人的第一个环节。发球主要是由抛球和挥拍击球两个动作组成。抛球是前提，击球部位和挥拍方向是决定发球性质的关键，用力大小和第一落点的远近是发球变化的条件。

（一）发球的技术动作

1. 平击发球

特点： 平击发球一般不带旋转，它是初学者最基本的发球方法，也是其他发球的基础。

动作要领： 正手平击发球，左脚在前，身体稍向右转。左手掌心托球，置于身体右侧，右手持拍也置于身体右侧。发球开始时，持球手将球向上抛起，同时右臂稍向后引拍，在球略高于网时，持拍手从身体右后方向前挥拍，拍形稍前倾，击球的中上部。击球后，前臂和手腕继续随势向前挥动，身体重心移至前脚。击出的球先落在本方台面，弹起后再落到对方台面。

反手平击发球，右脚在前，球向上抛起后，右手持拍从身体左后方向前挥动，拍形稍前倾，击球中上部。

2. 反手发急球

特点：球速快，弧线低，前冲力大。以攻为主的运动员用这种发球易发挥速度上的优势，迫使削球运动员后退接球，利于加强攻势。

动作要领：反手发急球，右脚稍前，持拍手位于身前。在持球手将球轻轻向上抛起的同时，持拍手向左后方引拍，拍形稍前倾，用前臂和手腕发力，击球中上部，击球点应与网同高或比网稍低，第一落点靠近本台端线（图 10-4）。

图 10-4

3. 正手发奔球

特点：球速急，落点长，冲力大，球的飞行弧线向左偏斜。从右角发斜线能发出角度较大的球，使对方回球困难，迫使削球运动员后退接球。

动作要领：将球抛起后，持拍手向后引拍，前臂放松，使球拍顺势下降，好像把球拍在体侧做一次向后的小绕环动作。当球降到约与网同高时，手臂迅速向左前方挥动，拇指压拍，拍面略向左偏斜。拍触球的刹那间，手腕向左上方抖动，使拍从球的右侧向右侧上摩擦，球的第一落点靠近端线 20 cm 处，越网落到对方右角（图 10-5）。

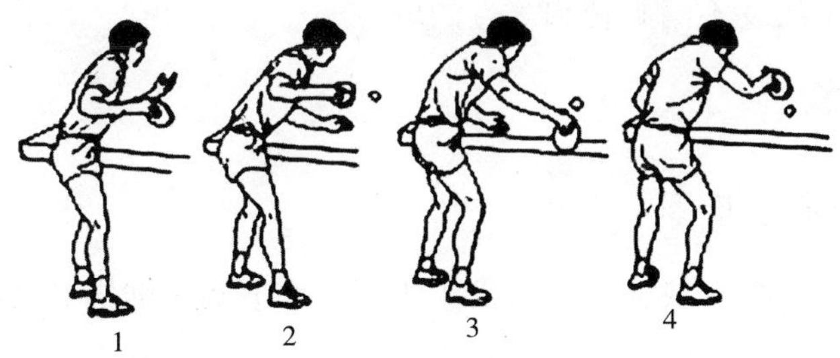

图 10-5

4. 正（反）手发转与不转球

特点：球速较慢，前冲力小。发转球，以旋转变化来迷惑对方，使其回接困难，控制对方攻势；发不转球易使对方接出高球或出界，为进攻创造机会。

动作要领：发下旋球时，左脚稍前，抛球时将拍引至肩高，手腕略向外展，拍面稍后仰，球回落时，手腕和前臂迅速向前下方发力，摩擦球的中下部。拍触球时手腕的发力要大于前臂的发力，这样才能发出比较强烈的下旋球。

发不转球与发转球在动作上的区别，在于球拍触球的刹那间减小拍形后仰角度，并稍加前推的力量，使作用力线接近球心，从而形成不转球。

反手发转球与发不转球多用于横拍选手。反手发转球时，拍触球的刹那间拍形稍躺平，从球的中下部向底部摩擦，手腕的发力要大于前臂的发力。反手发不转球时，拍触球的刹那间拍形稍立起，击球的中下部，手臂迅速向前方稍加推的力量将球发出，以前臂的发力为主。

5. 发短球

特点：击球动作小，出手快，球落到对方球台后的第二跳不出台。发短球可以牵制对方，使对方不易抢攻。

动作要领：发短球主要靠手腕和前臂摩擦发力，向前的用力不要太多，可以加上回收的力量。这样就能发出旋转比较强的短球。摩擦球的部位同发上（下）旋球相同，只是要求第一跳弹在本方球台中段，这样更便于发出高质量短球（图 10-6）。

图 10-6

（二）练习方法

（1）徒手做发球前的准备姿势，模仿抛球及发球的动作。

（2）在台前用多球进行发球练习。

（3）先练习发斜线球，后练习发直线球；先练发不定点球，后练发定点球。

（4）练习发各种旋转性能的球。

（5）练习用同一手法发不同旋转和落点的球。

五、推挡球技术

（一）推挡球的技术动作

推挡包括挡球、减力挡、快推、加力推、快挡、推下旋、推挤等技术。

1. 挡球

特点：球速慢，力量轻，动作简单，容易掌握。

动作要领（以右手为例）：两脚平行或左脚稍前，身体离球台约 50 cm。击球前，前臂与台面平行伸向来球。拍触球时，前臂和手腕稍向前移动，主要是借助对方来球的反弹力将球挡回。在上升期，击球的中部，拍形与台面接近垂直。击球后，迅速收回球拍，还原成击球前的准备姿势（图 10-7）。

图 10-7

2. 减力挡

特点：能减弱回球的力量，前进力弱，一般在对方来球力量较重的情况下使用。

动作要领：站位与挡球相同。在触球刹那，手臂前移的动作要骤然停止，甚至根据来球情况要把球拍轻轻后移，用以减弱来球的反弹力。要使减力挡控制得好，必须善于根据来球力量和上旋强度的大小，调节好拍形角度和掌握好触球瞬间球拍后移的动作（图 10-8）。

图 10-8

3. 快推

特点：借力还击，回球速度快，力量较轻。在发挥出速度上的优势时能起到助攻作用，落点变化好，能袭击对方空当。

动作要领：左脚稍前，或两脚平行，自然开立，身体离台约 50 cm，持拍手上臂和肘关节内收，前臂略向外旋。击球时，前臂开始向前推击，同时手腕外旋，食指压拍，拇指放松使拍形前倾。在上升期，击球中上部，将球快推回去。击球后，手臂继续前送，手腕配合外旋使球拍下压（图 10-9）。

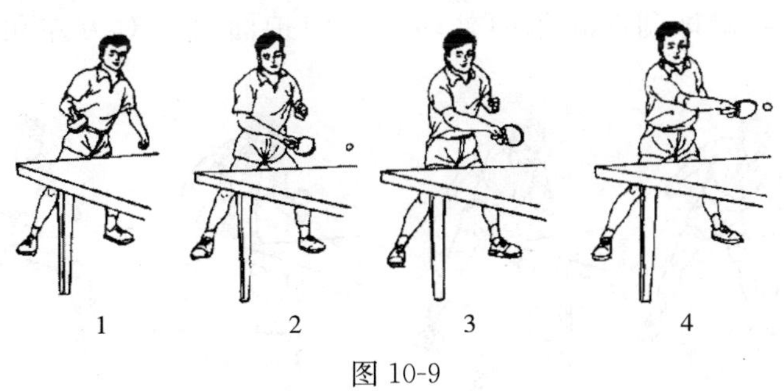

图 10-9

4. 加力推

特点：回球力量重，球速快，击球点较高。充分发挥手臂前推力量，能压制对方攻势，有利于争取主动。

动作要领：加力推的击球时间比快推稍慢一些。在准备推挡时，前臂向后收，使球拍稍微提高一些，并及时根据来球弹起的高度，调整好拍形角度，在上升期后段或高点期击球中上部。主要靠前臂向前推压发力。击球时，拍形应固定，手腕不加转动（图 10-10）。

图 10-10

5. 快挡

特点：这是横拍技术，动作简单，回球速度快。如落点控制好，也能取得一定的主动地位。它与削球结合起来不仅使攻球产生旋转的变化，而且改变了回球的速度，为反攻创造机会。用它来接突击球，或回击弧圈球和对方发来的急球都有很好的效果。

动作要领：

（1）正手快挡：准备击球时，前臂稍向右移动。如挡直线，当球从台面弹起时，前臂向前迎球，手腕略向外展，拍稍微竖起，使拍面对着对方左角，在上升期击球中上部，拍形稍前倾。如挡斜线，手腕稍向内转，使拍形对着对方右角，触球的中上部（图 10-11）。

图 10-11

（2）反手快挡：球拍置于身前，前臂自然弯曲。准备击球时，拍稍向后移。如挡直线，当球从台面弹起时，前臂向前迎球，拍形稍前倾，使拍面对着对方右角，在上升期击球中上部。如挡斜线，手腕在触球刹那间稍向外转动，使拍面对着对方左角，触球的左侧上部（图 10-12）。

图 10-12

（二）练习方法

（1）做徒手挡球或推挡球的模仿动作，体会动作要点。

（2）用正反手对墙做挡球练习。

（3）两人在台上对练挡球。不限落点，只要求动作正确并能击球过网。

（4）两人在台上先练挡中线再练挡斜线或直线。要求逐渐加力，主要体会前臂和手腕的推挡动作。

（5）两人在台上做反手推挡斜线练习，逐渐加快，体会快速推挡动作。

（6）一人逐渐加力推挡，另一人用均匀力量推挡。二人轮换。

六、攻球技术

攻球是乒乓球运动中一项重要的技术环节，它包括快攻、远攻、拉攻、台内攻球、扣球、侧身攻球等技术。

（一）攻球的技术动作

1. 正手快攻

特点：站位近，动作小，球速快，借球反弹力还击，能缩短对方准备回击时间，争取主动，为进攻创造条件，也可直接得分。

动作要领：左脚稍前，身体离球台约 40 cm。击球前，持拍手臂要右前伸迎球，前臂自然放松，球拍呈半横状。当球从台面弹起，前臂和手腕向前上方挥动，并配合内旋转腕的动作，使拍形前倾，在上升期击球中上部。拍触球刹那，拇指压拍，同时加快手腕内旋速度，使拍面沿球体做弧形挥动。击球后，挥拍至头部高度（图 10-13）。横拍击球时，手臂要自然弯曲，手腕与前臂近乎成直线并约与地面平行。前臂和手腕稍向前上方用力，击球时间、部位和拍形与直拍基本相同（图 10-14）。

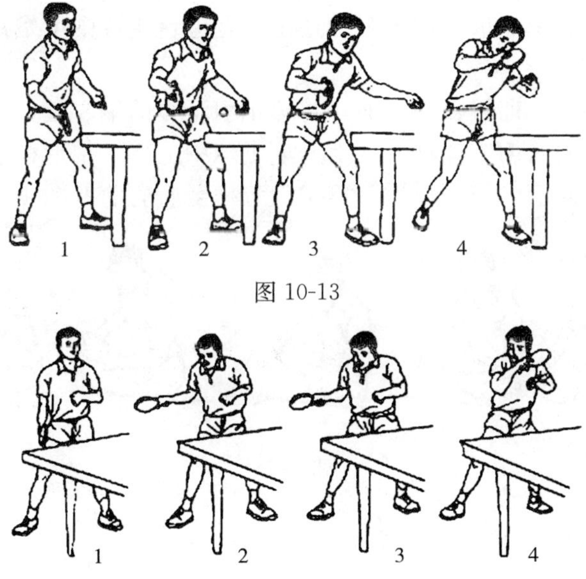

图 10-13

图 10-14

2. 正手扣杀

特点：动作大，力量重，球速快，攻击性强，在还击半高球时，能充分发挥击球的力量，是得分的一种重要手段。

动作要领：左脚稍前，击球前持拍手臂向右后方引拍，并稍高于台面，球拍呈半横状。当球弹起到高点时，上臂带动前臂由后向前。将触球时，前臂加速用力向左前挥击，手腕跟着转动，在高点期前后击球中上部，拍形稍前倾。球拍触球的刹那间，整个手臂的力量应发挥到最大限度，同时腰部配合向左转动，触球点一般在胸前 50 cm 左右。击球后，要随势将拍挥至左胸前，上体左转，重心由后脚移至前脚。

3. 正手拉攻

特点：站位稍远，动作较慢，由下向上挥击，球速不很快，靠主动发力击球。

动作要领：左脚稍前，身体离球台约 60 cm。击球前，持拍手臂向右后下方引拍，球拍比半横状略下垂些，拍形稍后仰。当球从高点开始下降时，上臂由后向前上方挥动，在将触球前，前臂加速用力向左上提拉，同时配合手腕动作向上摩擦球，在下降期击球中部或中下部，拍形接近垂直。遇来球低或下旋较强时，腰部应配合向上用力。击球后，要随势将球拍挥至额前，重心移至左脚（图 10-15）。

图 10-15

4. 反手快拨

特点：动作小，球速快，借来球反弹力还击。在近台快攻中可发挥速度上的优势。它是横拍的一项基本技术。

动作要领：右脚稍前，前臂自然弯曲，将球拍引至腹前偏左处，肘部稍前。当球从台面反弹时，前臂带动手腕向右前方挥动，在上升期击球中上部，拍形稍前倾，借来球反弹力将球拨回。击球后，手腕向前，肘略往后，球拍随势挥至右肩前（图 10-16）。

图 10-16

（二）练习方法

（1）可先根据正反手攻球动作要领做徒手模仿动作练习，体会挥臂手法、腰部扭转和重心交换等要领。

（2）一人挡球一人练习正（反）手攻球。要求先轻打，再用中等力量打。待稍熟悉后，再练发力攻或快打。

（3）一人推挡球一人练习正（反）手攻球。练习形式有攻斜线、攻中路、攻直线、在1/2球台范围内攻球或在2/3台范围内攻球。

七、弧圈球技术

（一）弧圈球技术动作

弧圈球是一种上旋力非常强的进攻技术，它的种类很多，包括正手加转弧圈球、正手前冲弧圈球、正手侧旋弧圈球以及反手弧圈球的打法。

1. 正手加转弧圈球

特点：球速较慢，弧线较高，上旋性特强，着台后向下滑落快，回击不当易出界或击出高球，可为扣杀创造机会。

动作要领：两脚开立，右脚稍后，身体略向右转，两膝微屈，重心放在右脚上。准备击球时，持拍手臂自然下垂，并向后下方引拍，右肩略低于左肩，拇指压拍使拍形略微前倾，呈半横立状，并使拍形固定。当来球从台面弹起时，手臂向前上方挥动，前臂在上臂带动下爆发性用力做快收动作。将要触球时，手腕向前上方加力，在球下降期用拍摩擦球的中部或中上部。球拍擦击球时，要注意配合腰部向左上方转动和右腿蹬地的力量。击球后，重心移至左脚。

2. 反手弧圈球

特点：反手弧圈球多为横拍运动员所采用。这种打法由于受到身体的阻挡，手臂力量的发挥受到限制。

动作要领：两脚平行或左脚稍后站立，两膝微屈，重心较低。击球前，将球拍引至腹部下方，腹部略内收，肘部略向前，手腕下垂，拍形前倾。当球从球台弹起时，以肘关节为轴，前臂迅速向上挥动，结合手腕向上转动的力量，在下降期用拍擦击球的中部或中上部。在击球过程中，两腿向上蹬伸。

（二）练习方法

（1）徒手模仿拉弧圈球的动作。

（2）发中路出台的下旋球，另一人练习拉弧圈球。

（3）一人推挡，另一人练习连续拉弧圈球。

八、搓球

（一）搓球的技术动作

搓球是近台还击下旋球的一种基本技术。比赛中经常用它为拉弧圈球创造条件。它与攻球结合可形成搓攻战术。搓球可用于接发球，必要时用它作为过渡。对初学者来说，首先应学反手搓球，其次再学正手搓球，先练习慢搓，再练习快搓。在基本熟悉以上技术之后，再练习搓转与不转的球。

1. 慢搓

特点：动作幅度较大，回球速度稍慢。旋转变化运用得好，可以为进攻创造条件或直接得分。

动作要领：反手慢搓的站位是右脚稍前，身体离球台约 50 cm，持拍手臂向左上引拍。击球时，前臂和手腕向前下方用力，同时配合内旋转腕的动作，拍形后仰，在下降后期搓击球中下部。击球后，前臂随势前送。横拍搓球时，拍形略竖一些，击球后，前臂向右下方挥摆。击球时间、部位和拍形，与直拍基本相同。

正手慢搓的站位是左脚稍前，身体稍向右转。击球前，手臂向右上方引拍。然后前臂和手腕向左前下方用力搓球，在下降期击球中下部。

2. 快搓

特点：动作幅度较小，回球速度较快，能借助来球的前进力去回击。它是对付削球和搓球的一种方法。

动作要领：右脚稍前，身体靠近球台。来球在身体左侧时，可运用反手搓球。击球时，上臂迅速前伸，前臂跟随向前，拍形稍后仰，利用上臂前送力量，在上升期击球中下部。来球在身体右侧，可以运用正手搓球。搓球时，身体稍向右转，手臂向右前上引拍，然后前臂和手腕向前下方用力，在上升期击球中下部。

（二）练习方法

（1）徒手模仿搓球动作。

（2）自己向球台抛球，弹起后将球搓过网。

（3）在接发球时，将球搓回对方球台。

第三节　乒乓球运动竞赛规则简介

一、乒乓球场地与器材规格

赛区应由 0.75 m 高的同一深色的挡板围起，并与相邻的赛区及观众隔开。每张球台的比赛场地面积为 8 m×16 m。场地内放有球台、球网、球、挡板、裁判桌、裁判椅、计分器等。球台高 76 cm、长 2.74 m、宽 1.525 m，颜色为墨绿色或蓝色。球网高 15.25 cm，台外突出部分长 15.25 cm，颜色与球台颜色相同。球体呈白色或橙色，且无光泽，为直径40 mm、质量 2.7 g 的硬球。挡板高 0.75 m、宽 1.4 m 或 2 m，颜色与球台颜色相同。

二、乒乓球的比赛规则

（一）合法发球

（1）发球时，球应放在不执拍手的手掌上，手掌张开和伸平。球应是静止的，在发球方的端线之后和比赛台面的水平面之上。

（2）发球员必须用手把球几乎垂直地向上抛起，不得使球旋转，并使球在离开不执拍手的手掌之后上升不少于 16 cm。

（3）当球从抛起的最高点下降时，发球员方可击球，使球首先触及本方台区，然后越过或绕过球网装置，再触及接发球员的台区。在双打中，球应先后触及发球员和接发球员的右半区。

(4) 击球时，球应在发球方的端线之后，但不能超过发球员身体（手臂、头或腿除外）离端线最远的部分。

(二) 合法还击

对方发球或还击后，本方运动员必须击球，使球直接越过或绕过球网装置，或触及球网装置后，再触及对方台区。

(三) 失分

(1) 未能合法发球。

(2) 未能合法还击。

(3) 击球后，该球没有触及对方台区而越过对方端线。

(4) 阻挡。

(5) 连击。

(6) 用不符合规则条款的拍面击球。

(7) 运动员或运动员穿戴的任何物件使球台移动。

(8) 运动员或运动员穿戴的任何物件触及球网装置。

(9) 不执拍手触及比赛台面。

(10) 双打运动员击球次序错误。

(11) 执行轮换发球法时，发球一方被接发球一方或其双打同伴，包括接发球一击，完成了 13 次合法还击。

(四) 一场比赛

一场比赛由单数局组成。一场比赛应连续进行，除非是经许可的间歇。单打的淘汰赛采用七局四胜制，团体赛中的一场单打或双打采用五局三胜制。

(五) 一局比赛

在一局比赛中，先得 11 分的一方为胜方，10 平后，先多得 2 分的一方为胜方。

(六) 比赛次序

在单打中，首先由发球员合法发球，再由接发球员合法还击，然后两者交替合法还击。

在双打中，首先由发球员合法发球，再由接发球员合法还击，然后由发球员的同伴合法还击，再由接发球员的同伴合法还击。此后，运动员按此次序轮流合法还击。

思考题

1. 简述乒乓球的场地要求有哪些？
2. 简述乒乓球的攻球技术有哪些？

学习资源（视频）

正手快拉

正手拉加转弧圈球

正手快攻

正手发左侧上（下）旋球

正手发转与不转球后抢攻

正手发下旋与不转球

推挡侧身攻

跳步

跨步

接发球战术

交叉步

横拍反手慢搓

横拍反手拉加转弧圈球

横拍反手拨球

反手平击发球

反手发右侧上（下）旋球

反手发下旋与不转球

单步

反手发右侧上（下）旋球后抢攻

左推右攻

直拍推挡技术

正手平击发球

正手慢搓

正手拉前冲弧圈球

第十一章　羽毛球运动

第一节　羽毛球运动概述

现代羽毛球运动诞生于英国。1873年，在英国格拉斯哥郡的伯明顿有一位叫鲍弗特的公爵，在庄园里进行了一次“蒲那游戏”的表演。因这项活动极富趣味性，很快就风行开来。此后，这种室内游戏迅速传遍英国，伯明顿（Badminton）即成为英文羽毛球的名字。

羽毛球运动于1920年左右传入我国，中华人民共和国成立后，得到迅速发展。自20世纪70年代以来我国羽毛球队已跻身于世界强队之列。现代羽毛球比赛分为男子单打、女子单打、男子双打、女子双打和男女混合双打五个单项比赛。羽毛球的技术特点是灵活、快速、多变，因而对运动员的灵敏性、协调性、爆发力、耐力等有较高的要求。作为大众健身活动，羽毛球运动对场地、器材要求较低，只需要有两个人、两只球拍、一个球即可活动。场地可以任意选择一般的大厅、过道、广场、校园、公园等空地。人们通过不同的羽毛球技术练习、游戏或比赛，既能锻炼身体，又能增进人们的相互了解和友谊。

第二节　羽毛球运动基本手法

羽毛球运动是一项技术动作复杂、技术性很强的运动项目。在运动中不仅需要有良好的击球方法，而且还要具备灵活移动的步法。因此，羽毛球运动的基本技术是该项运动的主体，它主要由基本手法和基本步法两大部分组成。基本手法又由握拍法、发球与接发球法和击球法三个技术部分组成，基本步法则由基本站立、上网步法、后退步法、两侧移动步法、起跳腾空步法等组成。

一、握拍法

握拍法是指运动员手握球拍柄的方法。握拍法是羽毛球运动中最基本、最重要的技术，也是掌握和提高羽毛球技术水平的关键。握拍法分为正手握拍和反手握拍方法两种（以下内容均以右手握拍为例）。正手击球时用正手握拍，反手击球时用反手握拍。

1. 正手握拍法　握拍时，先用左手拿住球拍杆，使拍面与地面垂直，再张开右手，使虎口对着拍柄内侧小棱边，拇指和食指贴在拍柄的两个宽面上，食指和中指稍分开，中指、无名指和小指并拢握住拍柄。握拍时掌心稍空出（图11-1）。

2. 反手握拍法　反手握拍是在正手握拍的基础上，用大拇指和食指将拍柄稍向外转，将大拇指伸直用其第一指节内侧自然顶贴在拍柄内侧的宽面上，食指收回，与拇指同（或略）高。四指并拢握住拍柄。手心与拍柄之间留出空隙，有利于击球发力（图11-2）。

图 11-1　　图 11-2

二、发球与接发球

(一) 发球

发球是羽毛球运动的一项重要的基本技术。基本的发球技术，按球在空中飞行的弧线可分为发高远球、平高球、平快球和网前球四种。按其动作分为正手发球和反手发球两种。

1. 正手发球

发球站位： 单打发球在中线附近，站在离前发球线 1 m 左右处。双打发球站位可靠近前发球线。

准备姿势： 身体左肩侧对球网，左脚在前，右脚在后，重心在右脚上。右手持拍向右后侧举起，肘部放松微屈，左手拇指、食指和中指夹住球，举在胸腹间。发球时，身体重心由右脚移至左脚。此发球站位和准备姿势适用于各种正手发球动作（图 11-3）。

图 11-3

（1）发高远球。发球时，身体重心由后脚移至前脚，持球手松开使球自然下落，右手上臂带动前臂，自右后方随转体向前上方挥拍，手部自然伸腕。当球拍与球快要接触的刹那，握紧球拍，利用手腕屈伸的力量向前上方发力击球。然后，球拍顺着惯性向左上方挥动并缓冲（图 11-4）。

图 11-4

（2）发平高球。与发高远球大致相同。只是在击球的一刹那，前臂加速带动手腕、手指力量向前上方挥动。触球时拍面仰角小于 45°，拍面稍向前推送击球。球下落至对方场内端线附近。

（3）发平快球。站位比发平高球稍靠后些（防对方很快回球到本方后场）。击球瞬间握紧拍柄，前臂加速带动手腕、手指向前挥动。触球时拍面仰角小于 30°，拍面稍向前推送击球。发平快球的关键是出手动作要小而快，但前期动作应和发高远球一致。

（4）发网前球。准备姿势与站位同发高远球。发球时，挥拍幅度较小，主要靠前臂带动手腕、手指的力量向前横切推送，使球的飞行贴网而过，落在前发球区附近（图 11-5）。

图 11-5

2. 反手发球

发球站位：站在前发球线后 10～50 cm 及发球区中线的附近，也可以站在前发球线及场地边线附近。

准备姿势：面向球网，两脚前后站立（左脚或右脚在前均可），上体稍前倾，身体重心在前脚上。右手反握拍，左手拇指和食指捏住球的两三根羽毛，球托明显朝下，球体与拍面平行或球托对准拍面放在拍面前方（图 11-6）。

（1）发网前球。面向球网，两脚前后开立（一般右脚在前），上体稍前倾，身体重心在前脚上。右手臂屈肘，用反手握拍法将球拍斜下举在腰下，准备击球时手腕内屈，击球瞬间用小臂带动手腕、手指力量向前横切推送，将球击出。发出的球贴网而过，落在前发球区附近（图 11-7）。

图 11-6　　图 11-7

（2）发平快球。击球前期动作与反手发网前球相同。击球时紧握球拍，拍面后仰角度稍大，挥拍速度加快，用手腕甩动和手指配合的爆发力，将球向前上方击出。

（二）接发球

接发球是还击对方发过来的球。接发球和发球一样，都是羽毛球运动最基本的技术，在比赛中同样起着重要作用。发球与接发球是一对矛盾，发球方想方设法发出各种不同弧线的球，以此来控制对方，而接发球方则后发制人，来达到反控制的目的。

1. 接发球的站位 单打的接发球站位在离前发球线约 1.5 m 处，在右发球区要站在靠中线的位置，在左发球区则站在中间稍偏边线的位置，主要防备对方发球攻击反手部位。双打接发球时站位可靠近前发球线，因双打的后发球线距离前发球线比单打短 0.76 m，发高远球易被扣杀。所以，双打接发球应把主要精力放在对付对方发网前球上。

2. 接发球的准备姿势 单打接发球应左脚在前，右脚在后，侧身对网，重心在前脚，后脚脚跟稍提起，双膝微屈，收腹含胸，持拍于右身前，两眼注视前方。

3. 接发各种来球

（1）在接对方发来的高远球或平高球时，可用平高球、吊球或杀球还击，抓住进攻机会，还击得好，就掌握了主动。相反，后场技术没掌握好，还击球的质量较差，反而会遭到对方攻击。

（2）在接对方发来网前球时，可用平推、放网前球、挑后场高球、勾对角球还击，如对方发球质量不好，也可用扑球还击。在发现对方发球抢攻意图时，如果自己防守能力又不强，那就放网前球或平推球还击，控制住球，落点要远离对方的站位，不让对方进攻。当对方连续发球抢攻时，接发球一定要冷静、沉着，准确判断，提高接发球质量，以制约对方发球抢攻。

（3）在接对方发来平快球时，可用平推球、平高球、突击劈杀、劈吊还击，以快制快，由于接球方还击的击球点比发球方高，下压得快、狠，可以夺取主动。另外，也可以高远球还击，以逸待劳。

三、击球法

击球是羽毛球运动中最重要的基本技术。根据人与球体的不同位置，击球方法可分为正手击球和反手击球；根据击球点与人体的不同位置，击球方法可分为高手（上手）击球、低手（下手）击球和网前击球。高手击球有击高球、吊球、扣杀球，低手击球有挑（拉）球、抽球、接杀球，网前击球有放网前球、搓球、平推球及扑球等。

（一）高手击球

高手击球是指击球点高于头部的击球方法。高手击球具有击球点高的特点，同时又有主动性强、进攻威力大的优点，是攻击性击球所应用的基本技术。

1. 击高球技术 高球可分为高远球和平高球两类，击高球技术有正手击高球、反手击高球和头顶击高球三种。

（1）正手击高球。首先判断好来球的准确方向和落点，其次向右后方转体，侧身后退，把球调整在自己的右肩稍前上方的位置。左肩对网，左脚在前，右脚在后，重心在右脚上，左臂屈肘，左手自然举起，右手握拍，手臂自然弯曲，将球拍举在右肩上方，手腕、拍面稍内旋，两眼注视来球。击球时，上臂后引，随之肘关节上提，使之明显高于肩部，将球拍后引至头后，自然伸腕。在右脚蹬地、转体收腹的协调用力下，上臂带动前臂（并有内旋动作）快速向前上方甩腕，在手臂伸直的最高点，用手臂、手腕和手指力量将球击出。击球后，持拍手随惯性向前下方挥动并收拍于体前，重心移至左脚（图 11-8）。

图 11-8

（2）反手击高球。当判断到对方来球在身体左后方时，身体迅速移动，最后一步用右脚前交叉跨至左侧底线，背向球网，重心落在右脚，把球调整在身体右上方，换成反手握拍，举拍在左胸前。击球时，上臂带动小臂，在肘部上抬至与肩平行时，两腿蹬地向上伸展用力，以肘关节为轴，小臂带动手腕、手指力量快速挥动，在身体右上方击球。主要以拇指的侧压与手腕挥动配合用力（图 11-9）。

图 11-9

（3）头顶击高球。准备姿势与正手击高球相同。击球时，步法移动要快，击球点选择在左肩上方或偏后的位置，身体侧身偏左稍后仰，球拍从右后侧绕过头顶后，由左肩上方向前挥动，小臂带动手腕、手指力量快速击球。击球后，左脚在身后落地并立即回蹬，重心移至右脚，迅速回中心位置（图 11-10）。

图 11-10

2. 吊球技术 吊球技术从手法上可分为正手吊球和反手吊球；根据球的飞行路线和击球动作可分为轻吊球、劈吊球和拦截吊球。

（1）正手吊球。击球准备和前期动作与正手击高远球相似，只是击球时用力不同。吊球的击球点比高远球稍前。击球时用手指、手腕发力，做快速切压球动作，击球托的后部和侧后部。吊直线球，拍面正对前方，向前下方切削球托；吊斜线球，则球拍切削球托的右侧并向左下方发力（图 11-11）。

图 11-11

（2）反手吊球。击球前的动作同反手击高球。击球时，前臂挥动速度减慢，手腕加速摆动，用反拍面切击球托的后部。吊直线球时，用反拍面切击球托的后中部，并直线向前用力；吊斜线球时，用反拍面切击球托的偏左侧，并斜线向前用力。

3. 扣杀球技术 扣杀球从手法上可分为正手扣杀球、头顶扣杀球和反手扣杀球三种。

（1）正手扣杀球。击球时，把球调整在右肩的稍前上方，接着身体后仰、右腿蹬地、快速收腹，手臂以最大的速度向前上方挥摆，最后通过手腕的高速挥动，击球托后部，使球直线下行。杀球后，前臂带动球拍随惯性在体前收拍，身体重心由右脚移至左脚（图 11-12）。

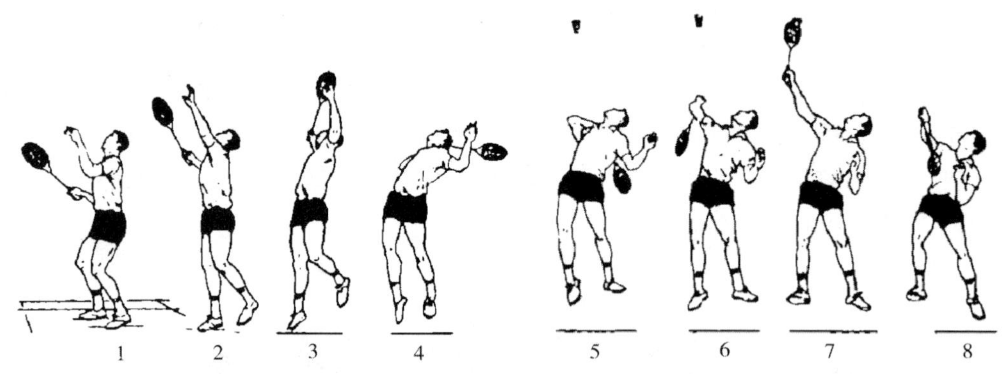

图 11-12

（2）头顶扣杀球。当球恰好落在头顶上空或左肩上空适当高度时，持拍手臂向上举并绕头至左肩上，突然加快小臂、手腕的甩动并下压，同时右脚向左后方蹬地跳起，左脚后撤，身体成背弓形，利用腰腹力和手部力量协调向前下方用力将球击出。左脚着地时，要快速蹬地起步回位，准备回击下一个来球。

（3）反手扣杀球。准确判断对方来球，迅速移动步法到合适的击球位置，最后一步右脚向左后侧跨出，背对球网，反手握拍，持拍手屈臂将球拍举至左肩上方准备击球。当球落到右肩上方适当高度时，肘关节向上举高，以肘关节为轴，充分利用左脚蹬力、腰腹力及肩力，大臂带动小臂，手腕、手指快速用力向后击球。击球瞬间握紧球拍，手腕快速用力向前下方扣压。

（二）低手击球

1. 挑高球

（1）正手挑高球。判断来球，快速上网，左脚积极蹬地，右脚跨步向前成弓箭步，侧身对网，重心在右脚。正手握拍，手臂自然向右前方伸出，小臂外旋伸腕。击球时，以肘关节为轴，前臂带动手腕、手指由右下方向前上方或左上方挥拍击球（挑直线高球时，球拍向前上方挥动击球；挑对角线高球时，球拍向左前上方挥动把球击出）（图 11-13）。

图 11-13

（2）反手挑高球。判断来球，快速上网，左脚积极蹬地，右脚跨步向前成弓箭步，侧身对网，重心在右脚。反手握拍，手臂向左前方伸出，小臂内旋屈肘、屈腕。击球时，以肘关节为轴，小臂带动手腕、手指由左下方向前上方挥动把球击出。

2. 抽球

（1）正手抽底线球。准确判断来球，快速移动步法，左脚蹬地，右脚向正手底角跨出，侧身向网，上体向右后倒，重心在右脚。正手握拍，手臂向右举拍，大臂与小臂约成 120°角。准备击球时，小臂外旋伸腕，球拍后引，拍面稍后仰。击球时，主要靠小臂带动手腕、手指“抽鞭”式向前挥拍，小臂由外旋到内旋，腕部由伸到屈闪动击球。向前上方用力击球成高远球，向前方用力击球则成平球（图 11-14）。

图 11-14

（2）反手抽底线球。准确判断来球，快速移动步法，左脚蹬地，右脚向反手底角跨出，上体前倾背对网，重心在右脚。反手握拍将球拍举于左肩上方。击球时，大臂带动小臂、手腕和手指沿水平方向快速向后挥拍，手臂基本伸直时，小臂外旋，手腕后伸用力“闪”动击球。向后上方用力击球成高远球，向后方用力击球则成平球。

（3）正手平抽球。右脚向右侧迈出一小步，上体稍向右侧倾，正手握拍，手臂向右侧上摆，屈肘，左脚跟提起。准备击球时，小臂稍后摆带有外旋，手腕由稍外展至后伸，使球拍引至后下方。击球时，小臂急速向右侧前方挥动，并由外旋转为内旋，手腕由后伸至伸直闪腕，手指握紧拍柄高速挥拍击球，由后向右侧稍平地抽压过去。击球后，持拍手顺势向左侧挥摆，左脚向左前方迈一步，准备迎击来球。

3. 接杀球

（1）正手接杀挡直线网前球。右脚向右侧跨一步，身体右倾，握拍手臂右伸，前臂外旋，手腕外展，持拍准备击球。击球时，前臂外旋，手腕稍内收带动球拍由右下向前上方推送击球，把球直线挡在网前。

（2）反手接杀挡直线网前球。左脚向左侧跨一步，身体左转，右肩对网，屈右肘，小臂内旋，手腕外展，引拍在左肩前。击球时，应利用对方来球力量，前臂带动球拍由左上方向左前方用拇指的顶力轻挥球拍，把球直线挡回网前。

（3）正手接杀挑直线后场高球。右脚向右侧跨一步，同时向后引拍，引拍时前臂外旋，手腕用力后伸。击球时，前臂内旋，手腕由后伸到快速收腕，拍面对准来球，快速向前挥拍将球挑到对方后场。

（4）反手接杀挑直线后场高球。左脚向左侧跨一步，身体左转前倾，右肩对网，屈右肘，前臂内旋，手腕外展，引拍至左侧前下方。击球时，前臂向右前方挥摆，手腕由外展至快速后伸，握紧球拍，利用拇指的顶力，用反拍面全速挥拍击球，使球沿直线飞向对方的后场。

（三）网前击球

网前击球包括网前搓球、网前扑球、放网前球、网前推球和网前勾球等。网前击球技术较复杂，但是，就其技术动作而言却有许多共同之处。

1. 网前搓球

（1）正手网前搓球。向前移动靠近网前时，右脚向前跨成弓箭步，重心在右脚上，侧身对网，左手自然后伸，起平衡作用。球拍在手臂的带动下向前伸。在伸拍时前臂开始外旋，手腕稍后伸，用食指和拇指夹住拍，中指、无名指和小指轻握球拍，手指和手腕自然放松。击球时，球拍在手指和手腕的作用力下，用正拍面搓击来球的底部，使球滚过网。挥拍力量和拍面的角度大小以来球时离网的远近而定（图 11-15）。

图 11-15

（2）反手网前搓球。当对方回击网前球时，上网步法要快，左脚蹬地右脚向网前跨成弓箭步，侧身对网，重心在右脚。当握拍手臂向前伸的同时，手腕前屈，握拍手背部高于拍面，反拍迎球。击球时，主要靠前臂的首伸外旋和手腕由内收至外展的合力，搓球的侧后底部使球侧旋翻滚过网。

2. 网前扑球　网前扑球有正手扑球、反手扑球两种。

(1) 正手扑球。准确判断来球路线和高度，快速蹬步上网，身体右侧扑向网，球拍随手臂向右前斜伸上举，正拍朝前。准备击球时，小臂外旋，手腕关节后伸，小指、无名指稍松开，使拍柄离开鱼际肌。击球时，手腕由后伸到屈腕闪动，利用小臂、手腕和手指力量向前下方击球，球拍触球后立即收回，或靠手腕由右前向左前“滑动”击球，以免球拍触网违例。扑球后，球拍随手臂向右侧前下方回收（图 11-16）。

图 11-16

(2) 反手扑球。反手握拍于左侧前，当身体向左侧前方跃起时，持拍手小臂前伸上举，手腕外展，拍面正对来球。击球时，手臂伸直，手腕由外展到内收闪动，手握紧拍柄，拇指顶压，加速挥拍扑击球。击球后即刻屈肘，球拍回收，以免球拍触网违例。

3. 放网前球

(1) 正手放网前球。准确判断来球路线和落点，快速上网，最后一步右脚在前左脚在后成弓箭步，上体前倾，重心在右脚，侧身对网。右手正手握拍向前下方伸臂，小臂外旋展腕，左臂自然后伸，起平衡作用，拍面几乎朝上迎击来球。击球瞬间，手腕稍内屈轻轻闪动，食指和拇指控制拍面角度和用力大小，球拍向前上方轻轻一托，把球轻击送过球网（图 11-17）。

图 11-17

(2) 反手放网前球。准确判断来球路线和落点，快速向前左侧上网，最后一步右脚在前左脚在后成弓箭步，侧身对网，上体前倾重心在右脚，右手反手握拍向前下方伸臂，小臂内旋展腕，左臂自然后伸起平衡作用，拍面几乎朝上迎击来球。击球瞬间，伸腕轻轻闪动，食指和拇指控制拍面角度和用力大小，球拍向前上方轻轻一托，把球轻击送过球网。

第三节　羽毛球运动基本步法

羽毛球步法是一项很重要的基本技术，它和手法相辅相成，取长补短，不可分割。没有正确的步法，必然会影响各种击球技术的完成。而在比赛中如没有快速、准确的到位步法，手法就会失去其尖锐性与威胁性。羽毛球步法分为上网步法、后退步法和两侧移动步法，根据运动员在场上的中心位置和来球的远近，可采用一步到位击球或二步、三步移动到位击球。右手握拍者，到位击球时的最后一步一般都是右脚在前，而左脚总是靠近中心位置。

1. 上网步法　上网步法即完成上网搓球、推球、勾球、扑球及挑球的步法，它包括跨步上网、垫步加蹬步上网、前交叉加蹬跨步上网、后交叉加蹬跨步上网和蹬跳步上网。不论采用哪种步法上网击球，其上网前的站位及准备姿势基本都是相同的。即两脚站立约同肩宽，一般右脚在前左脚稍后，两膝稍屈，两脚前脚掌着地，后脚跟稍有提起。上体稍前倾，握拍于体前，全神贯注，注视对方来球。

（1）跨步上网步法。

①二步跨步上网步法。左脚先向来球方向跨出一步后，右脚再向前跨出一大步到位击球。

②三步跨步上网步法。右脚先向来球方向跨出一小步，接着左脚向前跨出第二步，最后，右脚跨出一大步到位击球。

（2）垫步加蹬跨步上网步法。右脚先向来球方向迈出一步，紧接着脚垫一小步，同时右脚抬起，利用左脚的蹬力蹬跨出一大步，到位击球。

（3）前交叉加蹬跨步上网步法。右脚先向前迈出一小侧步，紧接着右脚抬起，利用左脚的蹬力蹬跨出一大步，到位击球。

（4）后交叉加蹬跨步上网步法。右脚先向前迈出一小侧步，接着左脚向右脚后迈出第二个侧步，最后，右脚抬起，利用左脚的蹬力，蹬跨出一大步，到位击球。

（5）蹬跳步上网步法。站位稍靠前，判断对方要重复打网前球时，利用双脚蹬地，迅速跳向网前，采用扑球技术击球。要注意防止因前冲力过大而触网或过中线犯规。

（6）上网步法注意事项。

①上网步法要注意前冲力不要太大，避免身体失去平衡。

②到位击球时，前脚脚尖应朝边线方向，不应朝内侧，有利于借前冲力向前滑步。

③击球后，应尽快采用后退跨步、垫步或交叉步退回中心位置。

2. 后退步法　后退步法是完成后退回击高球、吊球、杀球、后场抽球的步法，它包括正手后退步法、头顶后退步法、反手后退步法、正手后退并步加跳步、头顶侧身加跳步。不论采用哪种步法后退击球，其后退前的站位及准备姿势均与上网步法的站位及准备姿势相同。

（1）正手后退步法。正手后退步法，可采用并步后退步法、交叉步后退步法和并步加跳步后退步法。

①并步后退步法。右脚向右后侧身退一步，并带动髋部右后转，接着左脚用并步靠近右脚，右脚再向后转至到位，左脚跟进一小步，成为左脚在前右脚在后、侧身对网的击球准备动作。

②交叉步后退步法。右脚向右后侧身退一步，并带动髋部右后转，接着左脚从右脚后交

叉后退一步，成为左脚在前右脚在后、侧身对网的击球准备动作。

③并步加跳步后退步法。与并步后退步法的第一、二步后退步法相同，第三步采用侧身双脚起跳后到位击球，后双脚落地。

（2）头顶后退步法。头顶后退步法，可采用头顶并步后退步法、头顶交叉步后退步法以及头顶侧身步加跳步后退步法。

①头顶并步后退步法。髋关节及上体快速向右后方转动的同时，右脚向后退一步，接着左脚用并步靠近右脚，右脚再向后移至到位，左脚跟进一小步，成为左脚在前右脚在后、侧身对网的击球准备动作。

②头顶交叉步后退步法。髋关节及上体在快速向右后方转动的同时右脚向后退一步，接着左脚从右脚后交叉后退一步，右脚再向后移至到位，左脚跟进一小步，成为左脚在前右脚在后、侧身对网的击球准备动作。

③头顶侧身步加跳步后退步法。这是一种快速突击抢攻打法的后退步法。髋关节及上体在快速向右后方转动的同时，右脚向后退一步，紧接着右脚向后方蹬地跳起，上身后仰，角度较大，并在空中完成击球动作。此时，左脚在空中做一个交叉动作后先落地，上体收腹使右脚着地时重心落在右脚上，便于左脚迅速回动。此种步法应注意如下几个重要环节：首先上体和髋部侧转要快，右脚变成后退至左脚的后方横侧位；其次蹬跳方向应向左后方跳起，使上体向后仰；左脚在空中做交叉后撤的动作要大，左脚的落地点超过身体重心之后；上体要有力地收腹，重心迅速恢复至右脚，左脚能迅速回动。

（3）反手后退步法。

①二步反手后退步法。左脚先向左后方退一步，接着上体左转，右脚向左后方跨出一步，以背对网的形式到位击球，或者右脚先向后退一步，左脚向左后方跨出一步，以侧身的形式到位击球。

②三步反手后退步法。右脚先向左脚并一步（或交叉退一步），后左脚向左后方退一步，此时，上体左转，右脚再向左后方跨出一大步，以背对网的形式到位击球。

3. 两侧移动步法　两侧移动步法是完成中场球的回击步法，可在接杀球、接对方平射球等时采用。其移动前的站位及准备姿势与上网步法的站位及准备姿势基本相同。两侧移动步法包括左侧移动步法、右侧移动步法、左侧跳步法和右侧跳步法。

（1）左侧移动步法。

①一步蹬跨步。身体重心调整至右脚，用右脚掌内侧用力蹬地，左脚随髋关节的转动同时向左侧跨一大步到位击球。

②二步蹬跨步。当来球离身体较远时，左脚先向左侧移一小步，紧接着右脚向左侧蹬跨一大步，形成背对网到位击球。

（2）右侧移动步法。

①一步蹬跨步法。当来球离身体较近时，身体重心调整至左脚，用左脚内侧蹬地，右脚随髋关节的转动，同时向右侧跨一大步到位击球。

②二步蹬跨步法。当来球离身体较远时，左脚应先向右侧移一步，然后右脚向右侧蹬跨出一大步，到位击球。

（3）左侧跳步。如对方来球弧度较平，可采用左脚向左侧移一步后跳起突击。

（4）右侧跳步。如对方来球弧度较平，可采用右脚先向右侧移一步后跳起突击。

以上介绍的是羽毛球运动最基础的移动和跑动步法，初学者一定要按这种模式进行必要的训练，方能把羽毛球入门的基本技术练好，为提高技术水平打下牢固的基础。

第四节　羽毛球运动基本战术

一、单打战术

1. 发球抢攻战术　这是运动员利用发球使对方被动，为自己创造进攻机会的一种战术。这种战术一般用发网前低球结合平快球、平高球，争取第三拍的主动进攻。尤其对付防守能力较差或临场经验不足的对手，采取此战术。

2. 攻后场战术　这种战术一般通过击高球、重复压对方底线两角造成对方被动，然后寻找机会进攻。此战术一般用于对付初学者或技术不熟练、后场还击能力不强、后退步法较慢和急于上网的对手。

3. 攻前击后战术　这种战术是先以吊球、放网前球、搓球吸引对方到网前，然后用推球、平高球或杀球突击对方的后场底线。它一般用于对付上网步法较慢或网前球技术较差的对手。采用此战术，要求运动员首先具有较好的网前击球技术。

4. 打四方球战术　这种战术是以快速、准确的落点攻击对方场区的四个角落，调动对方前后左右奔跑，伺机向空当进攻。它用于对付体力差、反应和步法移动慢的对手。

5. 打对角线战术　这种战术无论是进攻还是防守均以打对角线为主，它用于对付身体灵活性差、转体较慢的对手。由于对方灵活性差，转体慢，来回左右两侧奔跑易使对方重心不稳而被动失误，为自己创造进攻机会。

6. 逼反手战术　大部分羽毛球运动员后场反手击球的进攻性不强，球路也较简单。因此，对于后场反手较差的对手要毫不放松地加以攻击。先调动对方位置，使对方反手区露出空当，然后把球打到反手区，迫使对方使用反拍击球。例如，先吊对方正手网前，对方回球后，便以平高球的击球攻击对方反手区，在重复攻击对方反手区迫使其远离中心位置时，突然吊对角网前球。

二、双打战术

1. 攻人战术　即“二打一”或避强击弱战术。双打比赛中，双方两个队员的技术水平一般是不均衡的，集中力量攻击对方较弱的队员，尽量使对方的特长得不到发挥，充分暴露对方的弱点，是此战术的目的。攻人战术要灵活运用。若对方有意保护其弱者，则以两个人对付对方的强者，消耗其体力，减弱其进攻威力，伺机突击空当，这也是“二打一”。

2. 攻中路战术　当对方队员分边站位时，要尽可能将球攻到对方两人之间的空隙区，以造成对方争夺回击或相互让球而出现失误。这是对付配合较差的对手的有效办法。攻半场战术是攻中路战术的另一种方式。当对方成前后站位时，将球还击到两人之间靠边线的位置上。这是对付配合欠佳、动作不灵活、接半场球技术较差的对手的有效战术。

3. 压后场拉开反击战术　此战术通常用来对付后场扣杀能力较差的对手，也可结合将对方的弱者调到后场使用。此战术是用平高球、平推球、接杀球、挑后场球等技术，把对方一名队员紧逼在底线两角来回移动击球，并迫使其回击出质量不高的球，然后抓住有利时机反击。如在此过程中，对方处于前场的同伴欲后撤援助，则可伺机攻击网前空当或对其打追身球。

4. 前场打点封压进攻战术　这种战术要求打法比较积极，前半场技术要好，步法移动要快，两名队员配合要默契。主要通过前半场积极抢点放网、推拨半场、平抽平挡和接杀球挡网跟进等技术，迫使对方被动起高球，从而有利于自己一方后压前封进攻得分。

第五节　羽毛球运动竞赛规则简介

一、球场

羽毛球球场为一块长方形场地，长 13.40 m，宽 6.10 m（单打场地宽 5.18 m，双打场地宽 6.10 m）。中间悬挂球网（网两边在支柱顶端处高 1.55 m，中间高 1.524 m）。双打球场对角线长 14.723 m，单打球场对角线长 14.366 m。球场各线宽均为 4 cm。

二、球和球拍

羽毛球重 4.74～5.5 g，由 16 根羽毛插在半球形软木托上，球高 68～78 mm，直径 58～68 mm，分为 1～10 号。球拍由参赛运动员自备，球拍框总长度不超过 68 cm，宽不超过 23 cm，拍弦面长不超过 28 cm，宽不超过 22 cm。

整个球场上空空间最低为 12 m，在这个高度以内，不得有任何横梁或其他障碍物，球场四周 2 m 以内不得有任何障碍物。任何并列的两个球场之间，最少应有 2 m 的距离。球场四周的墙壁最好为深色，不能有风。

三、比赛通则

（一）赛制

2006 年 5 月，羽毛球世界联合会在日本东京举行的年度代表大会上决定实行 21 分的新赛制。21 分制实行每球得分制，所有单项的每局获胜分皆为 21 分，最高不超过 30 分。每场比赛采取三局两胜制，先到 21 分的一方赢得当局比赛。如果双方比分为 20 平时，某一方需超过对手 2 分才算取胜。如双方比分打成 29 平，则得分先上第 30 分的一方为胜者。首局获胜一方在接下来的一局比赛中先发球。

（二）主要违例及其罚则

1. 过手违例　过手是指运动员发球时，在击球瞬间球拍的顶端未向下，整个拍框未明显低于握拍的整个手部，为过手违例。

2. 过腰违例　运动员发球时，球的任何部分在击球瞬间高于发球员的腰部，为过腰违例。

3. 踩线、移动、触线违例　运动员发球时，两脚都必须站在规定的发球区内，保持与地面接触，不得移动、踩线、触线和出区，否则为踩线、移动、触线违例。

4. 触网违例　比赛进行中，运动员的身体、衣物或球拍触及球网、网柱或网柱的支撑物，均为触网违例。

5. 过网击球违例　比赛进行中，对方击来的球尚未过网，即以球拍过网击球，称过网击球违例。

6. 连击违例　一名运动员在击球时连续两次挥拍击球且击中两次，或在双打比赛中，两名同队运动员连续各击中一次球，即为连击违例。

7. 拖带或持球违例 运动员击球时，球停滞在球拍上，紧接着又有拖带现象，称拖带或持球违例。

8. 阻挠违例 运动员在近网处企图阻挠对方合法还击，称阻挠违例。

9. 重发球 裁判员虽已报分，但发球员在接发球员尚未做好准备时就发球，接发球员未予还击，此时，应判重发球。如果接发球方已挥拍击球或企图击球时身体或衣物触及球，则以已经做好准备论处。

10. 发球时，发球员与接发球员同时违例 例如，发球员发球动作不连贯，与此同时，接发球员接发球时移动，应判重发球。

思考题

1. 羽毛球比赛中常用的基本步法有哪些？
2. 羽毛球运动的场地要求和比赛规则有哪些？

学习资源（视频）

第十二章　网球运动

第一节　网球运动概述

一些史学家认为，网球运动最早起源于12世纪法国北部传教士在教堂回廊里用手掌击球的一种游戏。到了14世纪中叶，法国的一位诗人把这种球类游戏介绍到法国宫廷中，作为皇室贵族男女的消遣。后来这种游戏又传入了英国，经过不断的改进以及比赛规则的逐步完善，使得这项运动得到了广泛推广和发展。现代网球运动诞生于19世纪的英国伯明翰，最初被称为是“草地网球”。此后网球运动得到了飞速的发展。1877年，首个大满贯赛——温布尔登网球锦标赛创立，随后，1881年的美国网球公开赛、1891年的法国网球公开赛以及1905年的澳大利亚网球公开赛，被称为网球四大满贯赛事。

现代网球运动一般包括室内网球和室外网球两种形式。网球比赛在国际上分为单项和团体两种，单项比赛包括男女单打、男女双打及混合双打。比赛可以分别在草地、泥土地及硬地涂塑球场上进行。网球运动不但能使人在娱乐中发展力量、速度、耐力和灵敏等运动素质，提高内脏器官和神经系统的功能，培养机智、坚毅、勇敢的优良品质，而且由于它的趣味性很高，还特别有益于身心健康，所以是一项很值得提倡的运动项目。

第二节　网球运动基本技术

一、基本步法

在激烈的比赛中，没有灵活的步法，就不可能抢占有利的位置并有效地回击来球。网球运动中有句俗话：手法是基础，步法是关键。由此可见步法在网球运动中的重要性。网球运动中的步法不仅仅是奔跑击球，而且良好的步法必须具备动作的精确性、反应的灵敏性以及善于选择时机的能力。

网球的基本步法主要有底线关闭式步法（图12-1）、底线开放式步法（图12-2）、底线移动步法、正手侧身攻步法、反手随球上网步法、截击球步法、高压球步法和发球上网步法等。

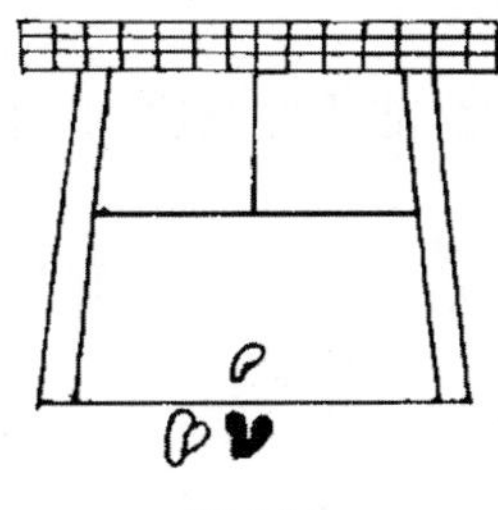

图12-1

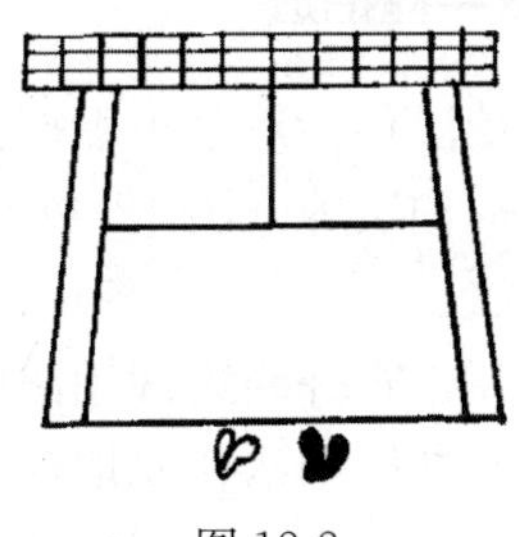

图12-2

练习方法：

（1）模仿各种步法练习。

（2）1 人隔网随意抛球，另 1 人利用各种步法徒手接球。

（3）持拍对打中的各种步法练习。

二、握拍法

（一）单手握拍法

单手握拍的各种形式如图 12-3 所示。

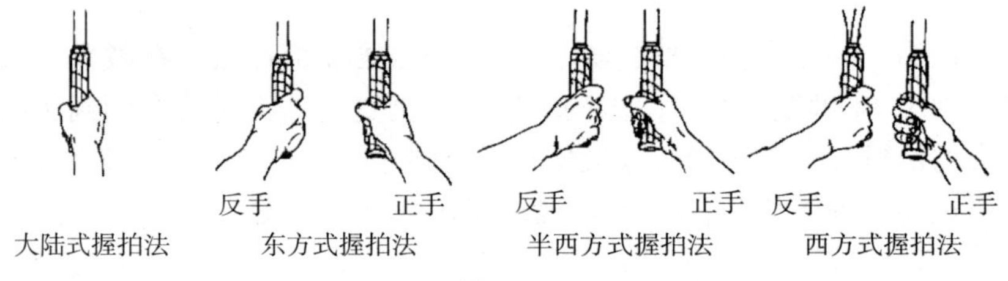

图 12-3

1. 大陆式握拍法 这种握拍法还被称为“榔头”式握拍法，因为采用这种握拍时，食指根部压在与拍面水平的那个平面上，拍面的角度几乎与地面垂直，就像在用拍框的侧面钉钉子一样。大陆式握拍法适合用来击打任何类型的来球，但在发球、打截击球、过顶球、削球以及防守球时采用这种握拍效果更好。

2. 东方式正手握拍法 将手平放在拍弦上，然后下滑到拍柄根部抓握，或者把球拍平放在桌面上，闭上眼，将球拍拿起。从技术的角度讲，东方式正手握拍就是先以大陆式握拍法持拍，然后逆时针方向旋转球拍（左手握拍的选手需顺时针方向转动），直到食指的根部压到下一个接触的斜面为止。

3. 东方式反手握拍法 以大陆式握拍开始，顺时针旋转球拍（左手持拍为逆时针），使食指根部压在上一个斜面，便形成东方式反手握拍。

4. 半西方式正手握拍法 先以东方式握拍，然后逆时针方向（左手握拍则顺时针方向旋转）旋转球拍，使食指根部压在下一条拍棱上。

5. 西方式正手握拍法 在半西方式握拍的基础上，逆时针转动拍面（左手握拍顺时针转动），使食指根部接触到下一个平面，这种握拍就是完全的西方式正手握拍法。喜欢打上旋的选手多采用这种握拍法。

（二）双手握拍法

双手握拍法包括双手正手握拍和双手反手握拍，主要采用大陆式握拍法、半西方式握拍法和西方式握拍法等（图 12-4）。

练习方法：

（1）相互检查并纠正握拍法的姿势及方法。

（2）用各种握拍法在原地挥拍练习。

（3）隔网相互击球的握拍法练习。

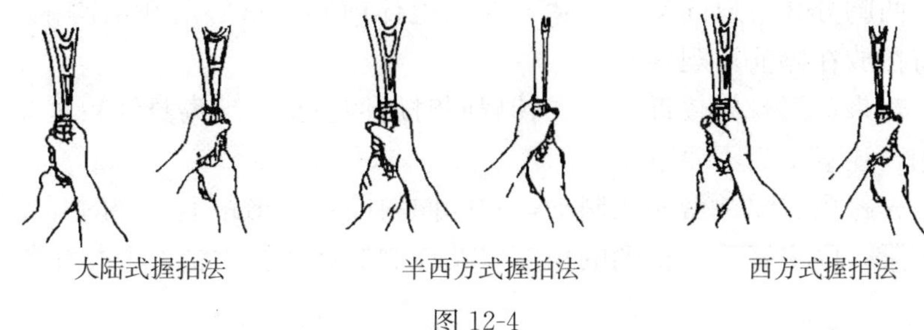

图 12-4

三、发球技术

发球是网球运动中最重要的技术之一，也是最常见的一种得分手段。由于它是唯一不受对方制约的一项技术，因此能充分发挥个人的技术特点，并能有效地破坏对方的防线，致对方于被动。高水平比赛中，球员保住自己的发球局是赢取胜利的关键和基础，在此基础之上，再破掉对方的发球局才可最终大获全胜。根据速度、力量、旋转、落点变化不同，可分为平击发球、大力发球、切削发球和旋转发球。

下面主要介绍平击发球和大力发球。

1. 平击发球　以右手持拍为例。侧对球网，左手指末梢部持球，抛球的同时球拍沿膝关节向后下方挥动，左臂和左肩抬举将球抛起后，右肘弯曲使球拍在背后下垂。随后右臂充分伸展，拍头朝前挥动，在右后上方扣腕把球击出，然后跨步上网或调整身体平衡。

2. 大力发球　以右手持拍为例。侧对球网，把球抛向斜侧上方，然后直接转体，同时右臂经下绕环后使拍头下垂，并将球拍引向背后迎球，以获得足够的加速距离。球拍触球的最佳击球位置应保持在身体垂直面稍前的位置，使身体适当前倾，便于在头上合适高度挥拍击球。

练习方法：

（1）挥空拍发球练习。

（2）自抛球对墙或网的发球练习。

（3）2 人一组的发球练习。

四、抽球

抽球是网球技术的基本功，可分为正手抽球和反手抽球。

1. 正手抽球技术（图 12-5）　以右手持拍为例。

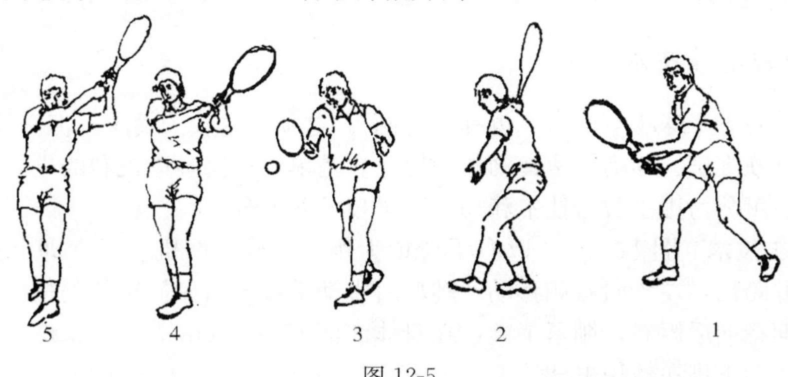

图 12-5

准备姿势：两脚分开与肩同宽，双膝弯曲，上体前倾，重心落在前脚掌。右手握拍柄，左手扶拍颈，将拍放在体前，观察来球。

后伸引拍：若来球离身体较近，应在转肩同时后伸引拍，球离身体较远则应先跑动，在移动中快速引拍，注意拍头不要下垂。

挥拍击球：先跨出右腿并做屈膝制动，左脚向斜前方迈出跟上，同时开始挥拍击球。击球时手腕适当绷紧，固定好手与拍柄的角度以及控制好球的受力情况并尽量加长拍与球的接触时间。

随球挥拍：击球后应继续沿弧线挥拍向上，把球拍带到身体左侧肩上部。

2. 反手抽球技术（图 12-6）

图 12-6

准备姿势：同正手准备姿势。

后伸引拍：参照正手抽球，但身体转动和出脚顺序相反，引拍后右手肘部自然靠近身体，拍头略低于来球，拍柄平行于地面。

挥拍击球：参照正手抽球，但方向相反。挥拍时左手应做快速而又简短的推送球拍动作。击球时右肩应充分向外伸展向上挥拍。

随球挥拍：挥拍时拍面稍后仰，击球路线尽可能地加长拍面与球的接触时间，便于控制球的方向，并在旁侧高处结束挥摆动作。

练习方法：

（1）原地或移动做正（反）手挥空拍的抽球练习。

（2）对墙做自抛、自抽及连续对墙做抽球练习。

（3）1 人隔网在近处抛球，1 人抽反弹球练习。

（4）2 人对打练习。

五、网前截击球技术

截击是指将对方来球凌空回击，也称“拦网”。这项技术较为简单，但必须把握好时机，要求反应快、判断准确、移动迅速、动作敏捷，它是单双打比赛中锐利的进攻武器，也是一种得分的手段。可分为正手截击技术和反手截击技术两部分。

1. 正手截击技术（图 12-7）　以右手持拍为例。出现上网机会后立即上步，判断方向后，迅速转肩并跨出，左脚向右侧移动，转肩时带动手臂向后做简短的引拍。引拍完成时要保持拍头、拍面稍向后倾斜，绷紧手腕，在身体前面 15～30 cm 处迎击来球。后脚蹬伸，重心前移，伸臂微向下推送球拍击球。

图 12-7

2. 反手截击技术（图 12-8）　以右手持拍为例。出现上网机会后立即上步，判断方向后，除转肩、侧移和封堵路线的方向与正手截击相反，其他都与正手截击技术相同。

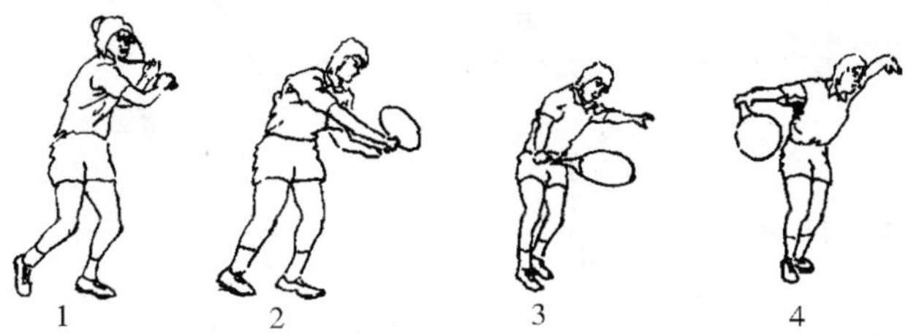

图 12-8

练习方法：

（1）挥拍做正（反）手截击技术动作练习。

（2）1 人在网前抛球，1 人上步做截击球练习。

（3）1 人底线抽球，1 人网前截击练习。

六、高压球技术

高压球是当对手挑高球的时候，通过扣杀去争取直接得分的进攻技术。一般分为网前高压、后场高压、落地高压和反弹高压四种。

技术要领：及时移动到位后，侧身对网，直接把球拍引向头后，击球时转肩，前臂向上猛烈甩动球拍，使整个手臂伸直。当球拍接近来球时，开始做扣腕动作，身体重心前移，使球拍指向身后，见图 12-9。

图 12-9

练习方法：

（1）反复挥拍模仿做高压球练习。

（2）自抛高球，做向地面击球的练习。

（3）1 人网前抛高球，1 人做高压球练习。

七、挑高球技术

挑高球是把来球挑过对方头顶的一种进攻性或防御性的击球方式，分平击挑高球（防守型）和上旋挑高球（进攻型）两种。

技术要领：判准来球方向后，即刻在跑动中按抽球动作使球拍充分后摆，并使身体侧对来球方向。在准备击球时，应使拍面充分后仰，手腕适当绷紧，触及球的下部或后下部，然后根据对方的站位向下、向外把球击向空中，见图 12-10。

1　2　3

图 12-10

练习方法：

（1）做挥空拍的挑高球练习。

（2）1 人抛球，1 人做挑高球练习。

（3）1 人击球，1 人做挑高球练习。

八、接发球技术

要接好发球，必须掌握比较全面的基本技术。因为接发球前，接球队员对于对手可能发过来球的方向、旋转、力量、速度等都无法控制。一旦对方将球发出，就要迅速做出判断和反应，并且选择适当的击球方式来完成接发球动作。

1. 接发球的站位　一般位于端线附近，力求在接发球时向前移动击球。当对方第 1 次发球时，多采用大力发球，站位应偏后一些；如果是第 2 次发球，可略向前移，采取攻击性的还击。

2. 准备姿势　保持两脚平行站位，比肩稍宽，右手持拍者一般右脚稍前，两膝微屈，上体稍前倾，脚跟提起，将球拍置于体前。

3. 击球　还击来球之前要观察对方的行动，边确定来球方向边站好位置，然后快速敏捷地带左肩转身，击球的瞬间要紧握球拍使其不发生颤动，对自己的回球路线和落点要有针对性。最后的随球动作中，径直顺着拍头的方向继续快速挥拍，然后自然返回。接发球一般采用正手击球和反手击球的方式。

练习方法：

（1）持拍做接发球挥拍练习。

（2）1 人隔网抛出底线球，1 人持拍做接发球练习。

（3）1 人连续发球，1 人连续做接发球练习。

第三节　网球运动基本战术

一、单打战术

在单打比赛中，队员既要熟练掌握合理利用网球的基本技术，也要充分利用战术来进行比赛。单打战术根据队员的特点可分为上网型打法、底线型打法和综合型打法。上网型打法主要由发球上网战术、随球上网战术、接发球上网战术等组成；底线型打法以稳守底线战术为主，主要运用底线的抽球和削球技术；综合型打法是底线型和上网型两种打法的综合运用。

1. 发球上网战术　利用快速有利和落点多变的发球（第 1 次发球要狠，第 2 次发球要稳），迫使对方接发球难以主动发力，然后快速移步上网，封住对方来球角度。

2. 随球上网战术　对打中，利用一拍低而深的球，迫使对方难以发力，然后快速移步上网，封堵对方来球。

3. 接发球上网战术　在判断准确、及时的基础上，利用高质量的接发球攻击对方，使对方失去主动，然后快速上网。

4. 稳守底线战术　采取稳打底线反弹球策略，尽量将回球打深，使其落点靠近对方球场的端线，并注意落点和旋转的变化，把对手压在底线附近，阻止对方上网，为自己下次击球争得充裕的时间。在相持中，力求通过斜线和直线球的变化来调动对方，让其击球失误或在场上出现空当，伺机在稳守中争得主动，以便自己能够快速上网封杀。

二、双打战术

网球双打是比较普遍的一项运动，但是由于场地扩大、人员加倍，因此，不但需要掌握技术要领，还必须了解双打与单打的不同战术内容。只有这样，才能与搭档打出巧妙的配合，获取双倍的成功。

在双打比赛中，发球队员应站在中点和单打线的中间，准备发球后直接上网；同伴站在发球线与球网之间，稍偏向单打线，做到只向两侧各移动一步，就能封住单打与双打之间的空隙及球场中区。接发球队员站在靠近边线的端线后，在接左区发球时应稍靠中间站位，其同伴应站在靠近发球线的前面且偏近中线处，以便防守中路来球。

发球时，发球技术好的球员应先发，发球队员应多用旋转发球，来保证发球的成功率。正拍技术好的队员站在右区，反拍技术好的队员站在左区。

双打战术主要有协作配合战术、协同防守战术和抢网战术等。

第四节　网球运动竞赛规则简介

一、单打比赛规则简介

（1）发球前，先站在端线后中点和边线的假定延长线之间的区域内，用手将球抛向空中，在球接触地面以前用拍触球，就算完成球的发送。

（2）发球时，发球队员在整个发球动作中，不能通过行走或跑动改变原来站的位置，两脚只准站在规定的位置，不得触及其他区域。

（3）每局开始，先从右区端线后发球，得或失 1 分后，应换到左区发球。发出的球应从网上越过，落到对角的对方发球区内或其周围的线上。

（4）发出的球，在落地前触及固定物（球网、中心带和网边白布除外）或违反发球站位的规定，则属发球失误。第 1 次发球失误后，应在原发位置上进行第 2 次发球。第 1 局比赛结束，则互换发球权，以后每局终了，均依此互换，直到比赛结束。

（5）双方应在每盘的第 1、3、5 等单数局结束后，以及每盘结束双方局数之和为单数时，互换场地。

（6）在第 2 次着地前未能还击过网；还击的球触及对方场区界线以外地面、固定物或其他物体；故意用球拍触球超过 1 次；身体、球拍在发球期间触及球网；过网击球、抛拍击球或还击空中球失败，均判失分。

二、双打比赛规则简介

（1）每盘开始局，由发球方决定首先发球者，第 2 局则改由对方决定，第 3 局由第 1 局发球方的另 1 球员发球，第 4 局由第 2 局发球方的另 1 球员发球，以下各局均依此类推。

（2）先接球一方，应在第 1 局开始时，决定先接发球人，并在这盘单数局继续先接发球。对方在第 1 局开始，以同样的方法决定先接发球的人，并在这一盘双数局继续先接发球，同伴则在每局中轮流接发球。

（3）接发球后，双方应轮流由其中任何一名队员还击，但不能进行两次击球。

思考题

1. 网球运动的基本技术有哪些？
2. 网球的单打战术都有哪些？

学习资源（视频）

正手下旋球

正手上旋球

正手平击球

网前球

双手反拍上旋球

基本步法

高压球

反手削球

发球

单手反拍上旋球

第十三章　体育舞蹈

体育舞蹈也称“国际标准舞”，分为摩登舞和拉丁舞两个系列，总共10个舞种。其中，摩登舞系列有维也纳华尔兹、华尔兹、探戈、狐步舞和快步舞；拉丁舞系列包括伦巴、恰恰、桑巴、牛仔舞和斗牛舞。每个舞种均有各自音乐、舞蹈动作及风格特色。根据各舞种的乐曲和动作要求，组编成各自的成套动作。

体育舞蹈是一项新兴的体育项目，是以男女为伴的一种双人配合舞蹈的竞赛项目。它是以身体舞蹈为基础内容，双人搭档配合，融艺术舞蹈、体育锻炼、音乐于一体的体育运动。体育舞蹈对人体的协调性、柔韧性和关节的灵活性，以及动作的节奏感有着积极的作用。体育舞蹈进入课堂学习，不仅能有效地提高学生的身体素质，而且能满足大学生追求美和优美姿态的需求。

第一节　体育舞蹈概述

一、体育舞蹈的起源

国际标准舞是由社交舞（交谊舞、舞厅舞）演变而来的。社交舞的来源可追溯到原始时期，那时人类就有带有自娱性、观赏性、表演性的舞蹈活动。男女对舞，最早出现在非洲民间土风舞中，他们多在农闲或者节日，成群结队地在草地或者广场上跳乡村土风舞。因而体育舞蹈是由世界各国最早的民间舞蹈演变而来，其发源地多为欧洲、非洲、南美洲、北美洲的群体聚居地，经历了对舞、圈舞、行列舞、集体舞等舞蹈形式的演变过程。

1768年，在巴黎出现了第一家交谊舞厅，由此交谊舞开始在欧美各国流行，成为普遍的社交方式。

二、体育舞蹈的发展

20世纪初，在交谊舞的漫长发展演变中，舞步、舞技、方向逐渐正规化。为了便于普及和进一步推广提高大众的参与意识，1924年英国皇家舞蹈教师协会对当时的交谊舞中的各种舞步、舞姿、跳法加以系统化和规范化，使其发展到一个较高的层次。到了11世纪，欧洲一些国家王室的舞蹈教师按照宫廷生活和礼仪习俗的需要对民间舞蹈进行加工改造，形成了具有规范形式的社交舞蹈。17世纪下半叶，交谊舞开始在欧洲社会中流行。1768年，在巴黎出现了第一家舞厅，开启了现代社会交谊舞时代。交谊舞经历了100多年的发展，渐渐保留了一些风格鲜明、舞步规范的技巧体系。到了19世纪，法国大革命、工业革命和浪漫主义运动给人们的思想观念带来了很大的影响，华尔兹等舞步十分盛行。20世纪50年代，人们又将拉丁舞进行了规范整理，丰富了舞种和舞步。起源于古巴的拉丁舞也渐渐盛行，并很快传到了欧洲各国。

目前，国际上存在两个有影响力的国际体育舞蹈组织，即世界舞蹈与舞蹈运动理事会（WDDSC），于1950年9月22日在苏格兰的爱丁堡成立；国际体育舞蹈联合会（IDSF），于1935年在布拉格成立。1997年，体育舞蹈正式得到国际奥林匹克委员会承认，并且国际体育舞蹈联合会成为唯一代表体育舞蹈的国际组织。2000年，体育舞蹈成为悉尼奥运会的表演项目。

1994年我国加入国际舞蹈运动联合会。随后，中国又多次派团参加世界大赛，2004年实现了中国体育舞蹈选手在世界比赛中零的突破。

第二节　体育舞蹈的分类与要求

一、体育舞蹈的分类

体育舞蹈分为摩登舞和拉丁舞两类。

（一）摩登舞

摩登舞（Modern Dancing）又译标准舞。特点是由贴身握抱的姿势开始，沿着舞程线逆时针方向绕场行进。步法规范严谨，上体和胯部保持相对稳定挺拔，完成各种前进、后退、横向、旋转、造型等舞步动作，具有端庄典雅的绅士风度。曲调大多抒情优美，旋律感强。服饰雍容华贵，一般男着燕尾服，女着过膝蓬松长裙。

1. 维也纳华尔兹（Viennese Waltz）　也称快三步，用V表示。舞曲旋律流畅华丽，节奏轻松明快，为3/4拍节奏，每分钟56～60小节，每小节为3拍，第1拍为重拍，第4拍为次重拍。基本步伐是6拍走6步，2小节为一循环，第1小节为1次起伏。基本动作是左右快速旋转步，舞步平稳轻快、翩跹回旋、热烈奔放，舞姿高雅庄重。维也纳华尔兹源于奥地利的一种民间舞蹈，由男女成对扶腰搭肩共同围成一个圆圈而舞，故又被称为圆舞。著名的约翰·施特劳斯为维也纳华尔兹谱写了许多著名的圆舞曲。

2. 华尔兹（Waltz）　也称慢三步，用W表示。舞曲旋律优美抒情，节奏为3/4的中慢拍，每分钟28～30小节。每小节3拍为1组舞步，每拍1步，第1拍为重拍，3步一起伏循环。通过膝、踝、足底、跟掌趾的动作，结合身体的升降、倾斜、摆荡，带动身体移动，使舞步起伏连绵，舞姿华丽典雅，是维也纳华尔兹（快三步）的变化舞种。19世纪中叶，维也纳华尔兹传到美国，当时美国崇尚舒缓、优美的舞蹈和音乐，于是将快节奏的维也纳华尔兹逐渐改变成悠扬而缓慢、有抒发性旋律的慢华尔兹舞曲，舞蹈也改变成连贯滑动的慢速步型，即如今之华尔兹。

3. 探戈（Tango）　用T表示，2/4拍节奏。每分钟30～34小节，每小节2拍，第1拍为重拍。舞步有快步和慢步，快步占半拍，慢步占1拍。基本节奏是慢、慢、快、快、慢（S、S、Q、Q、S）。舞曲节奏带有停顿并强调切分音；舞步顿挫有力，潇洒豪放；身体无起伏、无升降、无旋转；表情严肃，有左顾右盼的头部闪动动作。探戈舞源于阿根廷民间，20世纪传入欧洲上层社会，后流行于世界各国。

4. 狐步舞（Slow Foxtrot）　也称福克斯，用F表示。舞曲抒情流畅，节奏为4/4拍，每分钟28～30小节，每小节为4拍，第1拍为重拍，第3拍为次重拍。基本步伐是

4 拍走 3 步，每 4 拍为一循环。分快、慢步，第 1 步为慢步，占 2 拍；第 2、3 步为快步，各占 1 拍。基本节奏为慢、快、快（S、Q、Q）。以足踝、足底、掌趾的动作，完成升降起伏，注重反身、肩引导和倾斜技术。舞步流畅平滑，步幅宽大，舞态优雅从容飘逸，似行云流水。狐步舞 20 世纪起源于欧美，后流行于全球。据传，它是模仿狐狸走路的习性创作而成。

5. 快步舞（Quick Step）　用 Q 表示。舞曲明亮欢快，舞步轻快灵活，跳跃感强，是体育舞蹈中一种轻快欢乐的舞蹈。节奏为 4/4 拍，每分钟 50～52 小节，每小节 4 拍，第 1 拍为重拍，第 3 拍为次重拍。舞步分快步和慢步，快步时值 1 拍，慢步时值 2 拍。基本节奏是慢、慢、快、快、慢。快步舞起源于美国，20 世纪流行于欧美和全球。

（二）拉丁舞

拉丁舞（Latin Dancing）的特点是舞伴之间可贴身，可分离。各自在固定范围内辐射式地变换方向角度，展现舞姿。步法灵活多变，各个舞种通过对胯部及身体摆动不同的技术要求，完成各种舞步，表现各种风格。舞姿妩媚潇洒，婀娜多姿。风格生动活泼，热情奔放。曲调缠绵浪漫，活泼热烈，节奏感强。着装浪漫洒脱，男着上短下长的紧身或宽松装，女着紧身短裙，显露女性曲线的美。

1. 伦巴（Rumba）　用 R 表示。节奏为 4/4 拍，每分钟 27～29 小节，每小节 4 拍。乐曲旋律的特点是强拍落在每小节的第 4 拍。舞步从第 4 拍起跳，由 1 个慢步和 2 个快步组成。4 拍走 3 步，慢步占 2 拍（第 4 拍和下 1 小节的第 1 拍），快步各占 1 拍（第 2 拍和第 3 拍），胯部摆动 3 次。胯部动作是由控制重心的一脚向另一脚移动而形成向两侧作“8”型摆动。具有舒展优美、婀娜多姿、柔媚抒情的风格。其产生与西班牙和非洲的舞蹈有密切关系，后在古巴得到发展。

2. 恰恰（Cha-cha）　用 C 表示。节奏为 4/4 拍，每分钟 30～32 小节，每小节 4 拍，强拍落在第 1 拍。4 拍走 5 步，包括 2 个慢步和 3 个快步。第 1 步踏在第 2 拍，时值 1 拍；第 2 步占 1 拍；第 3、4 步各占半拍；第 5 步占 1 拍，踏在舞曲的第 1 拍上。胯部每小节向两侧摆动 6 次。舞曲热情奔放，舞步花哨利落，步频较快。恰恰源于非洲，后传入拉丁美洲，在古巴得到发展。

3. 桑巴（Samba）　用 S 表示。舞曲欢快热烈，节奏为 2/4 拍或 4/4 拍，每分钟 52～54 小节。强拍落在每小节的第 2 拍或第 4 拍，每小节完成一个基本舞步。通过膝盖上下屈伸弹动，并沿着舞程线绕场行进跳动，属“游走型”跑动的舞蹈。特点是流动性大，动律感强，步法摇曳紧凑。桑巴起源于巴西，是巴西一年一度狂欢节的舞蹈。

4. 牛仔舞（Jive）　用 J 表示。旋律欢快，强烈跳跃，节奏为 4/4 拍，每分钟 42～44 小节，6 拍跳 8 步。由基本舞步踏步、并合步、结合跳跃、旋转等动作组合而成。要求脚掌踏地，腰和胯部做钟摆式摆动。特点是舞步敏捷、跳跃，舞姿轻松、热情、欢快。源于美国，原是美国西部牛仔跳的踢踏舞，20 世纪 50 年代爵士乐的流行，加速和完善了这种舞蹈，但风格上还保持美国西部牛仔刚健、浪漫、豪爽的气派。

5. 斗牛舞（Pasodoble）　用 P 表示。音乐为旋律高昂雄壮、鲜明有力的西班牙进行曲。节奏为 2/4 拍，每分钟 60～62 小节，1 拍 1 步，8 拍一循环。其特点是舞步流动大，沿着舞程线绕场行进，属“游走型”舞蹈。舞姿挺拔，无胯部动作及过分膝盖屈伸。用踝关节和脚掌平踏地面完成舞步。动静鲜明，力度感强，发力迅速，收步敏捷顿挫。斗牛舞源于法国，盛行于西班牙，系据西班牙斗牛场面创作而成。男为斗牛士，气宇轩昂，刚劲威猛；女为红色斗篷，英姿飒爽，柔美多变。

二、体育舞蹈的场地要求

1. 场地（赛场）**、舞程向和舞程线**　场地呈长方形，长 23 m、宽 15 m，两条长边分别为 A 线和 C 线，两条宽边分别为 B 线和 D 线（图 13-1）。

对于舞蹈者来说，必须首先懂得舞程向和舞程线，这一规定可避免舞蹈者相互之间的碰撞。舞程向实际指整套舞蹈沿舞场逆时针进行的方向。舞程线是指舞蹈者在起舞时按舞程向进行的路线（图 13-2）。交换舞程线时应过中心线。

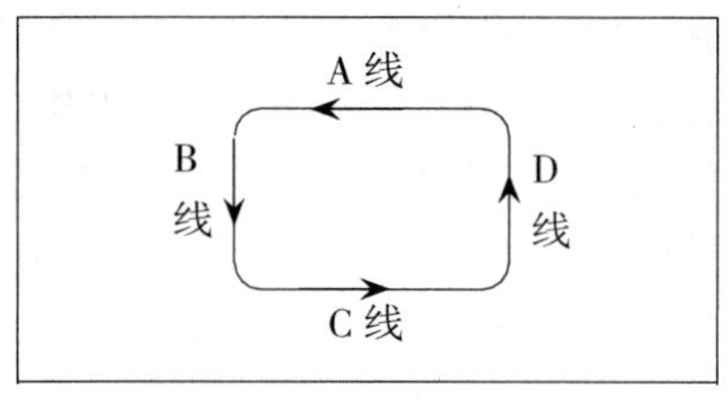

图 13-1

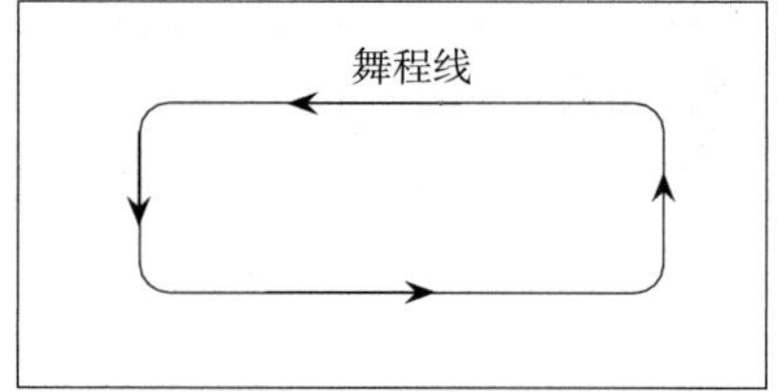

图 13-2

2. 方位、旋转和角度　为了便于在舞蹈中正确辨别自己的方向和位置，检查旋转的角度，以男士面对舞程线方向为基准，规定了 8 条线来指示舞蹈者每个舞步行进和完成的方向（图 13-3）。跳国际标准舞离不开旋转（转身），旋转分为左转和右转，左转（也叫反转或内转）即按逆时针方向的身体转动，右转（也叫正转或外转）即按顺时针方向的身体转动。旋转时以每转 360°为 1 周，45°为 1/8 周，90°为 1/4 周，135°为 3/8 周，180°为 1/2 周，225°为 5/8 周，270°为 3/4 周，315°为 7/8 周（图 13-4）。

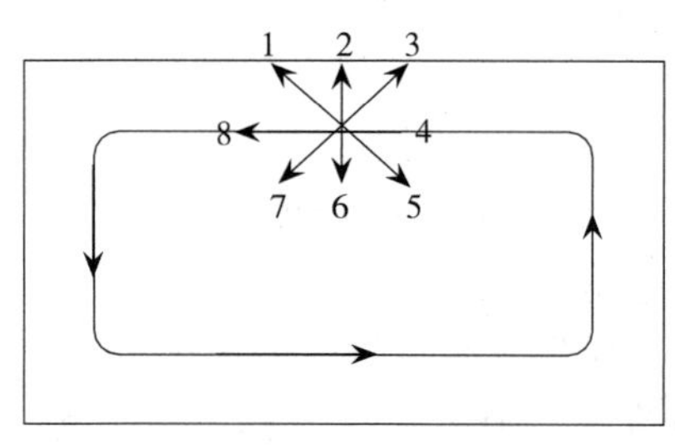

图 13-3

1. 壁斜线　2. 壁线　3. 中央斜线　4. 逆舞程线　5. 逆中央斜线　6. 中央线　7. 中央斜线　8. 舞程线

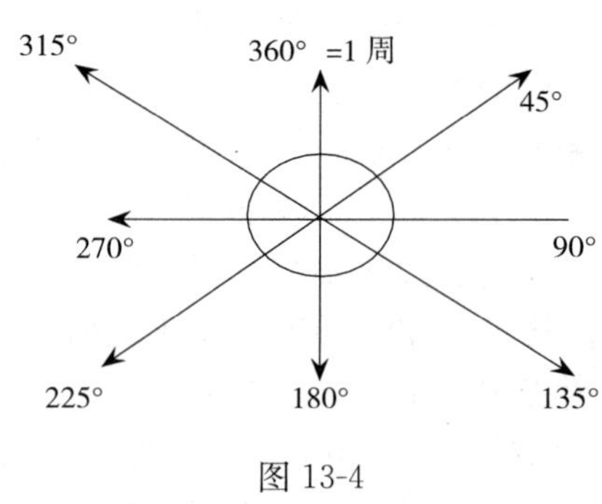

图 13-4

3. 脚位　脚位与舞池的相对位置见图 13-5。

4. 脚的移动方向　脚的移动方向见图 13-6。

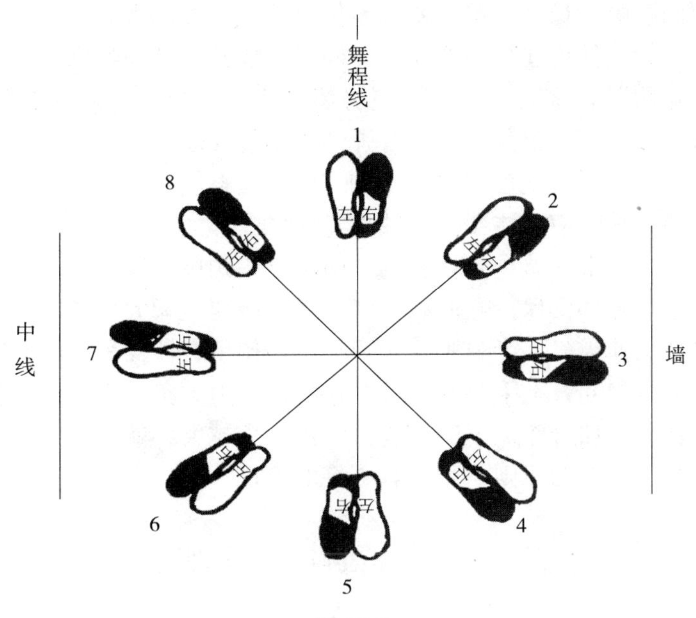

图 13-5

1. 面向舞程线　2. 面向斜墙　3. 面向正墙　4. 面向反斜墙　5. 面向反舞程线
6. 面向反斜中线　7. 面向中线　8. 面向斜中线

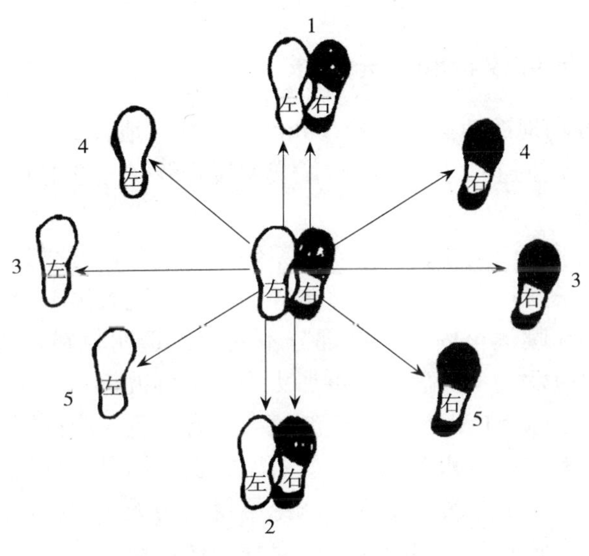

图 13-6

1. 右脚或左脚上前　2. 右脚或左脚后退　3. 右脚或左脚横出
4. 右脚或左脚斜前出　5. 右脚或左脚斜后出

三、体育舞蹈的姿势和气息要求

跳舞时，脊柱保持垂直，同时，腰胯要放松，做到丹田控制呼吸（横膈膜逆式呼吸）气息沉入身体之下，踩实地板。因此，要取得良好的姿势和内在力量，最好的方法是记住身体基本的要点：

（1）站立时，悬顶拔背，气沉丹田。这样，可使背肌往上伸展，脊柱保持中正不偏；同时，可以增加颈部到腰腹的长度，更重要的是使身体保持腰部直立。

（2）耳根竖起，能起到提起精神的作用，同时，要感觉颈的长度，耳朵和肩膀的距离。

（3）两肩松垂，两肘微微向下松沉，使身体重心不至提升。跳摩登舞时，握持不要太紧，也不能太松软；要稳固，十分坚定，有弹性，不能僵硬。

（4）收小腹，利用丹田内气控制呼吸，胸部要舒松自然。

（5）跳舞时，通过呼吸使身体变轻，减少身体对腿部的压力。

（6）头部的转动，要带动整个脊柱转动，而不是头颈单独转动。

（7）腰胯要放松，膝部要保持微曲和松弛，感觉腰腿至脚大拇指的长度。

（8）上半身要往上伸拔，下半身则要往下松沉，使得脊柱像吊着的铁链一样，既松垂笔直又灵活。这样，从中腰起，上下就有一种对拉的抗衡力，犹如禾苗的生长，根往下生，茎往上长。使身体放长，增加身体上下的抗衡力，抗衡力越大，就越能增加弹性和爆发力。身体遵循欲下越上，欲上越下的原则，就会有更好的表现。

第三节　体育舞蹈竞赛规则简介

制定竞赛规则是为了保证竞赛能顺利进行，提高裁判员的知识和评分能力，为选手、教练员在训练、编排、表演和比赛等过程中提供指导。因此，裁判员、教练员、运动员都必须认真学习、严格执行。

一、比赛场地、服装仪容和音乐要求

1. 比赛场地　比赛场地的地面应平整、光滑。比赛场地长 23 m，宽 15 m，标准舞及拉丁舞中的桑巴舞、斗牛舞按逆时针方向运行，交换舞程线时应过中心线。

2. 比赛服装和仪容

（1）标准舞。男选手穿燕尾服、白衬衣，系领结或领带，可留分头，头发前不遮耳、后不过领，不能留长发、长须；女选手穿不过脚踝的长裙，连衣裙不允许上下身两截分开，领口不可开得过低，胸部和腰线至内裤下沿部分不能使用透明材料，裙子开衩不能超过膝关节，可使用装饰，可留短发或长发盘髻，可加头饰，不可披长发。

（2）拉丁舞。男选手除肉色以外的任何颜色或混合花色衣服都能穿，上装和下装可同色也可不同色，不允许穿无袖衬衫和上衣，最好不留长发，如果头发长须系成马尾式，男选手不得佩戴头饰；女选手跳拉丁舞时，臀部和胸部不得使用透明材料，内裤不得过短，内裤上沿不得低于臀部上沿，且站立时，裙子应完全遮住内裤，女选手不得穿露背短裙，上衣为两片时，不得仅仅是胸罩，鞋无限制。

拉丁舞服装应具有拉丁风格，男、女选手服装应搭配协调。专业选手背号为黑底白字，业余选手背号为白底黑字。

3. 竞赛音乐　决赛时每曲 2.5 min，其他比赛时每曲不得少于 1.5 min。维也纳华尔兹和牛仔舞则最少 1 min。

二、体育舞蹈的基本术语

1. 舞程向　在同一舞池中，为避免舞者相互碰撞，规定必须按逆时针方向进行，这一

行进方向称为舞程向。

2. 舞程线（简称 L. O. D）　沿舞程向方向行进的路线称为舞程线。

3. 舞姿　舞姿泛指舞者跳舞的姿态。

（1）合对位舞姿（闭式舞姿），“合”指男、女交手握抱；“对”指男、女面对面。合对位舞姿泛指男、女面对面双手扶握的身体位置。

（2）侧行位舞姿（简称 P. P），指男士右侧与女士左侧身体贴靠，身体的另一侧略向外展，开成 V 形地站立或行进的身体位置。

（3）外侧位舞姿（简称 O. P），指在摩登舞中，男、女舞伴的一侧脚向舞伴同侧脚的外侧（右外侧或左外侧）前进所形成的身体位置。

4. 反身动作（简称 C. B. M）　反身动作指一侧脚前进或后退时，同侧肩和胯后让或前送，使身体与舞步形成反向配合的身体动作。

5. 升降动作（起与伏）　升降动作指在跳舞时身体的上升与下降。升降动作是在膝、踝、趾关节的屈和伸动作的转换中完成。

6. 倾斜动作（简称 B. S）　倾斜动作指在跳一些舞步时，身体的倾斜。从形体上讲，是指肩的平衡线向左或向右的倾斜。它与地面的水平线成三角倾斜。

7. 节奏　节奏通常指以一定规律反复出现并赋予音乐以性格的具有特色的节拍。

8. 速度　这里指音乐速度，即每分钟内所演奏的小节总数。

9. 准线　准线指双脚的位置或双脚方向与场地的关系。

10. 平衡　平衡指舞蹈中身体重心的准确分配。

11. 基本舞步　基本舞步指构成一种特定舞蹈的基调的舞步型。

三、评判标准

1. 基本规则

（1）裁判工作自选手进入比赛位置时开始，当音乐停止时方告知结束。在整个舞蹈表演过程中，裁判必须不断地给选手打分并在必要时修正分数，但不得在舞蹈结束后修改分数。

（2）如果音乐尚未结束而选手停止表演，则其该项舞蹈的分数列最后一位。如果在决赛中发生这种情况，处理办法相同。

（3）裁判必须在规定的时间内对选手的特定舞蹈表演进行单独评判，不允许考虑任何其他因素，如选手的名气、以往的表现或者在其他舞种中的表现等。

（4）裁判无需向选手解释评分结果。在比赛过程中或两轮比赛之间，不允许裁判与任何人讨论参赛选手及其表现。

（5）对于所有舞种，选手的时值和基本节奏都是裁判打分的首要项目。因此，如果选手在这两方面重复犯错误，那么其该项舞蹈的分数列所有参赛选手的最后一位。

2. 评判依据

（1）基本技术。包括基本动作、姿态、平衡稳定、移动。

（2）音乐运用。包括节奏、风格的理解和体现。

（3）舞蹈风格。区别各种不同舞种之间在风格上的差别，个人风格的展现。

（4）动作编排。动作流畅新颖，运用自如；体现舞种的基本风韵，并有一定的技术难度；动作与音乐密切配合，发挥音乐效果；编排有章法，充分利用场地。

（5）临场表现。赛场上的应变能力，良好的竞技状态。

（6）赛场效果。舞者的风度、气质、仪表等总体形象。前三项主要指选手的技艺品质，后三项是选手的艺术魅力。预赛时着重于前三项要素的评判，半决赛后着重于后三项要素的评判，在决赛中应全面评价选手各项要素。

四、裁判方法

国际体育舞蹈联合会（IDSF）比赛的初赛、复赛、半决赛均采用淘汰法，决赛采用顺位法（名次法）。入围选手用马克（Marker）表示，即用“V”或“O”表示。决赛时，用数字表示名次1～6，然后用顺位法评出名次。具体的裁判方法如下：

（1）从下往上看，先看脚下基本节奏，再看身体整体效果，最后看面部表情，即艺术表现力。

（2）用去少原则（淘汰法）进入下一轮比赛，采取先挑选少数好的方法。

（3）均值（淘汰法）。

（4）抓两头，评中间。

（5）裁判过程（2.5 min内完成）。

注意事项：裁判员拿到表格后，首先看清楚内容，然后决定自己采用的方法。应尽量打满进入下一轮选手的马克，如有困难，起码打满80%，但绝不能多打，否则此票作废。选手在赛场出现意外，应适度处理。

思考题

1. 简述体育舞蹈的分类，并叙述各个舞种的特点。
2. 简述学习体育舞蹈后的心得体会。

学习资源（视频）

斗牛舞自选套路演示

斗牛舞金牌套路演示

华尔兹银牌套路演示

狐步舞自选套路演示

狐步舞铜牌套路演示

华尔兹自选套路演示

快步舞银牌套路演示

快步舞自选套路演示

伦巴银牌套路演示

伦巴自选套路演示

牛仔舞银牌套路演示

牛仔舞自选套路演示

恰恰银牌套路演示

恰恰自选套路演示

桑巴银牌套路演示

桑巴自选套路演示

探戈银牌套路演示

探戈自选套路演示

维也纳华尔兹标准套路演示

第十四章　瑜　　伽

瑜伽起源于印度，因其温和的运动方式和对人体健康、塑身方面所产生的惊人效果而风靡全球。2014 年 12 月 11 日，联合国宣布 6 月 21 日为国际瑜伽日。

第一节　瑜伽概述

一、瑜伽学习的主要内容

瑜伽英文“Yoga”来自梵文，意为自我和原始动因的结合。它的含义是心灵、肉体和精神结合到最和谐的状态，即使身心处于相对稳定、平衡的状态，类似于我国气功中所称的“天人合一”。

瑜伽练习由呼吸法、体位法（姿态功）和冥想三部分组成。

1. 呼吸法　呼吸是生命的特征之一。呼吸节律的变化，表明我们的情绪、行为和健康也发生着变化。瑜伽的呼吸法训练，能让人掌握正确、科学的深呼吸方法，即：瑜伽的完全呼吸法。深呼吸能安抚人的情绪，使心灵获得平衡。瑜伽的精髓是由呼吸来控制身体的放松、稳定、平衡，以达到身心合一的境界，从而调动起我们内在生命的智慧和力量。

2. 体位法　瑜伽体位法（姿态功），意为保持在很舒适的姿势中。远古的时候，瑜伽的修行者在大自然中仔细观察动物的习性，模仿动物的典型姿态，创造出了瑜伽体位法。所以，许多姿势都被冠以动物名称，像猫式、鱼式、狮子式等，意在要获取动物身上的神秘力量——自然康复能力，以使人的精神和肉体保持健康状态。瑜伽体位法的每个伸展动作都是配合呼吸来完成的。它柔和地按摩人体各个器官，活化僵硬的关节部位，通畅经络，矫正不良体态，调整自主神经系统和内分泌系统，减少赘肉和脂肪，使体形更为紧凑、健美。

3. 冥想　冥想就是在排除一切杂念后，沉思、静虑的过程。冥想帮我们放松大脑、释放压力和紧张情绪，使我们身心产生平衡和安宁，使心灵更易产生反思、直觉、灵感和创造意识。而且冥想还能改善血液循环，调节身体荷尔蒙水平。当我们意识集中、身体充分放松时，体内元气和能量就能达到充分的恢复和凝聚。

二、瑜伽学习过程中的注意事项

（1）选择通风好的场地，在地上铺一块垫子或毯子。

（2）穿着宽松的天然面料的服装，赤脚最佳。摘掉首饰、手表。

（3）练习前空腹 2～3 h（因人而异，低血糖的人可食少量饼干、牛奶类食物来补充血糖和热量）。

（4）做瑜伽前要做好热身操，以免运动损伤。

（5）每一个瑜伽动作都应平缓地完成，并配合有规律的深呼吸来帮助身体放松。

（6）练习时要将意识专注到被伸展和被刺激的部位上。不可存有杂念，不可说笑。

（7）练习时不跟别人比，只跟自己的过去比，即使每天进步一点点，也是进步。

（8）瑜伽练完后的 30 min 内，不洗澡、不吃食物、不做剧烈运动，以免破坏体内能量的平衡。

（9）女生月经期间可以练习瑜伽，但要选择一些较轻松的姿势，不做强度较大的身体动作比如犁式、肩立式和一些增加腹压的姿势。

（10）大病初愈或手术后不要立即做瑜伽练习，需要身体恢复一段时间后才可进行适当的瑜伽练习。

（11）有心脏病、高血压、糖尿病的患者以及有脊柱关节伤病的人，需经医生同意后，才可练习。

第二节　瑜伽动作组合练习

一、瑜伽静坐冥想的坐式与手印

生活中，平时工作、学习压力大，以致觉得很难静下心来，那么可以通过做瑜伽的静坐冥想来放松身心。只需选一个舒适的坐姿，尽量放松身体，什么也不想，只是专注呼吸。待身体完全放松后，呼吸会变得深长而平稳，情绪会变得平静而愉悦，身体也会变得松弛而柔软。心灵和身体同时达到了稳定和谐的状态。静坐冥想能直接影响人的大脑和自主神经，是非常有效的放松精神和肉体的训练方法。

1. 简易坐（散盘坐）

做法：双腿交叉，左脚压在右腿下方，右脚压在左腿下方。挺直脊背，收紧下巴（图 14-1）。

2. 金刚坐

做法：屈起双腿，将臀部坐在脚跟上；放松肩部，收紧下巴，挺直脊背，这样会减轻腿部的压力，腿部自然就不会麻痹（图 14-2）。

3. 莲花坐

做法：坐正，双腿向前伸直。屈起右腿，将右腿放在左大腿上，脚心朝上；再屈起左腿，将左脚放在右大腿上方，脚心朝上；挺直脊背，收紧下巴，让鼻尖同肚脐保持在一条直线上（如果腿部疲劳，可换腿再做，图 14-3）。

图 14-1

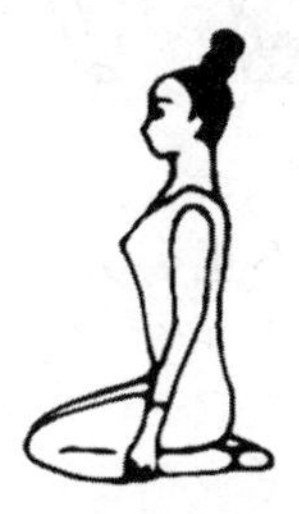

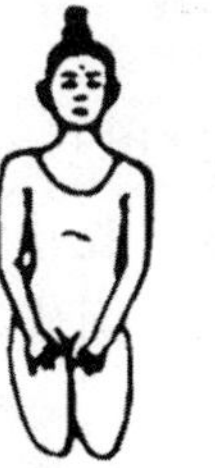

图 14-2

图 14-3

效果：活化髋部、膝关节和脚踝。增加对头和胸部区域的血液供应，有助于使人的身心平和稳定，增强专注力。

4. 半莲花坐

做法：坐正，双腿向前伸直；屈起右腿，将右腿放在左大腿上，脚心朝上；屈起左腿，将左腿放在右大腿下方。挺直脊背，收紧下巴，让鼻尖同肚脐保持在一条直线上（图 14-4）。

效果：具有莲花坐的相同功效，但程度稍逊。

5. 秦手印

做法：选一种瑜伽静坐姿势坐好；双手的拇指和食指相抵，其余三个手指伸直放松；把双手放在膝上，掌心朝上（图 14-5）。

6. 智慧手印

做法：手势同秦手印一样，只是两手掌心朝下，放于两膝上（图 14-6）。

图 14-4　　图 14-5　　图 14-6

效果：秦手印和智慧手印这两种瑜伽手印有助于使身心更平衡、稳定，意识更专注，使冥想静坐练习更完善、更具高质量。

二、瑜伽心灵减压组合练习（一）

1. 分腿脊柱弯曲练习

做法：站立，双腿分开略比肩宽；双手从正面举起，掌心向前；保持伸肘状态，双手与上半身向后弯曲；慢慢回正，身体前倾，双手握住脚踝，头尽量贴近双腿；慢慢恢复上半身，呼吸 10 次（图 14-7）。

图 14-7

效果：按摩整个脊柱，调整脊柱弯度，改善紧张和不正姿势。消除肩、背、颈的疼痛，强化脊椎，舒缓神经系统，有效改善睡眠、调节大脑皮层神经，使身心得到放松，调整紧张的情绪。

2. 侧弯脊柱练习

做法：站立，双腿分开略比肩宽；吸气，右手向上伸展；呼气，左手抓住左脚，右手伸直与地面平行；直立身体，慢慢还原，调整呼吸；呼气，换边练习。右手抓住右脚，左手伸直与地面平行（图 14-8）。

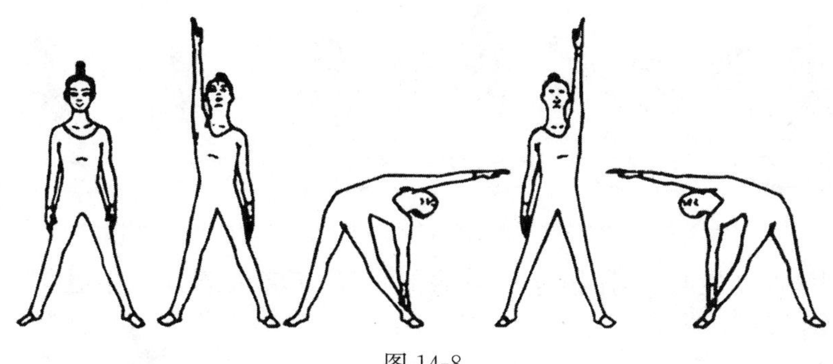

图 14-8

3. 脊柱扭转练习

做法：站立，双腿分开略比肩宽，双手左右打开，吸气；保持手臂伸直，向左转身；慢慢还原，换另一侧（图 14-9）。

图 14-9

效果：伸展脊柱，重新分布囤积在腰围的脂肪。促进浊气排出体外，纳入更多新鲜气体，放松大脑皮层神经，使身心得到放松，调整紧张情绪。

4. 头颈部练习

做法：自然坐下，手放在膝盖上，食指和拇指相扣，成瑜伽秦手印；吸气，让头向后放松；呼气，头向前低；再吸气时头倒向左边；呼吸向右移，然后向后倒，遵循后、前、左、右这个顺序，做 2～3 min（图 14-10）。

图 14-10

效果：放松头颈部肌肉，消除颈部疲劳。保护颈椎润滑，保持大脑清醒，平复情绪，提高记忆力。

5. 坐姿放松练习

做法：自然坐下，双手于胸前合十；打开双手，呼气仰头；双手于头顶合十；手臂放下搓热手掌；伸直搓热的手掌，然后捂住双眼，调息；感觉双手没有热量了，可伸直放松后再来一次（图 14-11）。

效果：伸展双手，放松大脑皮层神经，利用手掌的热量放松视觉神经，预防因长时间、

图 14-11

近距离地使用眼睛所产生的视力问题，消除眼部疲劳，改善眼睛干涩不适等症状。

6. 骶椎按摩练习

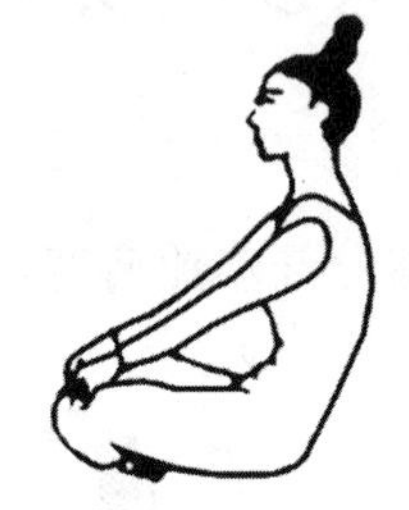

图 14-12

做法：自然坐着，手放膝盖上，呼气，尽量收紧腹部；吸气，腹部向前突出，放松脊柱。在能保持身体平衡和舒适时，可以逐渐将节奏加快（图 14-12）。

效果：放松脊柱，按摩内脏器官，调节内分泌，改进身体平衡感。另外，还可解除紧张，消除胸闷与心浮气躁，使人心平气和。

7. 胸腔呼吸练习

做法：坐姿，展开手臂，头略向后仰；双手于头顶合十，保持手臂伸直；展开手臂，深呼吸；举起手臂，掌心相对；双臂放下，置于胸前，双手松动地握拳，先由右向左轻轻地击打胸腔，然后再由左向右，重复 2～3 次（图 14-13）。

图 14-13

效果：轻轻捶击胸腔，既可以消除胀气，又可以锻炼手臂，使自己恢复良好的精神状态，亦能增加身体的抵抗力。

8. 动态蝗虫式练习

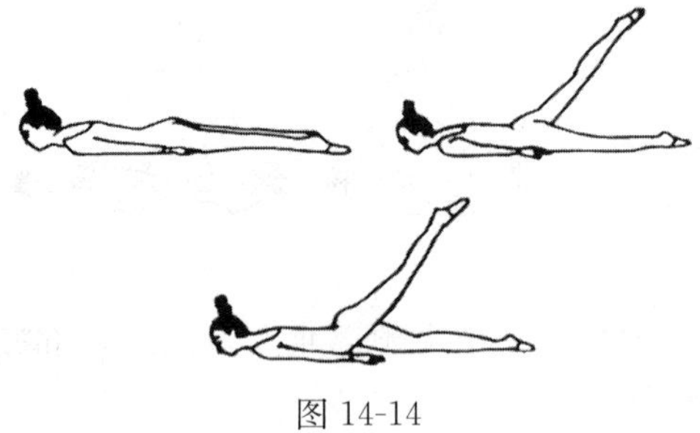

图 14-14

做法：趴在地面上，下颌着地，双手放于身体两侧，双腿打开与肩同宽；双手放于身体两侧，左腿离地向上举高，额头着地，停留一会儿做深呼吸；左腿慢慢还原，举起右腿重复3～5次（图 14-14）。

效果：增强和调节肝脏及其他腹部脏器，强壮心脏、下脊柱和坐骨神经。减压、改善睡眠，保持充沛的精力和体力。

9. 眼镜蛇式练习

做法：跪在运动垫上，双手自然放在大腿上；将身体前倾，趴在运动垫上，双手掌心朝下，手臂伸直；将身体前伸，手肘弯曲，小手臂紧靠于运动垫上，脚背贴于运动垫上，两腿内侧并拢；以上半身结合腰部及手臂力量，将上半身抬起。往上抬起时吸气，身体往下、鼻尖靠近运动垫时呼吸。身体由下往上抬的速度约为 4 s，反复 8 次（图 14-15）。

图 14-15

效果：不但锻炼了腰部和手臂的力量，也使脸部、颈部肌肤紧实，富有弹性，预防双下巴，塑造脸背部线条。给生命注入新鲜活力，防止抑郁症，舒缓压力，让人保持良好的精神状态。

10. 鞠躬式练习

做法：跪姿准备，双手自然放于两腿上；前额贴地，双手交叉放于身前，深呼吸，放松（图 14 16）。

效果：弯曲姿势给脑部供应充足的新鲜血液，消除大脑神经的紧绷状态，让人时刻保持清晰的思维，做事更有条理。

图 14-16

11. 平衡海龟式练习

做法：双腿尽量分开，双手五指分开，放于身前；屈起双腿，身体略向前倾；保持双腿左右分开，利用屈起的双臂支撑起身体的重量（图 14-17）。

图 14-17

效果：美化及改善腿部和双臂线条，促进血液循环，稳定情绪。

12. 婴儿放松式练习

做法：跪姿，调整呼吸；上身向前弯，双手分别放于脚两侧，手背朝上。彻底放松 2～3 min（图 14-18）。

效果：这是放松神经的最好姿势，用心聆听来自身体的声音，使自己完全放松下来。这样可以放松大脑皮层神经，消除一天的疲劳，促进深层睡眠。

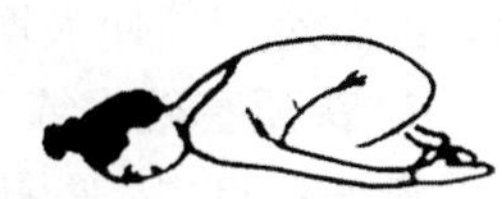

图 14-18

三、瑜伽心灵减压组合练习（二）

1. 直角转腰式练习

做法：挺直身体站立，两腿分开略比肩宽，两臂靠体侧下垂；两手十指相交紧握，高举过头。抬头，两眼注视相握的双手；呼气，用你的脊柱基座为支点，向前弯身，直到背部和双腿形成直角。在此期间，两眼始终注视十指相交的两手；吸气，向右转动 90°；呼气，向左转动 90°。左右转动的动作重复 4 次以上，然后，上体收回到原来的位置，调整呼吸（图 14-19）。

图 14-19

效果：加强双臂、腰、背和髋关节的锻炼。对于体态不良的人来说，这是一个极佳姿势。它有助于纠正双肩下垂和脊柱弯曲，也是消除肌肉紧张的姿势。

2. 四步蹲功练习

做法：挺身直立，在感到舒适的情况下将两脚左右分开，两脚指向外侧。两手十指相交，两臂轻松下垂；弯曲双膝，慢慢将身躯降低；再次弯曲双膝，把身躯下降得比第一次略低一些；伸直双腿，调整呼吸后把身躯降低到两大腿与地面平行（图 14-20）。

效果：对于大腿内侧容易堆积赘肉的人来说，这是一个极好的练习。它强化双踝、双膝、两大腿内侧和子宫肌肉，降低这些位置的脂肪层增厚状态，塑造优美的双腿。

3. 单腿平衡练习

做法：站立，举起两臂，直接越过头顶，掌心向外。重心放在左腿上，右腿向后伸展；上体慢慢向前倾斜，使头、身体和伸直的两臂在一条线上。同时向后举起右腿，使右腿与身体成一直线。停留的时间越长越好；放下右腿，换另一侧（图 14-21）。

图 14-20

图 14-21

效果：此姿势紧实双臂、双腕和腿部肌肉，矫正骨骼，有助于取得全身性的协调和平衡，经常练习，使人增强自信、坚强等品质。

4. 头顶基础式练习

做法：直立，两腿分开略比肩宽。双手向上伸展，十指相贴，掌心相对；双手放于髋部，在髋部屈体；两手分别抓住两脚踝。头顶放在两足之间的地上；举起双臂，两手在背后握紧。用头顶和双脚平衡身体。维持片刻，调整呼吸（图 14-22）。

效果：此式给大脑带来新鲜血液，提高脑部血流速度，刺激脑垂体分泌生长激素，有增高功效。同时有效地锻炼了四肢和背部、腰部肌肉，令身形更修长、舒展。

5. 三点支撑练习

做法：站立，两腿分开略比肩宽，手臂左右展开；重心放在左脚，右腿向后伸直，保持身体平衡；右手扶于地面，伸直右手肘，左手伸向天花板，利用右手和双脚支撑整个身体

（图 14-23）。

图 14-22

图 14-23

效果：此姿势调节神经系统的平衡，消除焦虑。它使腿肌柔软，消除侧腰部赘肉，美化腰、臀、腿间的曲线。

6. 单手平衡练习

做法：抬起臀部，伸直双腿，两臂与地面垂直，使身体笔直绷紧；将身体转向左侧，右手支撑身体，左手平放于左侧大腿上，头转向左侧，眼睛看向天空；头回正，停留做深呼吸（图 14-24）。

图 14-24

效果：此姿势发展神经系统，锻炼身体的平衡感，美化双臂曲线。

7. 莲花坐冥想练习

做法：坐姿，双手拇指与食指相对（秦手印）放于膝上；双手十指相对，举过头顶，目光看向双手；吸气，双手于胸前十指相对；还原，调整呼吸（图 14-25）。

图 14-25

效果：此姿势可以消除胀气，预防便秘，刺激女性荷尔蒙正常分泌。长期练习，可以培养清雅脱俗的气质。

8. 伏莲式练习

做法：将双腿盘成莲花坐或半莲花坐，坐好；双臂背后屈起，双手合十；呼气，上身缓缓前倾，前额贴地，保持 20 s，自然地呼吸；直起上身，还原，放松手臂和腿部。交换腿的上下位置再做 1 次（图 14-26）。

图 14-26

效果：此姿势能有效按摩脊柱神经和背部肌肉。配合深呼吸，吸入大量新鲜氧气，促进体内脂肪燃烧，经常练习可以美化背部曲线，净化心灵，提升气质。

9. 磨豆式练习

做法：坐姿，两腿向前伸直；两臂做圆周水平运动，手指相叉，手臂伸直，想象自己正在用双手推石磨磨豆子，只从腰部移动身体。朝顺时针方向做此练习 10 次；调整呼吸，然后朝逆时针方向练习 10 次（图 14-27）。

图 14-27

效果：这个姿势能大量燃烧腰腹部脂肪，有细腰、平腹的优良功效。同时深层按摩子宫肌和腹腔器官，促进胃肠的消化功能，排除体内积存的废物和毒素，保养子宫。

10. 独身者式练习

做法：坐势，双腿在身前并拢；全身用力，伸直双腿，绷直身体；双臂放于身体两侧，手心朝下，用双臂抬起身体，离开地面；双腿保持平直，继续向上，整个身体应支撑在手上，保持平衡；慢慢放下身体，调整呼吸（图 14-28）。

图 14-28

效果：此练习能紧实腹部肌肉，按摩内脏器官。

11. 桌式练习

做法：仰卧于运动垫上，双手自然放于身体两侧；屈起双腿，调整呼吸；双手置于体后，十指向内；抬起臀部，用四肢支撑身体，头向后仰（图 14-29）。

图 14-29

效果：这个姿势可用来预防和治疗椎间盘突出，按摩直肠及腹部其他内脏器官，特别是对脊柱、腰背部及脚踝后面的肌肉有帮助，纠正驼背等不良体态。

12. 莲花肩倒立式练习

做法：莲花坐，调整呼吸；吸气，向空中举起交叉的双腿，双手可以放在腰部帮助头部支撑身体（图 14-30）。

效果：此式充分锻炼了肩部肌肉，打造迷人的香肩；刺激甲状腺，改善血液和淋巴循环，保持内分泌系统的平衡。

13. 半莲花犁式练习

做法：席地而坐，一腿前伸，另一腿屈起，成半莲花坐；双手放于腰部，向空中举起屈起的双腿；用两手向下推，并向后翻滚；伸直的一腿越过头，脚趾着地，另一腿放于头上；举起身体慢慢回到复原来直坐的位置（图 14-31）。

图 14-30　　　　图 14-31

效果：此式可以伸展骨盆，按摩内脏器官，消除腹部赘肉，打造纤纤细腰。

思考题

结合自己练习瑜伽的具体情况，谈谈该项目锻炼对身体有哪些益处。

第十五章　健 美 操

健美操是在音乐的伴奏下，以徒手体操中各种类型的基本动作为基础，吸收了舞蹈、艺术体操、现代舞和武术等的诸多动作，经过加工提炼、创编而使之发展成为具有独特风格的体育艺术项目。

健美操是当代大学生喜爱的一项健身艺术和表演运动，既增进身体健康又培养正确的身体姿态，还能塑造健美的形体并陶冶人的情操。健美操是集合操、乐、舞于一体的追求个人身体健康和美丽外形的艺术体育项目，因此，健美操具有健身、健心和美育等多种社会文化艺术功能。

第一节　健美操概述

一、现代健美操的兴起与发展

19 世纪末，20 世纪初，欧洲出现了许多体操流派，他们在理论和实践上的创新对健美操的发展起到了推动作用。20 世纪 60 年代初，则是健美操的萌芽时期。它最早是由美国太空总署的医生库帕博士为太空人设计的体能训练内容。而 20 世纪 80 年代初，随着遍及全球的健身热和娱乐体育的发展，健美操以其强大的生命力风靡世界。后来，美国兴起了一种有成千上万人参加的健身舞，又称健力舞。健身舞通常是在欢乐的摇滚音乐伴奏下，把柔软体操、伸展运动和慢跑融为一体。如今，美国的男士也开始跳健身舞，一则可以保持体形健美，二则可以消除疲劳。

世界性的健美操也传到了中国。1979 年以来，北京、广州、上海等地相继举办了各种健美操训练班，把我国的武术和民间舞与欧洲的健美操融为一体，创造了具有中国特色的健美操。从 1982 年起，各种形式的健美操相继走向了大众。如今，健美操已被我国列入大、中、小学的体育课，并深受广大女性的喜爱。1985 年北京体育学院成立了健美操教研室。1987 年在北京举行了“首届青年韵律操比赛”和“首届长城杯健美操邀请赛”，把我国的健美操推向一个新的高潮。

健美操作为一项美的运动，一个时代发展的产物，将随着人类物质生活水平的提高而不断改善。如今，健美操已成为全民健身潮的普及项目。健美操有助于人们实现心灵美的追求，使人们的身体匀称、和谐、健美地发展；使人动作优美，从而塑造健美形体，将理想形体的追求变为现实。

二、健美操的分类和特点

（一）健美操的分类

健美操可分为大众健美操和竞技健美操两大类。

1. 大众健美操　大众健美操是以锻炼身体、增进健康为目的的健美操。它面向广大群众，自娱自乐，可根据练习者的年龄、性别、目的、任务等，按照编排的原则和规律进行创编。它具有普及性，动作无特定要求。

（1）根据年龄特征可分为老年健美操、中年健美操、青年健美操、少儿健美操和幼儿健美操。

（2）根据性别可分为男子健美操和女子健美操。

（3）根据人体结构可分为颈、肩、腰、腹、臀和腿部的健美练习。

（4）根据练习形式可分为徒手健美操、持轻器械健美操和利用特定器械进行练习的健美操，如哑铃操、实心球操等。

（5）根据动作内容特征可分为形体健美操、姿态健美操、跑跳健美操和垫上健美操等。

2. 竞技健美操　竞技健美操是在大众健美操的基础上提高和发展起来的一项新兴的竞赛项目，它根据特定的规则进行编排、训练和比赛。项目有男、女单人，混双，三人和集体六人。不同的项目在比赛的场地、时间、特定动作上有所区别，成套动作中必须有特定动作，鼓励创新，动作和编排要有独创性。不鼓励做任何有危险的和有损健康的动作。

（二）健美操的特点

现代健美操除具有内容丰富，形式多样，易于普及，能全面地、有重点地锻炼身体，有一定的艺术性和不断创新等一般特色外，还具有以下特征：

1. 融健美、健身、健心为一体

（1）成套健美操的动作能锻炼身体的各部分，发展肌肉力量、速度和弹性；发展关节的灵活性和韧带的柔韧性；增强心血管和呼吸系统的机能。

（2）健美操动作美观大方、准确有力，能有效地训练身体各部位的正确姿态，有利于塑造健美的体型。

（3）健美操练习是在音乐伴奏下进行的。欢快、鲜明的音乐节奏不仅给健美操带来了生机和美的色彩，也使练习者在欢快的环境中，心灵得到净化，在自娱自乐中陶冶了美的情操。

所以，健美操是一项以健身为基础，融健美、健心为一体的体育运动。它既注重了外在美的锻炼，也加强了内在美的培养，使练习者获益不菲。

2. 以节奏为中心的运动　健美操的动作节奏表现在动作力度的强弱和速度的快慢上。合理支配肌肉的紧张与放松，是体现动作节奏性的关键。力度是指快速完成动作时能急速制动。在健美操的练习中，动作有一拍一动，二拍一动和一拍二动；有对称和不对称的动作；有同步和依次完成的动作。

3. 具有一定的运动量　任何身体练习都要承受一定的运动负荷，只有适宜的运动负荷才能使练习者达到健身和健美的目的。成套健美操动作连贯，每节和每个动作之间都是紧密相连、有机配合的整体。由于动作幅度大、练习不间断、重复练习并持续一定的时间，因而练习的密度较大，可消耗一定的体力，并达到一定的运动负荷。例如，北京体育大学创编的“青年韵律操”中，头、颈、肩、肘、腕、脊柱等各主要关节的活动次数在1 500次以上，平均关节活动达每分钟 300 次，超过一般徒手体操 3～4 倍，是第六套广播操的 6 倍，运动中最高心率可达每分钟 160 次。

4. 音乐是健美操的灵魂　健美操是在节奏鲜明、欢快、奔放的乐曲伴奏中进行练习的。音乐是健美操不可分割的一部分。健美操的音乐不仅能让练习者在完成动作时准确地把握每一个节拍，而且能让练习者激发感情，精神饱满，并陶冶美的情操。健美操的动作风格与类型以及练习者的表现和音乐的特色完美结合，才能使健美操更富有感染力，使练习者得到美的享受。

5. 具有群众性和针对性 健美操的运动量可大可小，动作可易可难，时间也可以自行调节，且不受场地、器械、年龄等条件的限制，既可健身，又可自娱自乐，因此深受广大群众的喜爱，具有广泛的群众性。健美操不仅对全身或某些关节、韧带、肌肉群等进行卓有成效的健美锻炼，还可根据不同对象、年龄、性别、能力等进行编排，这就保证了它的针对性。

三、健美操的作用

长期坚持不懈地进行健美操的练习，可以锻炼身体，促进身体健康，塑造健美的体型，提高审美观、陶冶情操。

1. 锻炼身体、促进身体健康 健美操动作简单易学、内容灵活多样，可因人、因时、因地制宜。它把徒手体操和舞蹈等的基本动作进行操化处理，使动作更有弹性，造型更美观大方。

长期进行健美操练习，可提高各器官、系统的机能，促进身体健康。首先，活动全身肌肉，使肌纤维变得坚韧有力，提高新陈代谢能力，还能提高人体的协调性，关节的灵活性和韧性。其次，能提高心血管系统的机能，使心脏容量增大，心脏的收缩力和血管的张力提高，血液循环加快。再次，健美操是一项较好的有氧健身活动，随着运动量和练习时间的增加，呼吸系统的机能得以提高。此外，健美操增加了髋关节的活动后，加强了腹腔的活动，使胃肠蠕动加快，帮助了人们的消化和吸收，从而提高了循环和消化系统的功能。

2. 塑造健美的体型 健美操是在解剖学、生理学和人体造型学的科学指导下进行的锻炼。健美操的每个动作都能对身体的各个部位进行有效的锻炼，并在严格的要求和规格下完成，讲究姿态、力度、表现力和速度等。因此，健美操舒展、优美、规范的动作可以纠正日常生活中的不正确体态和习惯，如含胸低头、端肩等，塑造正确而优美的体型。如具有针对性的胸部、腰部、髋部和腿部健美操可以使各对应部位的肌肉得到锻炼，消除多余的脂肪，增加各关节的灵活性、柔韧性及肌肉的弹性。

3. 提高审美观、陶冶情操 健美操是在节奏鲜明、强烈而欢快的音乐伴奏下融体操、舞蹈、艺术为一体的身体练习，动作欢快而活泼，富有朝气，节奏感强，容易引起人们的兴趣。通过练习可以培养和提高练习者对身体美、动作美、神态美、造型美和音乐美的感受力，提高艺术素养，树立正确的审美观，产生积极向上，追求美好未来的健康情绪。

第二节　健美操的基本动作

一、健美操的基本动作

健美操的基本动作是健美操的核心，各种动作都是在此基础上产生和发展的。健美操的任何组合动作都是以它为基本元素进行编排的。它的内容丰富，动作相对比较简单，练习者易于练习和掌握。

（一）手型

健美操手型主要有掌和拳两种（图 15-1）

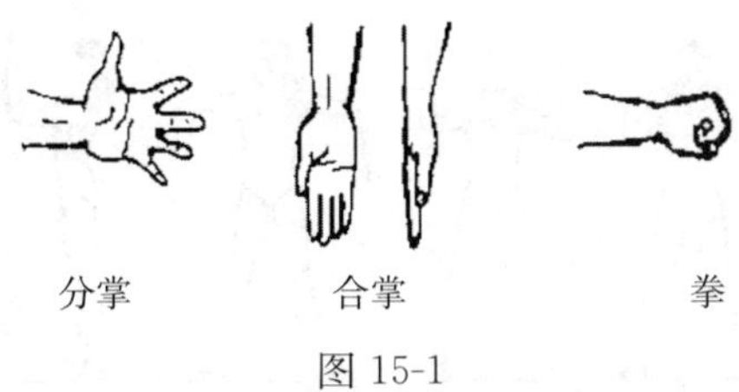

图 15-1

（二）身体各部位的基本动作

1. 头、颈部动作 头、颈部动作有屈、转、绕和绕环（图 15-2）。做各种形式头颈动作时，上体保持正直，速度要慢，头颈移动的方向要准确，充分伸展颈部肌群。

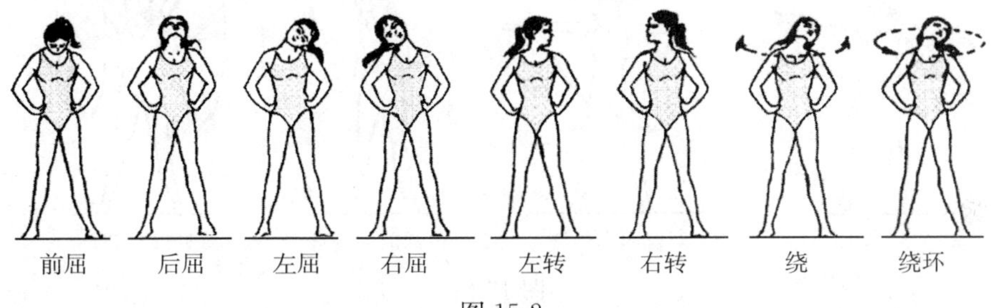

图 15-2

2. 肩部动作 肩部动作有提肩、沉肩、绕肩、肩绕环等（图 15-3）。

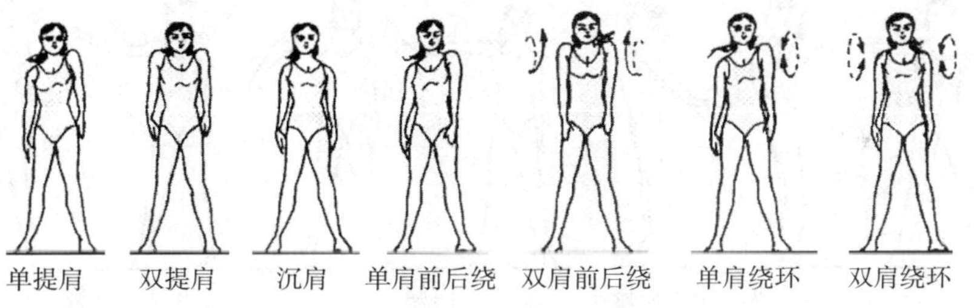

图 15-3

（1）提肩时尽力向上，沉肩时尽力向下，动作幅度大而有力。

（2）绕肩时上体不能摆动，两臂放松，头颈不能前探；动作连贯，速度均匀，幅度大。

（3）振肩动作要有速度、力度和弹性。

3. 上肢（手臂）动作 上肢（手臂）动作有举（图 15-4）、屈（图 15-5）、摆、绕、绕环（图 15-6）、振和旋（图 15-7）。

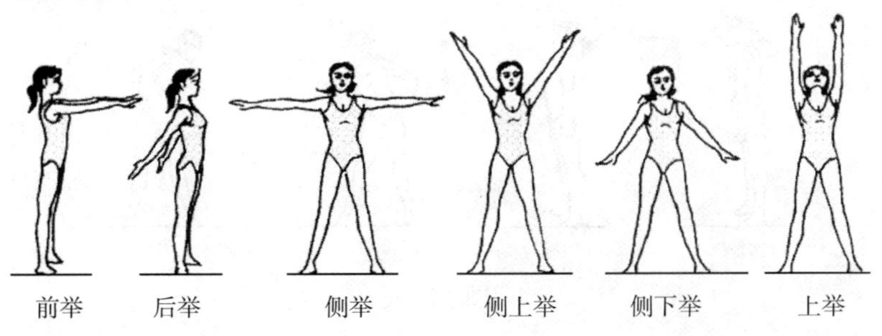

图 15-4

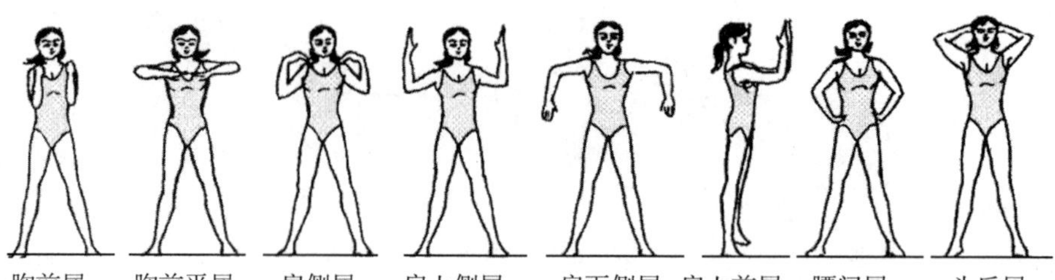

图 15-5

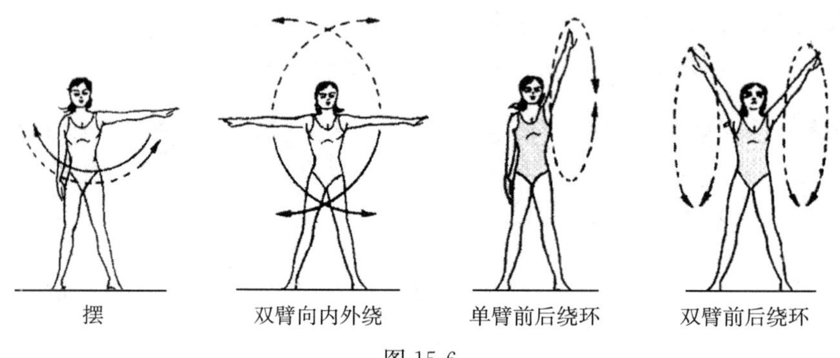

图 15-6

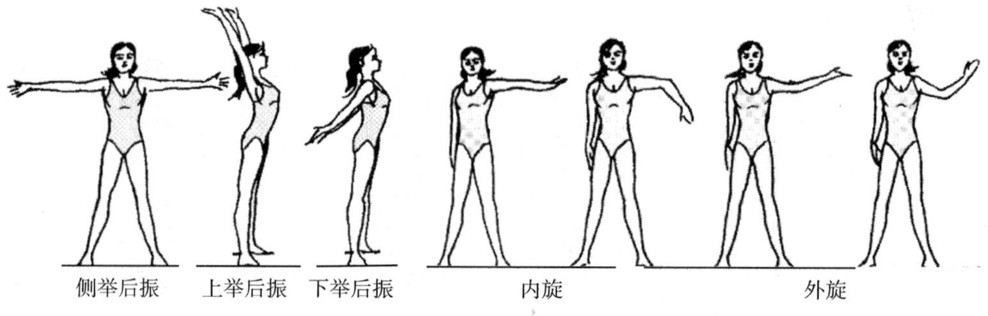

图 15-7

（1）做臂的举、屈、伸时，肩下沉。

（2）做臂的摆动时，起与落要保持弧形。

（3）上体保持正直，位置准确，幅度要大，力达身体最远端。

4. 胸部动作 胸部动作有含胸、展胸和移胸（图 15-8）。

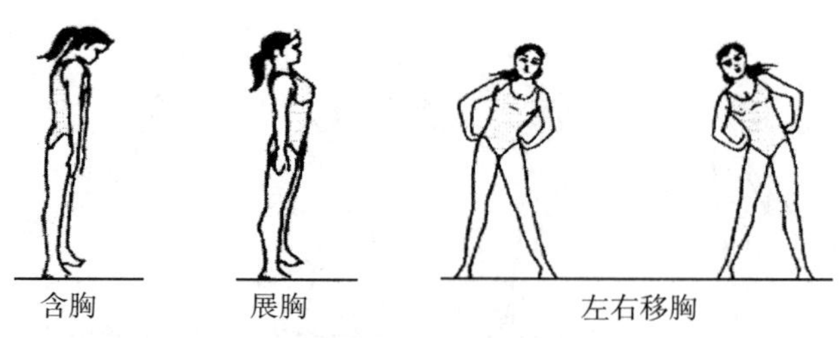

图 15-8

5. 腰部动作 腰部动作有屈、转、绕和绕环（图 15-9）。

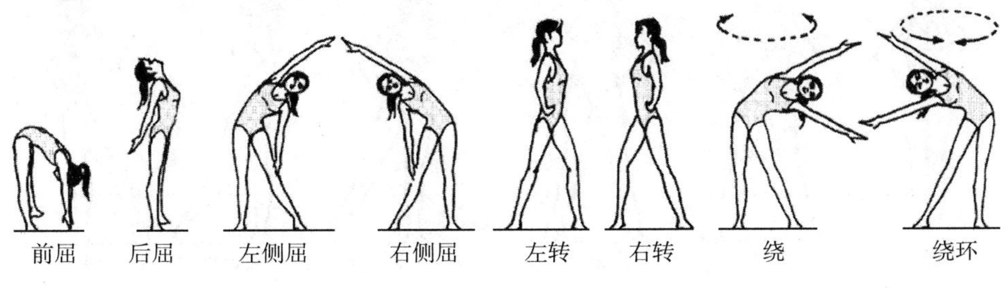

图 15-9

（1）练习时，身体远端尽力向外延伸，绕环幅度要大，充分而连贯，速度放慢。
（2）腰前屈、转时，上体立直。

6. 髋部动作　髋部动作有顶髋、提髋、摆髋、绕髋和髋绕环（图 15-10）。

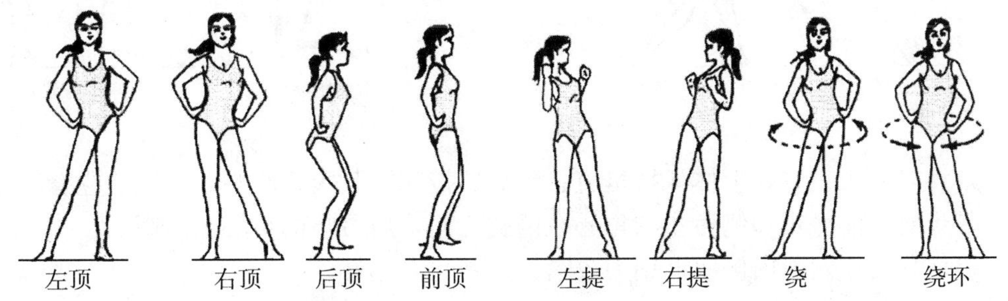

图 15-10

髋关节做顶、提、绕和绕环时应平稳、柔和、协调，稍带弹性，上体要放松。

7. 下肢动作　下肢动作有滚动步、交叉步、跑跳步、并腿跳和侧摆腿跳（图 15-11）。

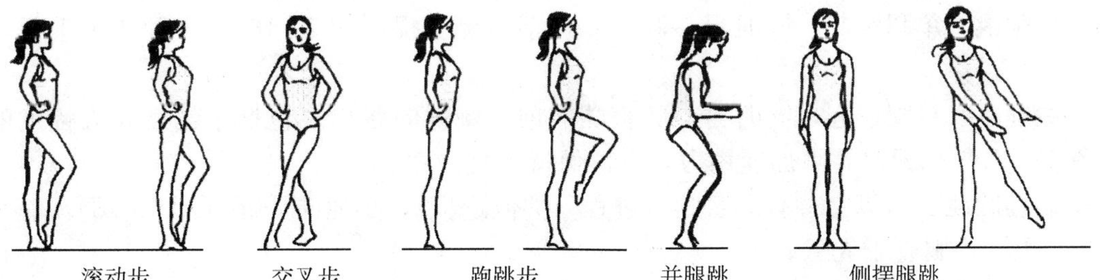

图 15-11

跳跃要轻松自如，有弹性，注意呼吸配合。

（三）基本站立

1. 立　立有直立、开立、点地立和提踵立（图 15-12）。

2. 弓步　弓步包括左、右腿的前、侧、后弓步（图 15-13）。

3. 跪立　跪立包括双腿跪立、单腿跪立（图 15-14）。

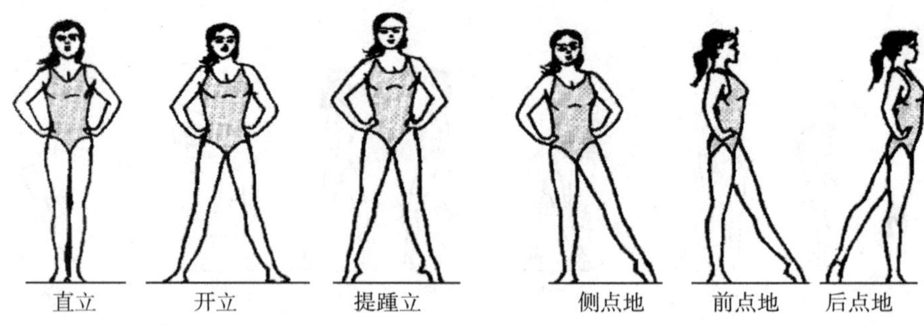

图 15-12

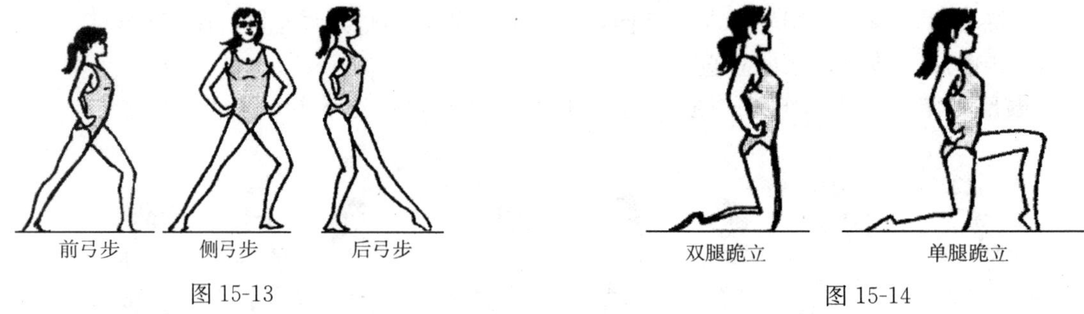

图 15-13

图 15-14

（1）站立时，头正直，上体保持挺直、沉肩、挺胸、收腹、收臀、立腰、立背、直膝。

（2）弓步时，前弓步和侧弓步的重心在两腿之间，后弓步的重心在后腿。

（3）提踵立时，两腿内侧肌群用力收紧，起踵越高越好。

（四）健美操规则规定的 7 个基本步伐

1. 踏步　两脚交替，不间断地做屈膝上提，然后踏地的动作。包括脚尖不离地的踏步、脚离地的踏步、高抬腿的大幅度踏步（图 15-15）。

落地时，由脚尖过渡到脚跟着地；屈膝时，胯微收。两臂自然前后摆动。

2. 吸腿跳　单腿跳起，同时另一腿屈膝向前、侧上提（图 15-16）。大腿用力上提，小腿自然下垂。

3. 踢腿跳　单腿跳起，同时另一腿直腿向前、侧方向踢出。包括小幅度和大幅度的踢腿（图 15-17）。踢腿时，需加速用力，上体保持正直、立腰。

4. 后踢腿跳　两脚交替有短暂腾空过程（类似跑步），小腿向后屈（图 15-18）。髋和膝在一条线上，小腿叠于大腿。

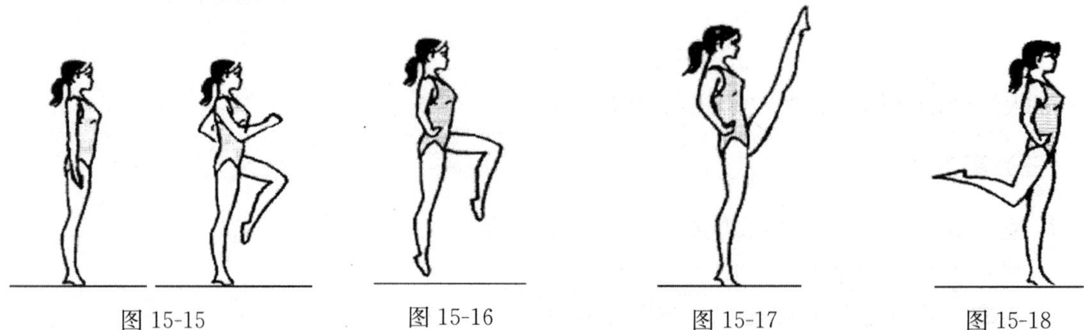

图 15-15　　图 15-16　　图 15-17　　图 15-18

5. 弹踢腿跳 单腿跳起，同时另一腿经屈膝向前、侧方向弹踢（图 15-19）。大腿抬起至一定角度后，小腿自然伸直，膝关节稍有控制。

6. 开合跳 并腿跳至开立，分腿跳至并立（图 15-20）。分腿时，两腿自然外开，膝关节沿脚尖方向弯曲；跳起与落地时，屈膝缓冲。

7. 弓步跳 并腿跳起，落地时成前（侧、后）弓步（图 15-21）。跳成弓步时，把握住身体重心。

图 15-19

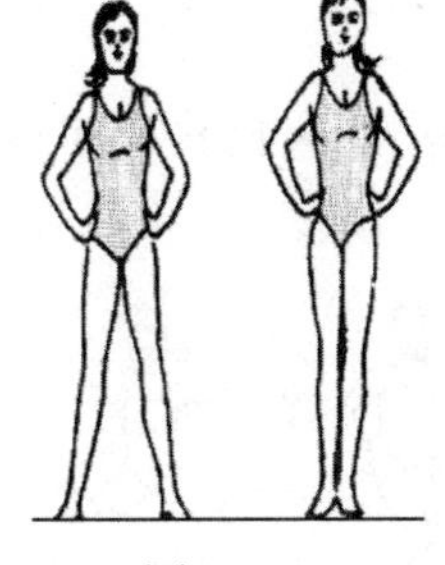

图 15-20

图 15-21

二、健美操的动作组合

1. 踏步击掌组合（8×12） 见图 15-22。

图 15-22

（1）～（2）原地踏步，2 个 8 拍。

（3）①两腿屈膝，两臂上举击掌。②两手叉腰，还原成直立。③～⑧拍原地踏步。

（4）同（3）。

（5）①～④踏步成分腿站立。⑤分腿屈膝半蹲，两臂上举击掌。⑥分腿站立，两手叉腰。⑦～⑧同⑤～⑥。

（6）①～④踏步还原成直立。⑤并腿屈膝半蹲，两臂上举击掌。⑥直立，两手叉腰。⑦～⑧同⑤～⑥。

（7）～（8）同（5）～（6）。

（9）①～⑧向前踏步。

（10）①～②左侧弓步，两手击掌2次。③～④直立，两手叉腰。⑤～⑥同①～②，方向相反。⑦～⑧同③～④。

（11）①～⑧后退踏步。

（12）同（10）。

2. 开合、弹踢、后踢跳组合（8×14）　见图15-23。

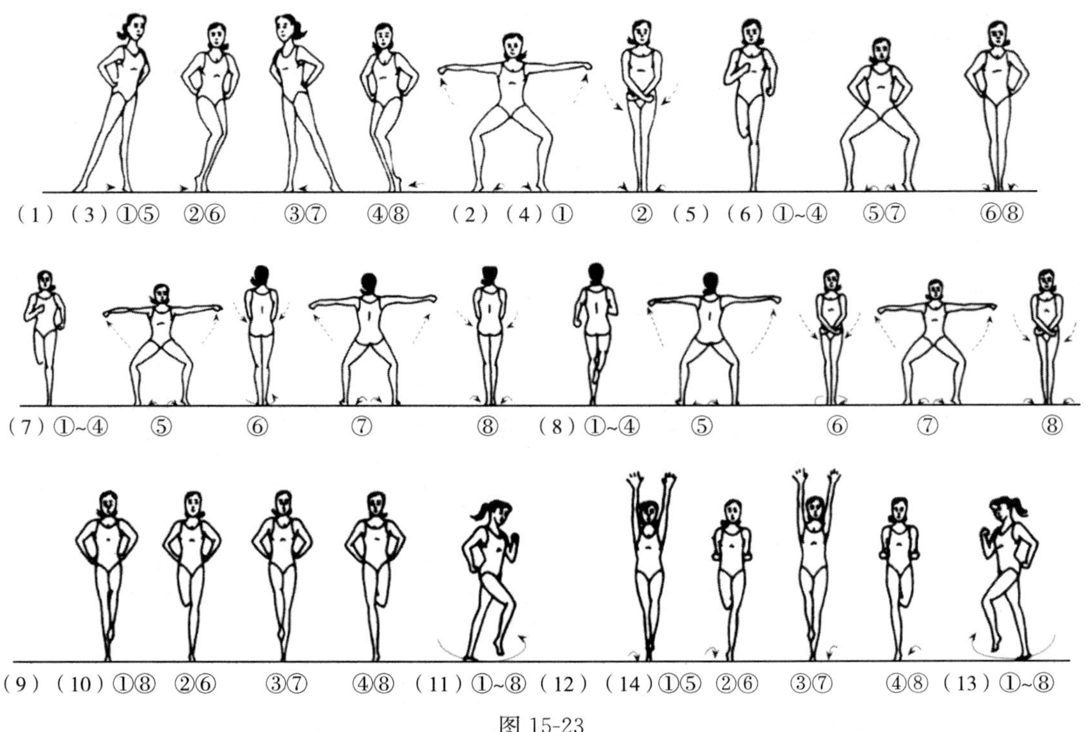

图15-23

（1）①两手叉腰，左脚向侧一步。②右脚在左脚旁点地。③～④同①～②，方向相反。⑤～⑧同①～④。

（2）①跳成分腿开立，两臂侧举，手握拳。②蹬地跳起还原成直立，两臂向下摆至体前交叉。反复做4次。

（3）～（4）同（1）～（2）。

（5）①～④，向前移动后踢跳，两臂自然摆动，手握拳。⑤～⑧，两手叉腰，做2次开合跳。

（6）①～④向后退的后踢跳。⑤～⑧两手叉腰，做2次开合跳。

（7）①～④向前移动后踢跳。⑤跳成开立，两臂侧举，手握拳。⑥向左后跳转180°成直立，同时两臂于体前交叉。⑦～⑧开合跳1次。

（8）①～④面向后移动后踢跳。⑤跳成分腿开立，两臂侧举，手握拳。⑥向右跳转

180°成直立，两臂于体前交叉。⑦～⑧开合跳1次。

(9) ①～④两手叉腰弹踢腿跳。⑤～⑧同①～④。

(10) 同 (9)。

(11) ①～⑧踏步同时向左转360°，两臂自然摆动，手握拳。

(12) ①左腿向前弹踢跳，两臂上举，五指分开，掌心向前。②右腿后屈，两臂屈肘于腰部，手握拳。③～④同①～②，动作相反。⑤～⑧同①～④。

(13) ①～⑧踏步同时向右转360°，两臂自然摆动，手握拳。

(14) 同 (12)。

3. 吸腿、踢腿、弓步跳组合 (8×14)　见图15-24。

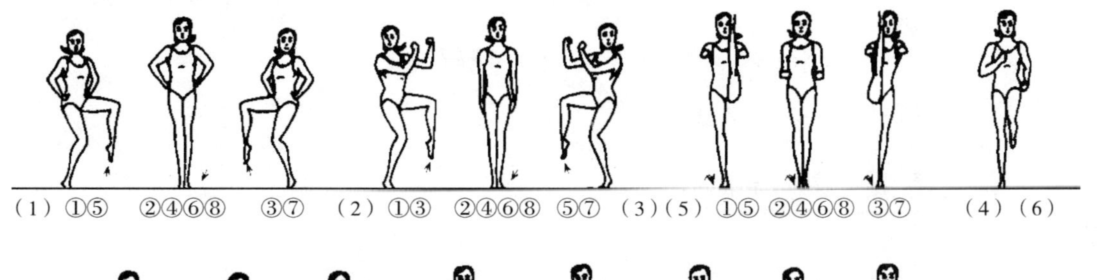

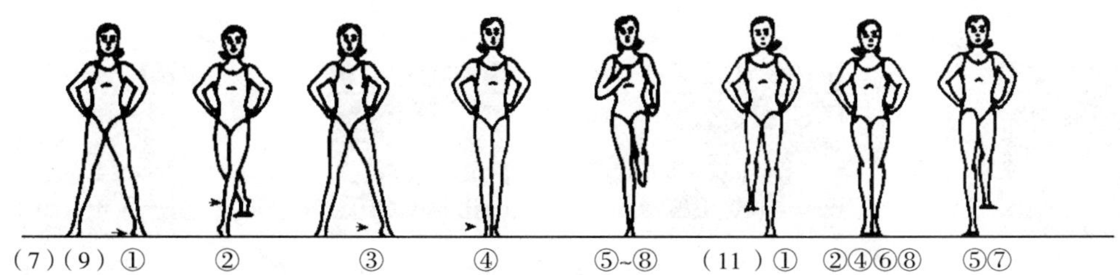

图15-24

(1) ①左腿屈膝上抬，右膝微屈。②还原。③抬右腿。④还原。⑤～⑧同①～④。

(2) ①～④左腿吸腿2次，右膝微屈，同时臂前屈，手握拳。⑤～⑧同①～④，方向相反。

(3) ①～⑧左右腿交替连续踢腿跳4次，同时两臂前举，手握拳。

(4) ①～⑧拍原地踏步。

(5) ～ (6) 同 (3) ～ (4)。

(7) ①左脚向侧一步，脚跟着地，两手叉腰。②右脚于左脚后交叉，前脚掌着地。③左脚再向侧一步。④右脚并于左脚。⑤～⑧拍，原地踏步。

(8) 同 (7)，方向相反。

(9) ～ (10) 同 (7) ～ (8)。

(11) ①～④两手叉腰，左腿屈膝，右腿后伸，膝盖伸直，做2次。⑤～⑧同①～④，方向相反。

（12）①～⑧两手叉腰，左右弓步跳转 4 次。

（13）①左脚向侧一步，同时手臂上举。②右脚于左脚后交叉，前脚掌着地。③左脚再向侧一步，同时手臂放下。④两臂屈，手握拳于腰部。⑤左腿屈膝，右腿伸直后伸，脚尖点地，同时右臂伸直前举（冲拳）。⑥右脚并于左脚，右臂收回于腰部。⑦～⑧同⑤～⑥。

（14）①～⑧同（13），方向相反。

思考题

1. 健美操的分类有哪些？
2. 健美操的基本步法有哪些？健美操的基本手型有哪些？
3. 简述健美操练习对身体的益处。

学习资源（视频）

弓　步	弓步跳	俯卧撑和后退倒俯卧撑	分腿半蹲跳
分腿半蹲	点　地	弹踢跳	弹　动
单人竞技健美操	垂地劈腿和依柳辛	侧并步	并脚跳
并步小跳	摆　腿	V 字步	走　步

直角支撑和分角支撑

一字步

吸腿跳

团身跳和屈体分腿跳

提　踵

踢腿跳

踢　腿

踏　步

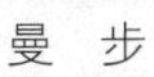
曼　步

迈步吸腿

迈步后屈腿

迈步点地

开合跳

交叉步

混　双

后踢腿跑

第十六章 跆 拳 道

第一节 跆拳道概述

一、跆拳道的概念和意义

跆拳道是一项起源于朝鲜半岛的古老而又新颖的竞技体育运动，是朝鲜族人民在生产和生活基础上发展起来的一项运用手、脚技术和身体能力进行自身修炼和搏击格斗的传统体育项目。跆拳道在朝鲜民族的不同历史时期有着不尽相同的方式、方法和名称。“跆拳道”一词，1955 年由韩国的崔泓熙将军所创。他退伍以后，在跆拳道中融合民间元素，最后成型。跆拳道可以磨练人的意志，锻炼人的体魄，培养人们勇敢顽强的精神。

二、跆拳道比赛的兴起和发展

跆拳道是现代奥运会正式比赛项目之一，是一种主要运用手足技术、重在足技进行搏击格斗的体育项目。1973 年，世界跆拳道联盟在韩国汉城（现名首尔）成立，1980 年，该组织得到国际奥委会正式承认。在此以后的 10 多年中，跆拳道运动在全世界得到了空前的发展，现已风行全球 150 多个国家和地区，参与练习者达 7 000 万人，成为当代世界上规模最大、参与人数最多的体育运动之一。跆拳道等级分为十级和九段。体重级别，成年男子分 54 kg以下，54 kg、58 kg、62 kg、67 kg、72 kg、78 kg、84 kg 以上级别；成年女子分 47 kg以下，47 kg、51 kg、55 kg、59 kg、63 kg、67 kg、72 kg 以上级别。跆拳道是在 12 m见方有弹性的垫子上进行，运动员必须带护具：护头、护身、护臂、护裆、护腿。比赛分个人赛和团体赛。比赛采用 3 min 三回合制，每个回合中间休息 1 min。攻击时可用拳和两脚。人体躯干的髋骨和锁骨之间，被护具覆盖的面积可以攻击。头部以两耳为基准的前面，只能用脚攻击。运动员得分由两名副裁判员决定。一次进攻中，两名副裁判员同时给分，即为得 1 分。3 个回合中总分多者为胜。若进攻者故意跌倒或利用犯规行为进攻，为无效得分。若运动员在比赛中被警告两次则减 1 分。若被打倒在地 10 s 内不能恢复比赛，即判对方获胜。

第二节 跆拳道基本技术

1. 手法 手法包括拳、掌、腕、肘等四种使用方法。

（1）拳。拳是各类技术中应用最多的部位，跆拳道中常用的有正拳、反拳、砸拳、半指拳、锁喉拳等。

①正拳。正拳是用拳头的正面击打对方，因此可变化成直拳、勾拳、横拳。

拳的握法：伸出手掌将拇指分开，将拇指以外的其余四指用力握紧，紧到使掌心的皮肉出现皱褶，然后将四个手指向内弯卷，把拇指弯曲地贴紧食指和中指（图 16-1）。

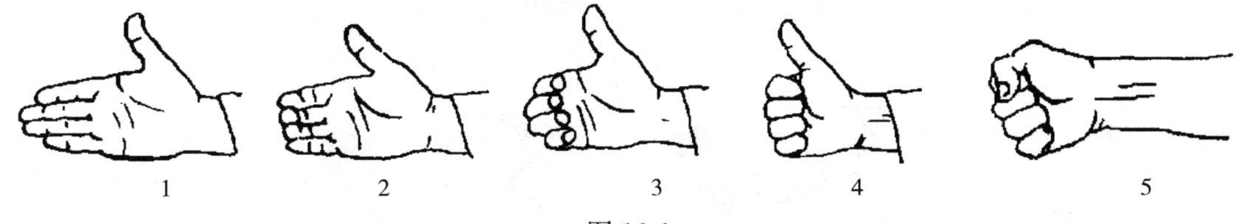

图 16-1

正拳的使用部位是食指和中指的指根处，无名指与小指要凸起，要用力握紧，手腕伸直，拳背与腕部成一条直线，见图 16-2。

上勾拳：上勾拳是用拳从下往上攻击对方的颔（图 16-3）。

摆拳：摆拳是从侧面攻击对方腹部（图 16-4）。

图 16-2

图 16-3

图 16-4

②反拳。反拳与正拳握法相同。使用时用拳的背面击打对方脸部（图 16-5）。

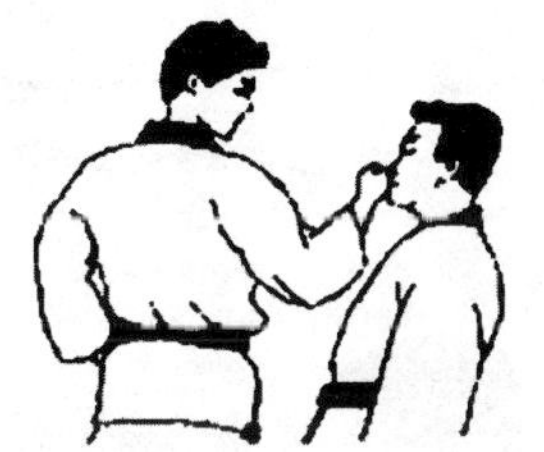

图 16-5

③砸拳。砸拳与正拳握法相同，拳心向侧，使用时用小指侧拳面击打（图 16-6）。

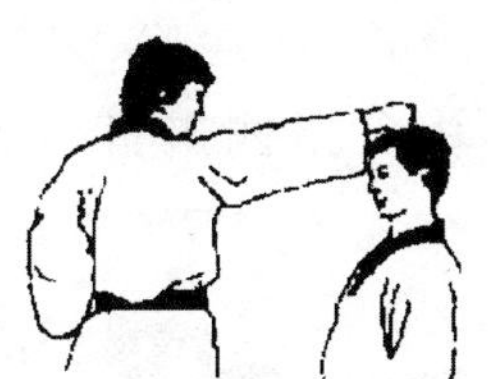

图 16-6

④半指拳。握拳时，四手指的第二指关节卷起握紧，攻击时手心向下，这种拳法在攻击时要比正拳的威力大（图 16-7）。

⑤锁喉拳。握拳时，拇指和食指弯曲成蟹钳形状，其余各手指弯曲握紧，进攻时锁击对

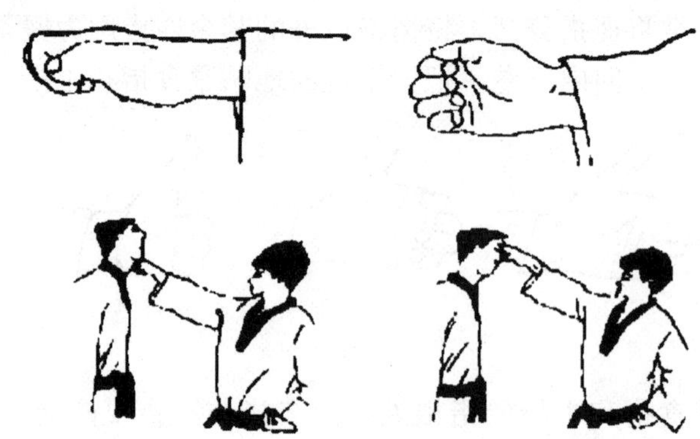

图 16-7

方喉管部（图 16-8）。

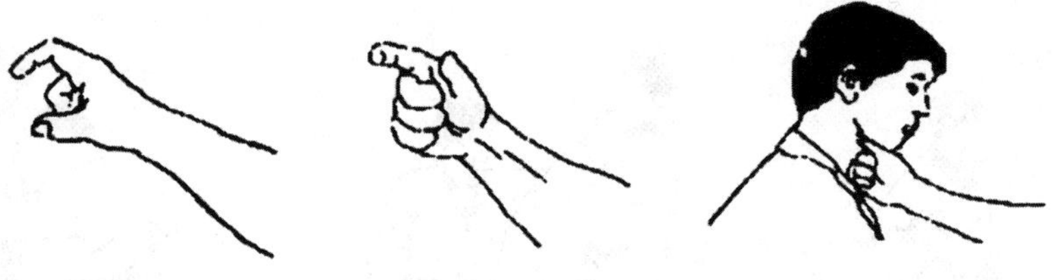

图 16-8

（2）掌。掌的使用包括劈掌、摆掌、反掌、二龙抢珠、熊掌、底掌、屈腕掌、虎掌。

①劈掌。拇指弯曲内扣，其余四指伸直，使用时用小指到掌骨处，劈击对方头颈部位（图 16-9）。

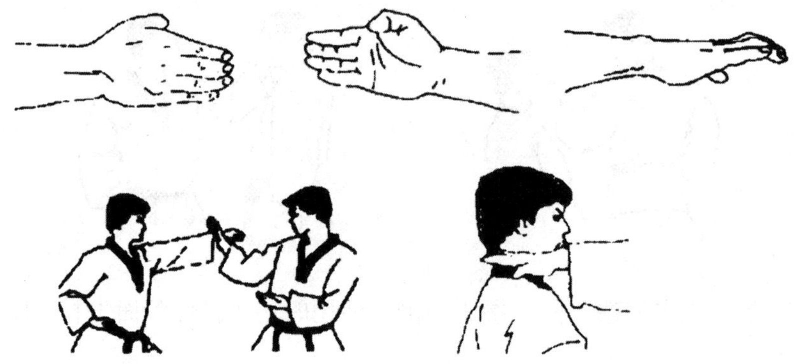

图 16-9

②摆掌。拇指弯曲内扣，四指并拢伸直，使用时，用食指侧击打对方头部或肋部（图 16-10）。

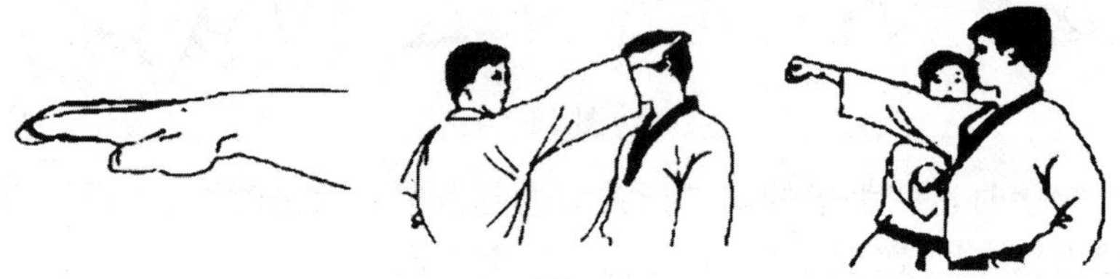

图 16-10

③反掌。握法与劈掌、摆掌相同，使用时，用掌背击打对方面门（图 16-11）。

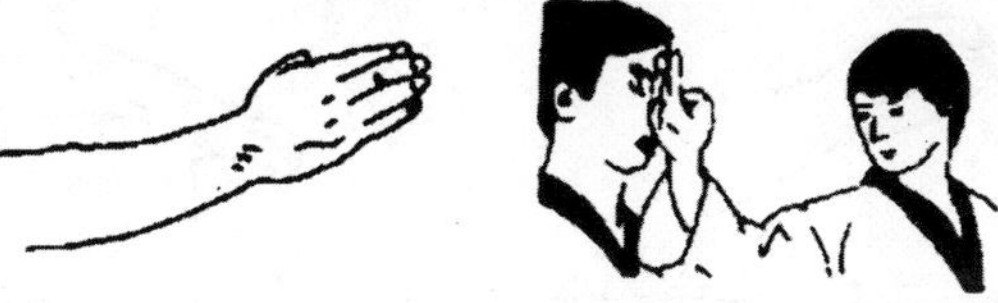

图 16-11

④二龙抢珠。食指与中指分开伸出，其余三指卷曲握紧，使用时，主要攻击对方双眼（图 16-12）。

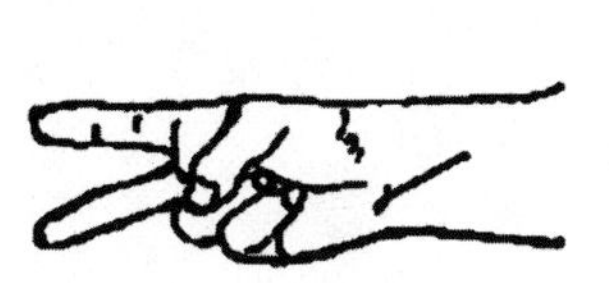
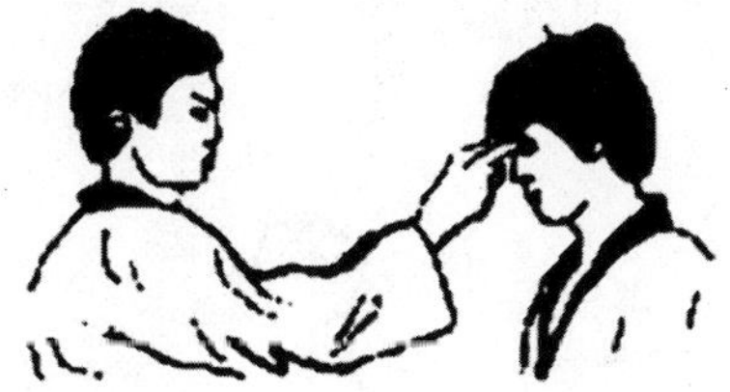

图 16-12

⑤熊掌。拇指自然内扣，其余四指的第二指节弯曲，使掌成扁平状用于打对方耳部（图 16-13）。

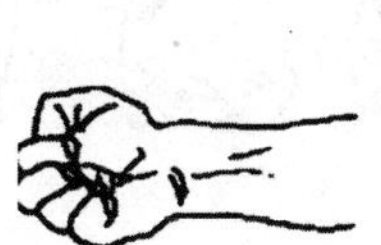
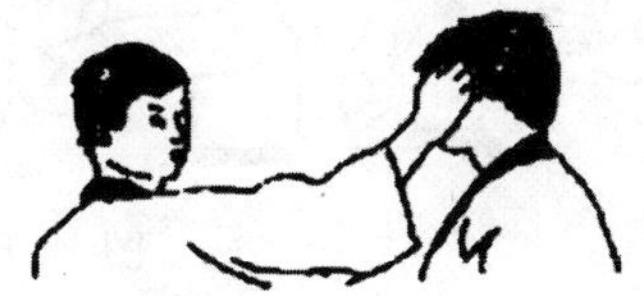

图 16-13

⑥底掌。手腕向上挑起，以掌根部位击打对方脸部及肋下（图 16-14）。

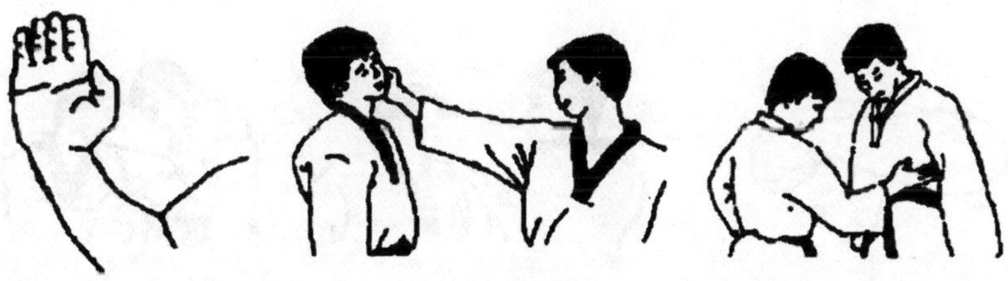

图 16-14

⑦屈腕掌。用腕托打对方下颌，一般适用近距离使用（图 16-15）。

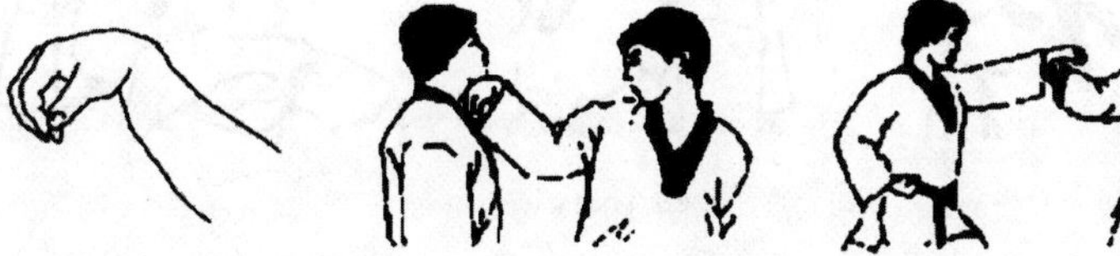

图 16-15

⑧虎掌。四指并拢，拇指分开，用虎口处击打对方下颌及腿部（图 16-16）。

（3）腕。腕部以手腕前侧、后侧、内部、背部之分，用于格架对方进攻与击打，主要用于防守（图 16-17）。

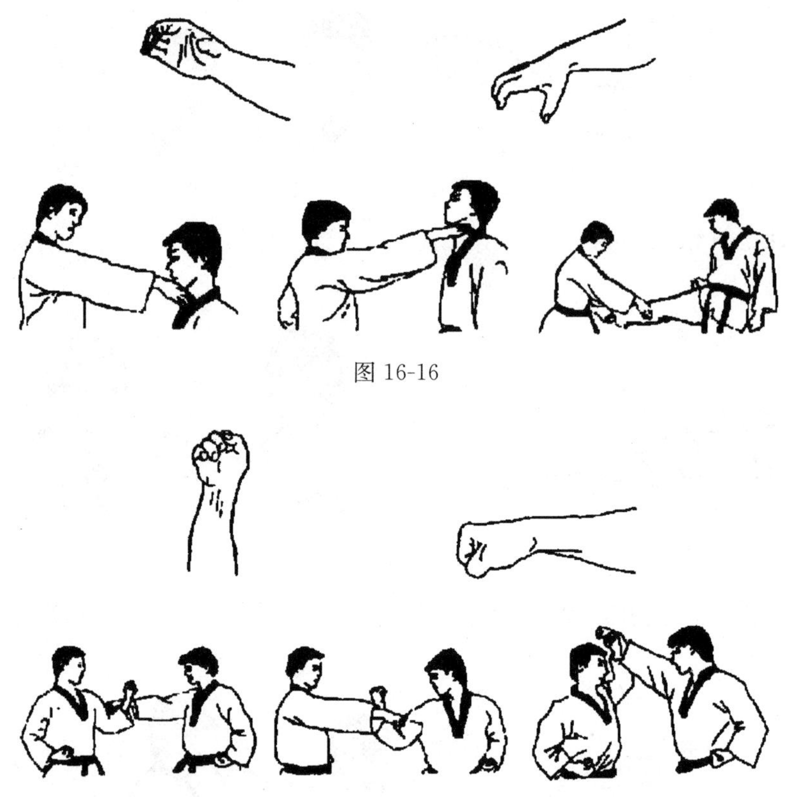

图 16-16

图 16-17

（4）肘。肘的使用威力大，是贴身近距离攻击中最有效的攻击手段。肘的使用部位是肘的骨头部，肘前后左右都能使用，当攻击前方目标时，屈肘后拳头贴在肩部，向前挑击、横击、后击对方（图 16-18）。

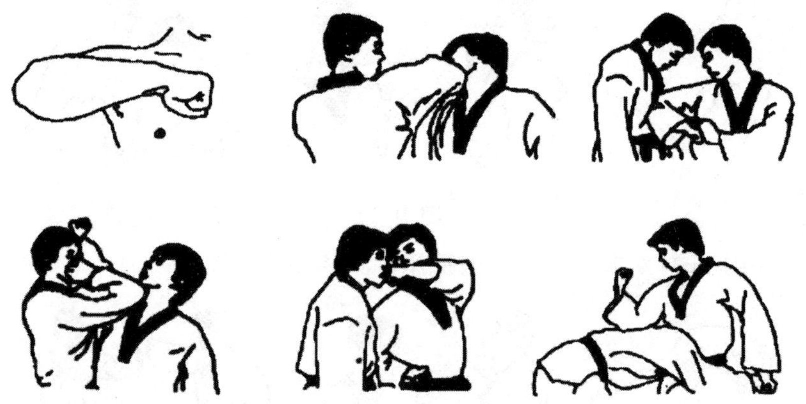

图 16-18

2. 脚法　跆拳道脚法的攻击特点是力大，有利于远距离攻击，包括前脚掌、脚跟、脚尖、脚外侧、脚内侧、后脚跟、脚掌、脚背的使用方法。

（1）前脚掌。脚趾跟部位为前脚掌，使用时脚尖勾起，攻击对方下腹部位（图 16-19）。

图 16-19

（2）脚跟。脚的后部位为脚跟，使用时主要用于攻击对方胸腹部及跺击对方脚背等部位（图 16-20）。

图 16-20

（3）脚尖。主要以大脚趾与二脚趾，用于击打对方裆部（图 16-21）。

图 16-21

（4）脚外侧。脚掌的外侧，从脚跟部至小脚趾外侧部，主要用于攻击与防守（图 16-22）。

图 16-22

（5）脚内侧。主要在防守时使用（图 16-23）。

图 16-23

（6）后脚跟。跟骨后侧为后脚跟，主要以转身扫踢式向上踢对方裆部为主（图 16-24）。

图 16-24

（7）脚掌。主要用于转身扫踢及由上向下的击打方法（图 16-25）。

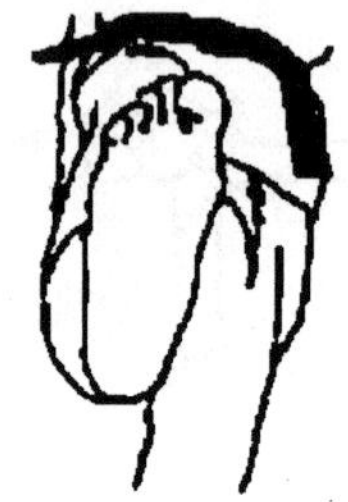

图 16-25

（8）脚背。踝关节伸直脚背绷平，脚尖用力向下伸直，主要用于攻击对方的裆部及脸部（图 16-26）。

图 16-26

3. 基本站立姿势 正确的站立姿势是学习跆拳道技术的基础，它包含平行站立式、并步站立式、护腹站立式、抱拳站立式和推掌站立式。

（1）平行站立式。在平行步基础上，两手握拳放于腹前，一般用于准备姿势（图 16-27）。

（2）并步站立式。两拳抱于腰间，掌心向上成准备姿势（图 16-28）。

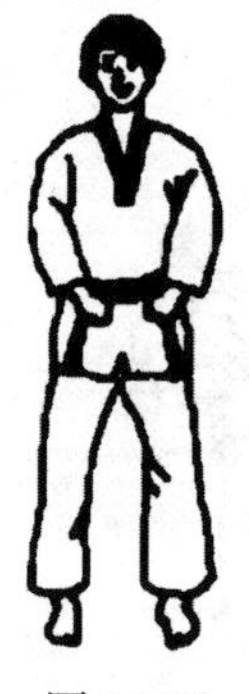

图 16-27

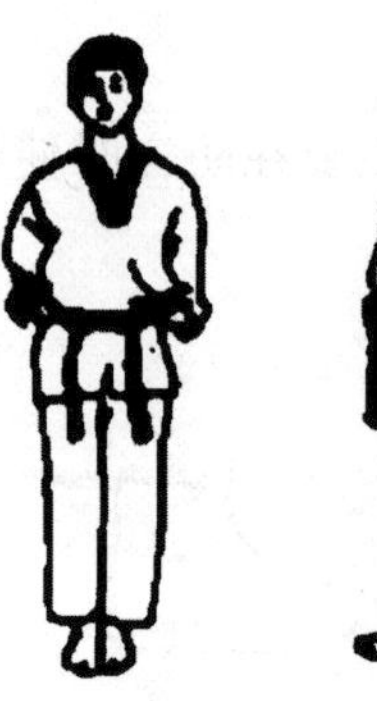

图 16-28

（3）护腹站立式。在并步直立的基础上，两手掌重叠，右手在里，左手在外。两手之间稍留一点缝（图 16-29）。

图 16-29

（4）抱拳站立式。在并步的基础上，各种不同姿势的准备动作（图 16-30）。

图 16-30

（5）推掌站立式。在平行步的基础上，两手立掌推至胸前成准备姿势（图 16-31）。

图 16-31

4. 防守技术　跆拳道的防守技术并不是消极的躲闪，而是通过手和脚不同部位的出击，变防守为进攻的一种方法。在千变万化的竞技之中，根据不同的对手，需采取不同的战术，只有掌握了扎实的防守方法，才能变被动为主动，改变赛场局势。

（1）防上段技术。防上段时手的技术有多种，但大多采用双手抱拳，以手臂去格挡防开对方进攻的基本动作。

准备姿势：把拳抬高放在与臂相反方向的眼睛前方，如用右拳则应放在左眼前，然后将手握紧，并使拳背向着自己的脸，拳心则转向前上方向，手腕到额部的距离约一拳，保持手腕正对额中线，肘臂的夹角约 100°（图 16-32）。

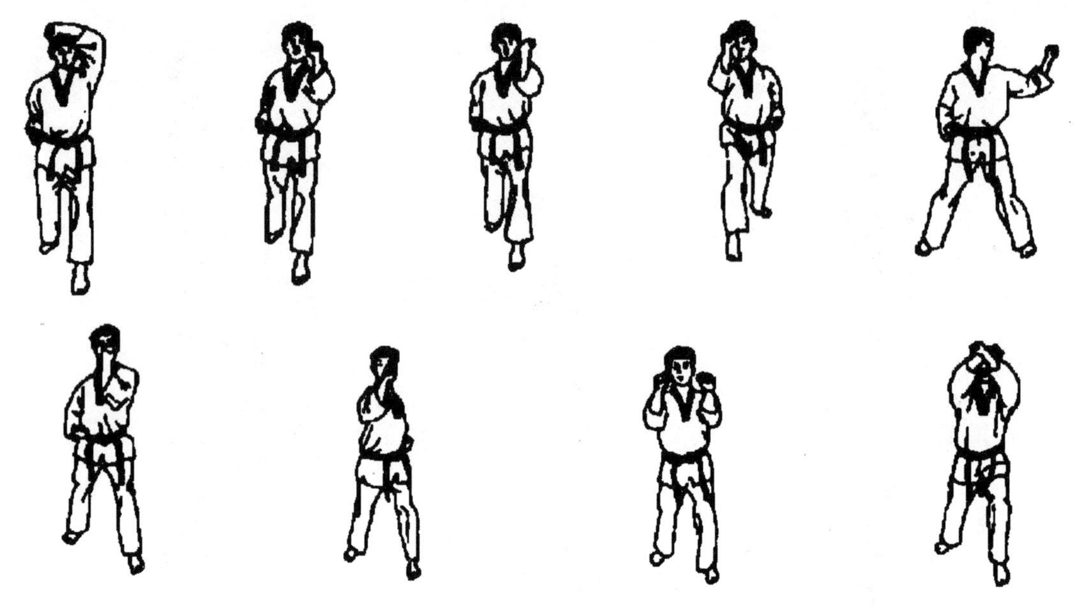

图 16-32

（2）防中段技术。防中段的技术较多，根据手形与防守方法有所不同。将拳头从腰部举到肩部，以前臂挡在身体中线的心窝部前，防止对方的正面攻击，臂肘夹角约 90°，防守动作一般由外侧向内侧挡，也可由内向外格挡（图 16-33）。

图 16-33

（3）防下段技术。把拳置于下腹处，以防对方的下面攻击，抬拳时手背向外，放下时拳背向上基本与地面平行，使用的部位是手腕的外侧（图 16-34）。

（4）特殊姿势防守法。特殊防守技术与其他防守技术的使用部位有所不同，它是采用两种以上部位来进行的防守技术。

图 16-34

①双拳并防。双拳并防是指防上段、中段和下段（图 16-35）。

图 16-35

②双掌并防。也称防守刀，它包括防上段、中段、下段（图 16-36）。

图 16-36

5. 进攻技术　跆拳道的攻击方法虽然很多，但是常用的技术主要有：拳攻法、肘部击法、脚攻法和膝击法等。

（1）拳攻法。这是最基本的进攻技术。拳的出击原则是从腰侧向前，先拳背向下握于腰部，然后以内旋的方式将拳头向前击出。因此，当手臂完全伸直时，拳背是向上的，收回拳后，另一臂也依此法击出，而收回的拳背要朝下。

①拳的正击法。在挥臂时，腕关节要完全伸直，尽量增大工作距离，一旦攻击目标后要立即收拳，保持好重心。攻击的部位可分上段、中段、下段。上段为脸面、中段为胸、下段为腹（图 16-37）。

②拳的侧击法。拳攻击时，由身体侧面伸出击打对方（图 16-38）。

③拳的下击法。拳的下攻即从上往下地攻击对手，一般用于击打倒地后的对手（图 16-39）。

④摆拳击法。摆拳击打是由身体侧面弧形摆动击打对手（图 16-40）。

图 16-37

⑤上勾击法。上勾击打是由下往上摆动攻击对方下颌及胸腹（图 16-41）。

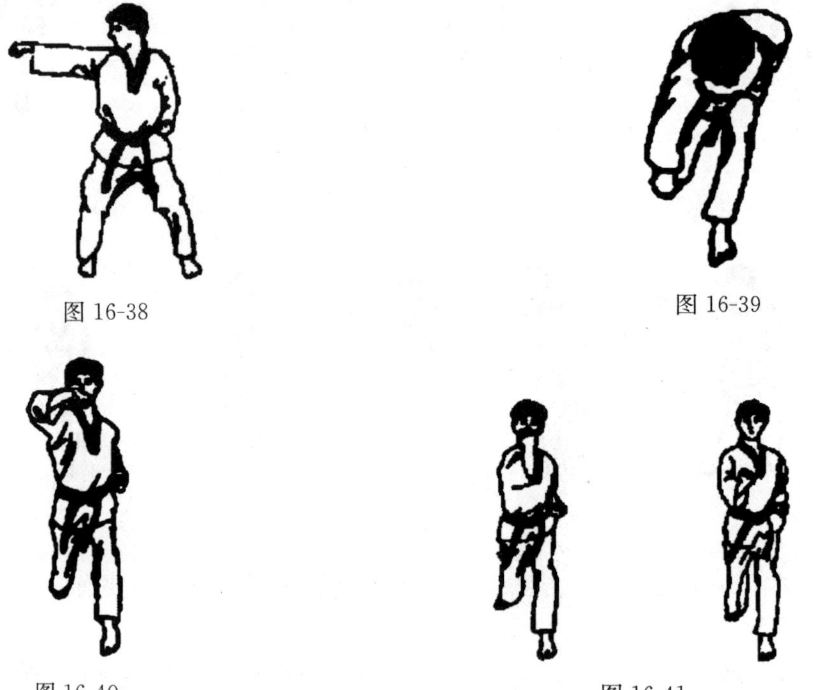

图 16-38

图 16-39

图 16-40

图 16-41

⑥半指拳击法。半指拳击打是一种有效的进攻方法，包括平拳、立拳两种（图 16-42）。

图 16-42

⑦形击法。形击打是采用双拳攻击对方腹、两肋、双面等部位的有效方法（图 16-43）。

图 16-43

⑧砸拳击法。砸拳击打是用拳背、根攻击对方头、胸等部位的有效方法（图 16-44）。

图 16-44

⑨熊拳击法。熊拳是使用掌根，扣打对手（图 16-45）。

图 16-45

（2）肘部击法。肘部击法是近距离杀伤力较强的一种进攻手段（图 16-46）。

图 16-46

（3）脚攻法。跆拳道中的“跆”是指脚踢，跆拳道运动中脚法占 70%，这是区分其他运动的一个重要的特点，许多踢法都具有极大的破坏力，踢法稍微熟练者，亦可轻松地踢到

2 m 高度以上的厚木板。练踢法主要是靠平时用各种腿法踢悬挂的大沙袋，日积月累逐步提高踢的力量、速度和高度。

①正踢法。将要踢的那条腿弯曲举起，并把膝盖抬到胸前，待脚的位置与目标成一直线后，再用弹性力从膝盖发力踢击，前脚掌为打击点（图 16-47）。

图 16-47

②侧踢法。身体侧向对手站立，脚趾、脚背向上勾同时内弯，用脚跟后部及脚外侧去踢，弯膝收到胸前，然后向外侧踢出，脚掌后部及外侧为打击点（图 16-48）。

图 16-48

③摆踢法。重心落于支撑腿的前脚掌上，摆踢，膝关节从屈至伸，采用前脚掌踢打对方（图 16-49）。

图 16-49

④半月踢法。半月踢是选择正踢和摆踢法之间的一种踢法，但身体要向着正前，脚的运行路线要有一个较小弧线，用前脚掌或脚背踢打对方（图 16-50）。

⑤旋踢法。以右脚为例，右腿向左方侧踢击后，从左至右用脚尖或脚背踢对方（图 16-51）。

图 16-50

图 16-51

⑥后踢法。上体前倾的同时用脚的后跟蹬对方（图 16-52）。

图 16-52

⑦前蹬法。身法同正踢法，但前蹬腿微屈膝后，即向前蹬击，用后脚跟攻击对方（图 16-53）。

图 16-53

⑧前踹法。动作要领与前蹬法相同，但在攻击时，先要将脚搭接在对方身体上，后用力加速向对方踹击（图 16-54）。

图 16-54

⑨下踢法。使用下踢法时，是利用腿的高抬过顶之后，下落时用脚跟去击打对方的一种击技术（图 16-55）。

图 16-55

⑩抓踢法。为防守对方逃脱，首先将对方抓住，再用各种踢法攻击对方（图 16-56）。

图 16-56

⑪腾空踢法。腾空踢分正踢、侧踢、摆踢等 14 种。这里主要介绍腾空正踢，首先两脚蹬地使身体离开地面腾起，前面脚向前正面踢出（图 16-57）。

图 16-57

⑫转身踢法。身体呈左前开步，眼看左脚前方，身体以左脚为轴，按顺时针方向旋转 180°，右脚抬起转身摆踢（图 16-58）。

（4）膝击法。采用膝关节部位，击打对方的一种技术（图 16-59）。

图 16-58

图 16-59

第三节　跆拳道竞赛规则简介

一、比赛场地

比赛场地是 8 m×8 m 水平的、无障碍物的正方形场地。比赛场地应铺设有弹性的垫子，有必要时比赛场地可以根据实际情况高出地面 50～60 cm，为了安全，比赛台的支撑装置与地面的夹角要小于 30°。

比赛区域的划分：8 m×8 m 的区域称为比赛区，从比赛区外边向内有一条宽 1 m 的不同颜色的宽线，提醒运动员不要越出边界线。

二、比赛时间

比赛每场为 3 局，每局比赛的时间为 2 min，局间休息 1 min. 比赛时间也可根据实际情况由比赛技术代表决定，可调整为：比赛三局，每局1 min 或 1. 5 min；或者比赛 2 局，每局 2 min。

三、比赛护具要求

参加比赛时必须穿赛会允许的道服和护具。运动员所需护具有 5 件：护头、护身、护臂、护裆（分为男用护裆和女用护裆）和护腿。其中，护身要穿在道服外；护臂、护裆、护腿要穿在道服内；护头直接戴在头上。比赛专用号码要佩带在背部。在比赛时，运动员均徒手和赤脚。

四、允许使用的技术和允许进攻的部位

1. 允许使用的技术

（1）拳的技术。使用拳的技术需紧握拳，用拳正面的食指和中指部分击打。

（2）脚的技术。使用脚的技术需用踝关节以下脚面击打。

2. 允许进攻的部位

（1）躯干。可用拳或脚的技术攻击髋骨以上至锁骨以下，以及两肋部，但背部没有被护具保护的部位禁止攻击。

（2）面部。从两耳向前的头颈的前部，只允许用脚的技术攻击。

五、获胜方式

（1）击倒胜（KO胜）。
（2）主裁判终止比赛胜（RSC胜）。
（3）比分或优势胜（判定胜）。
（4）对方弃权胜（弃权胜）。
（5）对方失去资格胜（失格胜）。
（6）主裁判判罚犯规胜（犯规胜）。

六、有效得分

（1）有效攻击躯干得分部位得1分，旋转踢技术击中躯干得2分，击中头部得3分，后旋踢击中头部得4分。

（2）下列情况不计分：攻击后故意倒地；攻击后有犯规行为；使用任何犯规动作进攻。

七、犯规行为

（1）判罚警告的犯规行为：妨碍比赛进程、不当行为。
（2）判罚扣分的犯规行为：妨碍比赛进程、不当行为。

思考题

1. 跆拳道的攻击技术主要有哪几种？
2. 跆拳道的健身作用有哪些？
3. 跆拳道中的脚法运用都有哪些方法？

学习资源（视频）

后垫步

后撤步

左侧移步

原地换步

右侧移步

上步

前跃步

前交叉步

前滑步

前垫步

后跃步

后交叉步

后滑步

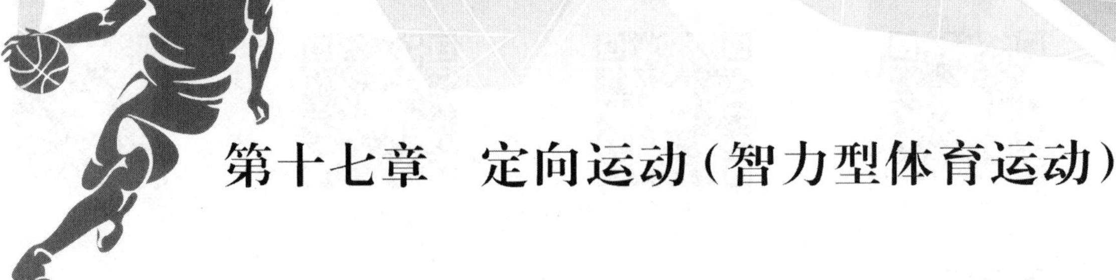

第十七章 定向运动（智力型体育运动）

定向运动也被称为智力型体育运动，是利用地图和指北针依次到达地图上所示的各个地点，以最短时间到达所有地点者为胜。定向运动一般在森林、郊外和城市的公园等地进行，也可以在大学校园里进行。“定向”这两个字出现于1886年，意思是在地图和指北针的帮助下，越过不被人所知的地带。

定向运动起源于瑞典。起初，定向运动只是一项军事体育活动。1895年，定向运动比赛在瑞典首都斯德哥尔摩的军营区、挪威首都奥斯陆的军营区举行，标志着定向运动作为一种体育比赛项目诞生。到20世纪30年代，定向运动已在芬兰、挪威、瑞典、丹麦立足。1932年举行了第一次世界定向运动比赛。1961年国际定向联合会（IOF）在丹麦哥本哈根成立。定向运动也是国际承认的奥林匹克体育项目。

现代定向运动发展迅速。很多高校除了开设定向运动课程外，在班会中也会安排定向运动，丰富学生的班会内容，增加同学的团体协作能力，增强学生体质。

第一节 定向运动概述

一、定向运动的定义

定向运动是指通过地图上的地面检查点，以最短的时间跑完全程的运动。在定向运动中，不用指南针而用指北针。指南针与指北针构造相同，只是前者指向南方，后者指向北方。

二、定向运动的分类

定向运动可分为不同种类，如徒步定向、山地自行车定向、滑雪定向、残疾人轮椅定向、接力定向、夜间定向、瑞典五日定向等。

1. 徒步定向 徒步定向也称定向越野，是各种定向运动比赛中组织方法比较简单、开展最为广泛的一种，也是国际定向运动联合会正式承认的比赛项目之一。

2. 山地自行车定向 顾名思义，山地自行车定向就是选手们骑在山地自行车上进行的定向运动。它需要的场地比徒步定向略大，区域内的大小道路要构成网络，以便选手骑行。由于不便选手频繁看图，山地自行车定向选手比徒步定向选手更需要地图默记的能力。

3. 滑雪定向 它与徒步定向的区别是选手需要滑雪装置（非机动）。

4. 残疾人轮椅定向 这是专为伤残人特别设计的定向运动形式。基本比赛方法是：在野外道路的两侧设置若干检查点群（每处3～6个点标），选手需要按照地图与检查点说明的指示，在每个检查点群处像做选择题那样挑选出唯一正确的那个点标。

5. 接力定向 接力定向是团体之间的定向越野比赛项目之一，其成绩的好坏有赖于每个队员能力的发挥。在接力比赛中，比赛的路线被分为若干段，各选手只完成其中的一段，选手的成绩相加为该队最后成绩。

6. 夜间定向　这是徒步定向中很刺激的一种比赛形式。由于是在视度不良的夜间进行的，不仅增加了比赛的难度，同时对观众和选手自己更增加了吸引力和紧张感。

7. 瑞典五日定向　这是瑞典特有的一项特别吸引人的大型赛事。该赛事在每年的夏季（7 月）举行，有非常多的比赛路线、比赛形式供参加人员选择，在 5～7 天的活动中，来自世界各地的爱好者们可挑选适合自己的定向比赛。

三、开展定向运动的意义

在高校青年学生中开展定向运动，有利于提高学生学习体育的积极性，增强锻炼的效果。野外定向运动有利于发展学生的速度、耐力、灵敏性、弹跳力等身体素质，增强体质。同时，还能培养学生勇敢、机智、坚毅的优良品质。另外，开展定向运动能够丰富学生的地图知识、地形地貌知识，具有军事意义。学生独立完成各项野外作业，对于培养学生自我生存的能力和启发学生智力有着独到的益处，有利于学生全面素质的发展。

第二节　定向运动的基本技能

定向运动是一项处在发展和变化中的综合性体育运动，而定向运动的技能则是在定向运动中为保证定向运动各项任务的顺利完成而采取的方法和措施。

优秀的定向越野选手除了在野外能够迅速地辨别方向外，还应该能够熟练地使用地图和指北针，善于进行长距离的越野跑和既果断又细心地选择最佳进行路线。

一、定向越野中地图和指北针的使用

在定向越野中，地图和指北针起着确定运动点、运动方向和运动路线的重要作用，读识地图、掌握指北针的性能是基础，使用地图和指北针是关键。在定向越野中，确定运动点、运动方向、运动路线时，把地图、指北针、实地三者有机结合起来，将会达到简便、快捷、精确的判断效果。

（一）标定地图

标定地图就是使地图的方位与实地保持一致。标定地图的目的是便于地图与实地对照，便于利用地图确定运动点、运动方向和运动路线。

1. 概略标定　越野图上的方位是上北、下南、左西、右东。当我们在现地正确地辨别了方向之后，只要将越野图的上方对向现地的北方，地图即已标定。这种方法简便迅速，是定向越野比赛中最常见的方法。

2. 利用磁北线（MN 线）**标定**　先使透明式指北针圆盒内的定向箭头“↑”朝向地图上方，并使箭头两侧的平行线与越野图上的磁北线重合（或平行），然后转动地图，使磁针北端对正磁北方向，地图即已标定。

3. 利用直长地物标定　利用直长地物（如道路、土垣、沟渠、高压线等）标定地图，首先应在图上找到这段直长地物，对照两侧地形，使图与现地各地形点的关系位置概略相

符，然后转动地图，使图上的直长地物与现地的直长地物方向一致，地图即已标定。

4. 利用明显地形点标定 当选手位于明显地形点上，并已从图上找到该地形点的位置（即自己所在的站立点）时，可以利用明显地形点标定地图。方法是：先选择一个图上与现地都有的远方明显地形点（目标），然后转动地图，使图上的站立点至目标的连线与现地的站立点至目标的连线相重合，此时地图即已标定。

（二）对照地形

对照地形，就是要通过仔细地观察，使图上和现地的各种地物、地貌“对号入座”，即相互对应。对照地形在定向越野比赛中的作用主要有两个：一是在站立点尚未确定时，只有正确地对照地形，才能在图上找出正确的站立点位置；二是在站立点已经确定，需要变换行进方向时，只有通过对照地形，才能在现地找到已选定的最佳行进路线。对照地形一般应先标定地图，然后根据不同的需要采用不同的对照方法。

1. 在站立点尚未确定时 首先应概略地标定地图，然后迅速地观察一下周围，记清最大或是最有特征的地物、地貌的大概方位与距离，并从图上找到它们，此时站立点的位置即可概略地确定。

2. 在站立点已经确定之后 同样首先应概略地标定地图，然后从图上查明自己选定的运动路线上近前方两侧的特征物，同时记清它们的大概方位与距离，并将它们在现地辨别出来，然后再前进。如果因为地形太复杂，如山丘重叠、形状相似等，不易进行对照，可以先采用较精确的方法标定地图，然后用带刻度尺的指北针的长边切站立点和特征物，并沿这条直长边向前瞄准，则特征物一定在此方向线上。如此方法还不能解决问题，应变换对照位置，或者登高观察和对照。在这里需要特别强调的是，无论在什么情况下进行现地对照地形，都必须特别注意观察和对照地形的顺序与步骤问题。现地对照地形的顺序一般是：先对照大而明显的地形，后对照一般地形；由近及远，由左至右；由点及线，由线及面；逐段分片，有规律地进行对照。

（三）判定地形

判定地形就是根据地图上的地貌符号和地物符号的种类、分布方位、排列规律、形状、大小等，判定实地相应地貌的高低起伏、体积大小、外表形状、相对方位，实地相应地物的种类、大小、外表形状及其相对方位等。

这种方法是利用分析地图判定实地站立点观察不到或未到达的实地地域的地貌、地物的状况，它是定向运动经常采用来分析实地地形的重要方法之一。

在定向运动中，必须掌握以下判定地形的原则和方法。

1. 判定地形的原则

（1）以地图上定向运动的起点、检查点、终点为基准点，在地图上分析各基准点周围的地貌和地物，重点分析周围明显的地貌或地物的特征，必要时可把这些明显的地貌或地物作为参照物，确定基准点或捕捉基准点的辅助目标。

（2）以地图上定向运动的起点、检查点、终点之间的边线作为中枢线，在地图上分析这些中枢线周围的地貌和地物，重点分析周围明显的地貌或地物的特征，必要时可把这些明显的地貌或地物选择为参照物，作为定向运动的引导目标，确定运动方向和选择运动路线。

2. 判定地形的方法

（1）以等高线判定地形。

①以等高线的分布情况判定地表形态，如山地或谷地。

②以等高线的条数多少判定山体的高低。

③以等高线的疏密判定山坡的陡缓。

④以等高线的疏密排列判定山体坡面的形态（等齐面、凸形面、凹形面、波浪面）。

⑤以等高线的闭合外形判定山体类别、外形、大小、山顶、山背、山谷、鞍部、山突、台地等。

⑥以等高线的分布情况，根据地理规律判定地表高低起伏。山地高，平地低；山顶高，鞍部低；山背高，谷地低；山脊高，山脚低。

（2）以高程注记判定地形高低。一般地形图有高程注记，这种地图还可以高程注记判定地形高低。

（3）以地物的种类、形态、大小、方位判定地形。

①较大地物如江河、湖泊、池塘、建筑群等判定其形态、大小、方位。

②线状物如道路、电线线路、沟渠等判定其长短、走向。

③符号物如塔、亭、独立房、独立树等判定其方位。

（4）以地图颜色判定可跑地域或不可跑地域。

①一般绿色为通行困难地域，通过此地域最好选择道路绕行。

②一般黄色为半空旷地域，通过此地域要具体分析该地域的地形而定。

③一般白色为空旷地域，该地域为可跑区域，可选择参照物引导越野，或在地图上找到目标点，以指北针定向越野。

（四）查看地图与观察实地的差异

在进行地图与实地对照时，查看地图与观察实地存在着一定的差异。这是因为绘制地图本身和实地存在一定差异，实地的变异与地图形成差异，以及查看地图与观察实地的人为错觉产生差异。明确这些差异和了解差异的原因，对于正确快速地使用地图是非常重要的。

1. 地图与实地的差异

（1）地图成图技术的原因造成地图与实地的差异。地图是按比例尺以地貌、地物符号等描述实地地形的平面图形，小面幅的平面图形反应大面积的实地立体地形，在面积、外形上有着较大的差异，地图成图技术处理也使地图与实地某些地形略有区别。因此，在进行图地对照时，必须熟悉地图的成图原理和地图与实地差异的原因。

地图的图幅虽小，但它却包含着实地广大地域。因此，地图不可能对实地的地貌和地物标注得非常详细。由于技术上和实际的需要，在地图测量和制图过程中舍弃了一些地貌的细部和少数次要地物等，这样虽然使地图与实地存在一些差异，但却保证了地图的清晰。所以，在定向运动中进行图地对照时，不要刻意追究这些细节而浪费时间和精力。此外，还应根据地图的分析和实地观察，灵活机动地应用地图上未标注的地貌和地物。

（2）过时地图与现时实地之间的差异。由于自然的风化、社会的发展，地图的绘制往往赶不上实地的变化。应用过时地图与现时实地对照差异更大。特别是在大规模的工程建设和大规模的农田水利建设地域，实地的地貌和地物更是面目全非。所以，在定向运动训练和竞赛时，应尽量不要选择这些地域，即使选择山区偏僻的地域，也应了解地貌、地物由于自然风化和社会发展引起的变化规律。一般来讲，地物的变化较大，地貌的变化较小。所以，在定向运动中，进行图地对照时（特别是采用过时地图时）应以地貌为主，并应多选择几个地貌作为对照物进行仔细的分析比较，确保地形的正确判断。

2. 观察判断产生的差异

（1）视野的限制产生的差异。地图的成图是将地貌高程、地物的平面外形垂直投影在同一平面上，根据比例尺用地貌、地物符号绘制的俯视图形。由于视力的限制，在实地观察地形时，只能观察到实地站立点周围的地貌和地物的正面的镜面外表形态。即使是实地站立点在高地，也只能观察到脚下或近处的地貌和地物的全貌，而观察远处的地貌和地物，看到的仍是正面的镜面外表形态。所以，在进行图地对照时，要以地图站立点周围地貌或地物符号的正面一侧，与实地站立点周围的地貌或地物对照。

（2）判断产生的差异。在观察实地复杂的地形中，由于观察的方位不同，容易产生错误的判断。如在曲折多变的山体外形区域，容易认错山谷；在山地起伏差别不大的地区，容易认错山头。在多山谷的地域观察对比山谷时，由于视角的原因，往往观察近处的山谷大于远处的山谷，而产生错误的判断。在谷地观察山地时，由于仰视山地，往往观察近处的山体大于远处的山体，认为近处的山高于远处的山。在高地观察山地时，由于俯视山地，往往观察到远处的山体比近处的高，产生“这山望着那山高”的错误判断。在定向运动中，在这种复杂的地域进行图地对照时，观察实地的地形要仔细分析、反复对照，最好多选择几个参照物进行分析比较，达到准确判断的目的。

二、定向越野的长跑技术

从总的方面来说，定向越野的成绩是由野外定向和识图用图的能力决定的，但问题是，在野外人们应该掌握怎样的奔跑技术，注意哪些问题才能发挥更大的体能优势。要想取得更好的定向越野成绩，还需要经过科学的越野跑训练。

1. 定向越野跑的特点

定向越野的越野跑实际上是一种长距离的间歇式赛跑（在途中常常需要停下来看图或定向）。这种在野外清新的环境中的奔跑，可以使肌肉的紧张与放松，身体的负荷与精神的专注不断地交替进行。在这种情况下，所有参加者的全身，特别是呼吸与心血管系统都将得到较大的锻炼。

2. 定向越野跑的基本要求

定向越野的越野跑同其他长跑项目一样，要求一方面能够尽可能地减少人体能量的消耗，维持一定的跑速，另一方面又能根据比赛的情况，具有加速度的能力。

总之，在定向越野跑时要根据地形的实际情况，采用适当合理、简便可靠、快捷安全的运动方法，争取更好的运动成绩。

标定地图、对照地形和判断地形是确定运动点、运动方向和运动路线的基础。确定运动点、运动方向和运动路线，是定向运动中地图和指北针的具体应用，是进行定向运动的基本技能。

三、确定运动点

运动点是指定向运动中的起点、检查点、终点，以及运动中的站立点和目标点等。确定运动点概括起来可分为两类，即确定站立点和确定目标点。在定向运动中，起点（即出发点）可作为站立点来确定，终点可作为目标点来确定。

（一）确定站立点

在定向运动中，在图、站立点都明确的情况下，主要是验证实地站立点与地图站立点的吻合性。确定站立点的方法很多，在定向运动中，参加者应根据图地对照和判断地形的能力，以及实地的地形情况，选择适当的方法作出快速、准确的判断。确定站立点的方法如下：

1. 综合分析法　综合分析法就是通过分析实地站立点周围地形进行图地对照，通过对周围实地地形的概略对照、选择参照物对照、细部分析反复验证，确定实地站立点在地图上的准确位置。

2. 直线相交法　直线相交法就是以图、地都有的两个明显地貌或地物作为参照物，然后，以图、地相应对照物两点相连成各自直线，两直线在地图上必相交于一点，地图上的这个交点即为实地站立点在地图上的位置。这种以在同一平面上不平行的两直线必相交的几何原理，确定实地站立在地图上的位置方法，即称为直线相交法。在定向运动中，这种方法多在视野较好、周围可选地貌或地物明显的情况下采用。特别是对于定向运动的初学者，这种方法操作具体，便于掌握。

3. 截线法　截线法就是实地站立点处于图、地都有的线状地貌或地物上时，选择一个图、地都有的明显地貌或地物作为参照物，图、地对应的参照物的连线与线状物在地图上的交点，即为实地站立点在地图上的位置。这种方法与直线相交法的原理相同。

4. 磁方位角法　磁方位角法就是在实地站立点，测出实地两个明显的参照物的磁方位角，然后，在地图上找到这两个参照物的符号，分别以各参照物符号为中心，绘出其相应的磁方位角，各个磁方位角终边的延长线在地图上的交点，即为实地站立点在地图上的位置。

这种方法多在实地站立点所处位置的视野不好，且直接有可攀高远眺周围地形的情况下使用。

如处于森林中，可攀上大树远眺周围地形；高深的草丛中，可登上直接高地远眺周围地形等。

（二）确定目标点

在定向运动中，确定目标点分为确定地图目标点和确定实地目标点。

1. 确定地图目标点　确定实地的目标点在地图上的具体位置的先决条件是，地的目标点为可见目标。确定地图目标点，主要是确定实地目标点在地图上的方位，即明确地图站立点到地图目标点的方向，明确地图站立点与地图目标点之间的距离。

在定向运动中，确定地图目标点的目的主要是为了进行图地对照，从地图上分析站立点周围的地形。

2. 确定实地目标点　在定向运动中，确定实地目标点的目的是为确定运动方向和运动路线打下良好的基础。特别是对于定向运动的组织者来说，确定实地目标点有利于了解所设计的运动路线的方向变化、路线距离以及路线的起伏、爬高量等，从而根据参赛的组别、定向运动的水平，以及竞赛或训练要求等判断运动路线设计的合理性。

四、确定运动方向和运动路线

在定向运动中，确定站立点与确定目标点是互为条件的，根据已知的站立点可以确定目标点，根据已知的目标点可以确定站立点，确定了目标点也就明确了站立点到目标点的方向（目标点方向）和它们之间的距离。特别是确定实地目标点，不但明确了目标点方向和它们之间的距离，还为确定运动方向和运动路线打下了良好的基础。

（一）运动方向与目标方向的关系

在定向运动的实地运动中，由于实际地形复杂，运动员不可能从出发的实地原站立点沿目标点方向直接抵达实地的目标点，所以，定向运动中的实际运动方向是随运动发展而不断变化的。在定向运动中，我们把站立点指向目标点的直线方向称为目标点方向，把站立点抵达目标点的实际运动方向称为运动方向。

在定向运动中，运动方向是根据从站立点抵达目标点的方法而确定的。抵达目标点的方式不同，确定运动方向的方法也不同，运动方向与目标点方向也有不同的关系。

1. 参照点法确定运动方向与目标方向的关系 参照点法即选择实地可见的明显地貌或地物作为目标点，以这个目标点作为参照点指引运动方向，虽然从站立点抵达目标点的过程中，运动方向随运动路线时左时右不断变化，但运动方向始终以参照点为目标引导，也就是常说的运动大方向始终指向参照点。这种方法其运动大方向与目标点方向大概一致或不一致，但始终以参照点引导运动方向。

2. 线状物法确定运动方向与目标方向的关系 线状物法是站立点与目标点都处在线状物上时采用的方法（实地目标点也为不能直接观察到的目标点）。线状物法是以线状物的走向引导运动方向。这种方法确定的运动方向，可能因线状物走向的变化，而使其运动方向与目标点方向不一定一致。

3. 指北针法确定运动方向与目标方向的关系 指北针法在实地目标点不能直接被观察，但站立点与目标点之间为可通行地域时采用。指北针方向与目标点方向基本一致。

（二）确定运动方向和运动路线

在定向运动中，确定运动方向和确定运动路线是确定同一事物的两个紧密联系的过程。也就是说，标定地图是基础，确定运动方向是前提，确定运动路线是目的。

在定向运动地域，实地的地形千差万别，有些地域山地陡峭难行，有些地域覆被厚实荆棘丛生不可通行，有些地域穴深崖陡，属危险区域。这些都给确定运动路线带来了一定的困难。在定向运动中，若运动路线选择错误，不但浪费时间和体力，有时还会发生不良后果。所以，运动方向确定以后，还应根据实地的地形变化确定正确的运动路线。

在定向运动中，确定运动方向和运动路线主要是指以地图确定运动方向和运动路线，以实地确定运动方向和运动路线，也必须与分析地图、判定地形确定运动方向和运动路线相结合。在具体应用中，两者是相辅相成、相互联系、相互补充的。确定运动路线时，要把两者结合起来，综合分析，灵活应用，确定最佳的运动方向和运动路线。

确定运动方向和运动路线归纳起来有如下几种方法：

1. 参照点法 参照点法要求把握好以明显参照物引导运动方向，在站立点与目标点间选择可通行、距离最近的运动路线。这种方法直观，易掌握。在具体应用中，始终以明显参照物引导运动方向。运动路线则应根据分析地图和实地地形，在站立点与目标点间选择合适的运动路线。运动的路线可选择越野、道路、绕行，但运动路线选择应保证运动抵达目标点的便利和快捷。

2. 线状物法　该法以线状物引导运动方向，首先要确定目标方向的准确性，再以线状物引导运动路线，在运动中还要把握好运动的距离，准确抵达目标点。把握运动距离可采用线状物两侧的明显地形作参照进行判定；也可根据奔跑速度和所用时间，估量运动距离。避免未抵达目标点就盲目寻找目标点标志，或跑过目标点的错误。

3. 指北针法　指北针法以指北针确定运动方向，运动路线以目标方向引导，在实际应用中，始终把握好运动方向，同时也应以奔跑速度和所用时间估量奔跑距离，确保准确抵达实地目标点。

4. 组合法　组合法即根据实际地形，应用不同运动路线抵达目标点的方法。它是由各种确定运动路线的基本方法组合而成的，这种方法是定向运动中较常采用的确定运动路线的方法。

（三）确定运动方向和运动路线的原则

在定向运动中，要在广阔的复杂地域选择最佳的运动路线，不但要充分地使用地图和指北针，认真地分析地图、观察地形，进行图地对照和判定地形等，而且还应坚持选择运动路线的原则，使选择的运动路线安全、快捷、省力，确保运动路线的可行性和可靠性，顺利地完成定向运动任务，并争取最好的运动成绩。以下为确定运动路线的 3 条原则。

1. 可跑地域，直接越野　在定向运动中，遇到地形起伏不大、空旷的原野、草地，可通行的沼泽地，树林稀疏和树林下面空旷可跑等地域，可以优先选择直接越野，这样可以缩短路程，节省时间和体力。

选择越野路线，首先应在确定好运动方向的前提下，认真地分析地图，仔细地观察实地的地形，充分利用地图和指北针，把握好运动方向和运动路线。查看分析定向运动竞赛彩色地图，一般白色或浅黄色区域为可跑地域，应选择直接越野。黄色区域为半空旷地域，要认真分析地图，仔细观察地形，确认直接越野的可行性和可靠性。越野的方法可根据实际情况，选择实地目标方向的明显地貌或地物作为参照物定向越野。实地目标点不可见，且目标点方向无明显参照物时，也可以利用指北针定向越野，同时估量出现站立点到目标点间的实地距离。实际应用时，第一要把握好运动方向，第二要把握好实际奔跑的路程。

2. 利用道路，穿越险　地道路是人们在社会实践中，为了相互交往和便利交通而修筑和自然践踏形成的。所以道路相对便利、平坦好行，且安全可靠。加之定向运动竞赛地图现时性强，道路表示详细，利用道路有利于图地对照。在道路上运动易于明确实地站立点在地图上的位置，不易迷失方向。在定向运动中，利用道路奔跑，既省时又省力。

在利用道路时，应根据实际情况仔细查看地图，以便分析地形，充分合理地利用道路。查看分析定向运动竞赛彩色地图，要穿越绿色不可通行区域，若有道路应充分利用道路；翻越高山峻岭或跨越深沟宽河，若有道路也应首选道路。在定向运动中若有多条道路可选，应仔细查看地图分析地形，弄清各道路的走向、下段道路的边接点，比较它们的路程距离等，选择快捷、省力的最佳运动道路。在定向运动中，还应学会利用地图上（因制图等原因）未标注的山间小径，合理地利用这些小径将会获益匪浅。

3. 险阻地段，提前绕行 在定向运动中，由于竞赛的要求，组织者一般都选择地形较复杂的地域作为竞赛场地，所以定向运动路线多为蜿蜒曲折的运动路线，很少有直接抵达目标点的运动路线，加之地表的地形本来就千姿百态，运动途中不时会遇到高峻的险峰、陡峭的山崖、深险的冲沟或穴洞、宽深的江河或沟渠、辽阔的湖泊和大水塘等难以逾越的障碍。

在定向运动中，采用“直接越野”“利用道路”或“提前绕行”等确定运动路线时，看上去它们之间是相互矛盾的，但它们的目的是一致的，那就是为了减少体力消耗，节省运动时间，较快地完成任务抵达目的地。在实践中，灵活、合理地利用确定运动路线三原则，就必须认真地分析地图，仔细地观察地形，综合分析全面考虑，选择科学合理的运动方法，确定正确的运动方向和运动路线，保证定向运动快捷、圆满地完成任务。

第三节 定向运动竞赛的组织与规则

一、定向运动竞赛的组织

1. 赛前准备工作 包括竞赛组织的建立、竞赛文书、竞赛计划、竞赛成绩记录、统计表格、竞赛场地、地图等准备，竞赛路线设计及实地勘测，裁判员集训与实习等工作。

2. 赛期组织工作

（1）每日的竞赛安排。

（2）每日的竞赛组织。

（3）根据规程与规则处理偶发事件。

（4）公布竞赛项目成绩、名次及颁奖。

3. 赛后工作 整理成绩，编印成册，及时发放，总结汇报。

二、定向运动竞赛的形式及项目

1. 定向运动竞赛的形式

（1）日间定向运动竞赛。以日出 1 h 后至日落前最后一批参赛者预计完成全赛程时间的 15 倍为日间竞赛时间。

（2）夜间定向运动。以日落 1 h 后至日出前最后一批参赛者预计完成全赛程时间的 2 倍为夜间竞赛时间。

（3）日夜交替定向运动竞赛（仅限于集体项目）。

2. 定向运动竞赛的项目 定向运动竞赛项目有个人赛、团体赛、多日竞赛、接力赛、小组赛。

三、定向运动竞赛的裁判规则

（一）违例与处罚

1. 下列情况给予警告

（1）在出发区提前和抢先出发者。

（2）不按规定佩戴号码布者。

（3）试图进入竞赛区域，但未造成后果者。

2. 下列情况判罚运动员成绩无效

（1）未经竞赛裁判委员会批准，冒名顶替参加竞赛者。

（2）未按竞赛规定顺序完成检查点，即检查卡打印图案位置不对者。

（3）未完成检查点任务者，即检查卡打印检查点图案不全者。

（4）检查卡打印的图案模糊不清，确实无法辨认者。

（5）竞赛结束前未交检查卡者及丢失检查卡者。

（6）超过规定完成全赛程的竞赛时间者。

（二）犯规与处罚

1. 下列情况给予取消竞赛资格

（1）为他人指点路线和接受他人指点路线者。

（2）为他人代打检查卡者和被代打检查卡者。

（3）领跑者和跟跑者。

（4）不按规定检查点顺序行进者。

（5）竞赛搭乘交通工具者。

（6）利用规定以外的定向器材者。

（7）有证据证明赛前勘察过竞赛场地者。

（8）根据规则不符合参赛组别的参赛者。

2. 其他违规处理

（1）故意破坏检查点标志、打卡器等竞赛设施者，除取消竞赛资格外，应责令其赔偿，并通报该队给予批评教育。

（2）运动员在竞赛中损害群众利益，故意损坏农作物、林木花草等自然环境者，取消竞赛资格，并通报该队给予批评教育。造成的后果及经济损失由本人负责。

（3）运动员竞赛途中因伤病不能继续竞赛时，以退赛论处。

（4）竞赛前运动员因故弃权，领队或教练员应向裁判委员会事先通报。

思考题

1. 不同地形行走时应注意什么？
2. 定向运动中的技能有哪些？
3. 简述定向运动竞赛的裁判规则。

学习资源（视频）

确定站立点的位置

确定目标点的方向

标定地图

参　考　文　献

柴春胜，2005. 体育与健康［M］. 北京：中国农业出版社.
陈洪，王庆玉，2004. 健康体育教程［M］. 北京：科学出版社.
陈智勇，2007. 新编大学体育教程［M］. 北京：北京航空航天大学出版社.
陈智勇，黄银华，2004. 现代大学体育教程［M］. 北京：北京体育大学出版社.
管勇生，2017. 现代大学体育［M］. 北京：中国农业出版社.
李德印，2006. 太极拳教范［M］. 北京：北京体育大学出版社.
李明强，2003. 体育教程［M］. 北京：人民体育出版社.
李乃加，孙勤国，2016. 体育与健康［M］. 北京：中国农业出版社.
刘仁民，2006. 体育理论教程［M］. 哈尔滨：黑龙江科学技术出版社.
刘忠武，2004. 大学体育教程［M］. 上海：复旦大学出版社.
《球类运动》编写组，2003. 球类运动［M］. 北京：高等教育出版社.
石岩岩，2018. 大学体育与健康［M］. 北京：中国农业出版社.
唐健，2002. 大学体育［M］. 北京：北京体育大学出版社.
丸山薰，2002. 网球技巧图解［M］. 北京：北京体育大学出版社.
王端军，宋广侠，2015. 体育与健康［M］. 北京：中国农业出版社.
王少华，2001. 体育基础理论与实践教程［M］. 北京：北京体育大学出版社.
肖威，2002. 大学体育健康理论与实践［M］. 北京：北京体育大学出版社.
杨世禄，2018. 体育与健康［M］. 2 版. 北京：中国农业出版社.
郁俊，廖诗方，2005. 大学体育教程［M］. 长春：吉林人民出版社.
张士英，2004. 农业高职高专教材［M］. 长春：吉林文史出版社.
张先松，2005. 健身健美运动［M］. 北京：高等教育出版社.
赵栩博，崔海燕，2007. 健美操套路教与学［M］. 北京：北京体育大学出版社.

图书在版编目（CIP）数据

体育与健康/谢洪武主编．—北京：中国农业出版社，2019.9（2022.8重印）
全国高等职业教育“十三五”规划教材
ISBN 978-7-109-25712-2

Ⅰ.①体… Ⅱ.①谢… Ⅲ.①体育—高等职业教育—教材 ②健康教育—高等职业教育—教材 Ⅳ.①G807.4 ②G717.9

中国版本图书馆 CIP 数据核字（2019）第 144716 号

中国农业出版社
地址：北京市朝阳区麦子店街 18 号楼
邮编：100125
责任编辑：彭振雪
版式设计：杨 婧　责任校对：刘丽香
印刷：北京通州皇家印刷厂
版次：2019 年 9 月第 1 版
印次：2022 年 8 月北京第 4 次印刷
发行：新华书店北京发行所
开本：787mm×1092mm　1/16
印张：13.25
字数：320 千字
定价：36.00 元